数字金融赋能实体企业投资效率提升
——基于山西省上市公司的研究
（课题编号2022YD101）阶段性研究成果

建筑施工企业财务管理

思维、体系与实践

张洋　编著

东北财经大学出版社
Dongbei University of Finance & Economics Press
大连

图书在版编目（CIP）数据

建筑施工企业财务管理：思维、体系与实践 / 张洋编著. 一大连：东北财经大学出版社，2024.5

ISBN 978-7-5654-5209-3

Ⅰ.建… Ⅱ.张… Ⅲ.建筑施工企业-企业管理-财务管理 Ⅳ.F407.967.2

中国国家版本馆CIP数据核字（2024）第063414号

东北财经大学出版社出版发行

大连市黑石礁尖山街217号　邮政编码　116025

网　　　址：http://www.dufep.cn

读者信箱：dufep@dufe.edu.cn

大连图腾彩色印刷有限公司印刷

幅面尺寸：170mm×240mm　字数：271千字　印张：19

2024年5月第1版　　　　　　　2024年5月第1次印刷

责任编辑：王　玲　赵宏洋　　责任校对：赵　楠

封面设计：原　皓　　　　　　版式设计：原　皓

定价：95.00元

推荐序

2023年以来，随着宏观经济政策持续显效，我国生产生活秩序加快恢复，市场预期明显好转，主要经济指标企稳回升。但在当前全球经济不确定性增强的大背景下，我国经济仍面临需求收缩、供给冲击、预期转弱的多重压力。党的二十大报告指出：深化金融体制改革，构建高水平社会主义市场经济体制；坚持把发展经济的着力点放在实体经济上，促进数字经济和实体经济深度融合。发展数字经济、数字金融是拥抱新一轮科技革命、开创新的技术-经济范式的必然之选。

在当前建设数字中国的大背景下，大数据、云计算、人工智能、区块链等前沿颠覆性技术与传统金融业务及场景叠加融合，数字金融迎来爆发式增长，赋能重塑经济金融生态圈，开启数字经济发展加速度。数字金融正通过赋能金融产业链，影响支付清算、融资业务、财富管理和信息技术服务等应用场景，进而改善银企关系，影响企业财务管理、投融资决策及金融资源配置效率，正在成为促进实体经济发展的关键力量。

近年来，建筑行业发展十分迅速，对我国的经济发展做出了突出贡献，但是受企业内部管理及外部市场等因素的影响，建筑施工企业面临巨大的挑战。为了提高企业的经济效益，实现可持续发展，其必须加强财务管理，提高财务管理风险防范能力。

《建筑施工企业财务管理：思维、体系与实践》对于建筑施工企业财务管理具有较大的参考价值，原因有二：

第一，本书系统性强，揭示财务管理基础理论与实践探索。

本书将建筑施工企业财务管理相关问题分成思维与体系篇、实践篇，清晰地揭示了当前财务管理的基础理论、基本思维，并在此基础上对当前财务管理研究前沿进行了分析与描述，内容翔实，对建筑施工企业财务管理具有较强的参考意义。

第二，本书通俗易懂，直观、清楚地解析了财务管理实践的实际操作。

本书思路清晰，图文并茂，直观明朗地阐释了建筑施工企业财务管理是什么、做什么、怎么做，具有较强的可读性。

翟　君

山西财经大学会计学院

2024 年 2 月

前言

2021年是我国"十四五"规划的开局之年，同时也标志着全面建设社会主义现代化国家新征程的开始。《中华人民共和国国民经济和社会发展第十四个五年规划和2035年远景目标纲要》在短期任务与长期目标两个维度上，描绘了构筑社会主义现代化国家未来前进路线的蓝图，同时，它也为房地产领域的未来走向提供了引导。

随着经济全球化的日益深入，建筑施工企业处于市场竞争日趋白热化的阶段。另外，许多建筑施工企业在财务管理的过程中存在一系列问题，如企业在财务管理方面没有给予足够的重视，财务管理方法缺乏科学合理性，财务人员素质水平有待提高，财务管理制度不完善等。这些问题不仅阻碍了建筑施工企业的成长与发展，还间接影响了企业在市场环境中的竞争力和可持续发展。因此，建筑施工企业必须提升财务管理能力，优化改进管理策略，有效防范相关风险，促使企业实现持续高质量发展。

思维的转变是推动建筑施工企业加强财务管理的关键。在新时代，我们需要超越传统观念，将财务管理视为战略决策的重要支撑。

建筑施工企业管理者应当具备创新思维和战略眼光，以更加灵活的方式应对不断变化的市场环境。对财务人员而言，财务管理不再是简单的数字处理，而是一种全面的思维方式，需要其具备对市场趋势的敏感性和对风险的科学评估能力。

以此为思维导向，建筑施工企业可以挖掘内部的创新潜力，引入先进的财务管理理念，通过数据分析、科技应用等手段提升财务管理的效能。通过科学的财务管理决策帮助企业更好地实现资源的优化配置，降低企业成本，扩大市场份额，并提高企业竞争力。同时，培养团队的财务智慧，使其能够更好地理解企业战略，为领导层提供决策支持，将财务管理融入企业的战略体系之中。

在此背景下，本书根据建筑施工企业当前面临的实际问题，从思维、体系、实践三方面整合新形势下建筑施工企业财务管理的内容，构建该内容研究框架：

（1）从战略财务化、治理现代化、财务制度化、业财一体化、管理精益化、信息数字化以及财会监督等视角，解析建筑施工企业财务管理思维。

（2）从公司治理与财务管理、会计核算体系、资金管理体系、资产管理体系、内部控制与风险管理体系、财务监督与控制体系等方面，探索建筑施工企业全面提升公司治理水平的方式。

（3）从战略规划与管理、全面预算管理、财务共享、绩效管理、财务与经营分析、成本管理与控制、风险预警与防范等方面，研究在数字经济与数字金融推进发展的大背景下，建筑施工企业如何利用新动能，助力企业实现高质量可持续发展。

本书对于建筑施工企业提升财务管理水平具有一定的理论与实践价值：

（1）在理论价值层面，从思维上厘清建筑施工企业财务管理理论与方法，拓展了相关研究的研究视角。

（2）在实践价值层面，基于当前数字经济、数字金融发展的大背景，为建筑施工企业提升财务管理水平提供潜在机制与优化路径，从而促进数字金融与实体经济的深度融合。

本书依托山西省哲学社会科学规划专项课题"数字金融赋能实体企业投资效率提升——基于山西省上市公司的研究",致力于探究财务管理助力建筑施工企业高质量发展的实现机制与优化路径。

张　洋

2024年1月

目录

第一部分　思维与体系篇

第一部分　思维与体系篇

　　新时代新征程，建筑施工企业要实现高质量发展，必须持续改进和创新财务管理实践，以适应市场的变化，并主动转变，积极应用财务管理新思维。在财务管理实践中，战略财务思维对于企业长期发展具有重要作用。通过将财务目标融入企业战略规划，建筑施工企业能够更好地应对市场变化，明确发展方向，确保财务目标与战略目标的协调。

　　同时，治理现代化思维在提升企业治理效能、加强内部控制方面起到了积极的作用。建筑施工企业需要注重内部管理的规范和科学性，通过现代治理理念的引入，提高企业的管理水平，确保财务管理的透明度和合规性。

　　财务制度化思维的运用有助于规范财务管理流程，提高财务数据的准确性和可靠性。这有助于建筑施工企业建立起一套行之有效的财务制度，为企业提供准确、可靠的财务信息。

　　业财一体化思维的引入使得企业各个部门能够协同合作，共同推动企业发展。财务管理与业务的结合，使得企业在财务决策过程中更加重视业务发展战略。

　　管理精益化思维的运用有助于企业精简冗余操作，降本增效，提升工作质量，使企业更具竞争力。

　　信息数字化思维的实践则使得企业能够更好地运用信息化管理系统，做出科学、准确的财务决策。

　　财务监督思维的引入有助于企业建立健全内部监督机制，确保财务管理的合规性和诚信性。通过有效的监督，企业能够及时发现和防范潜在的风险，确保企业的健康发展。

总的来说，财务管理思维在企业可持续发展中起着关键作用。通过创新和整合各种思维方式，建筑施工企业可以更好地适应新时代的经济环境，推动企业实现可持续发展，为行业的繁荣贡献力量。

通过战略财务思维、治理现代化思维、财务制度化思维、业财一体化思维、管理精益化思维、信息数字化思维、财务监督思维的有机结合，建筑施工企业方能更好地迎接未来的挑战，实现可持续发展的目标。

第1章 战略财务思维

企业的管理者需密切关注企业的财务运营情况，并对财务管理工作进行深入研究。只有企业的财务运营能力得到提升，企业的长期、稳定的发展才能得到保障。在这个过程中，战略财务思维能够给企业带来全新的视角，能够帮助管理者持续地了解并追踪企业资金真实的运营情况。因此，管理者要始终予以关注，并将其融入具体的财务管理操作中。

1.1 战略财务思维的定义

随着企业的进步与发展，其秉持的传统的财务理念已无法满足市场的需求。因此，企业管理者需要持续提升其财务管理的能力和理念，进行战略性的财务思考，使其作用发挥到最大限度。从定义上看，战略财务思维是从宏观视角出发，依靠专业的财务知识，全面审视企业的财务管理工作，掌握并控制企业的现金流、盈利、负债以及财务管理风险因素，从而准确地分析和评估企业整体的财务管理能力的一种财务思维。

只有在此基础上，才能制订出具有企业特色的战略性财务管理计划，从而为企业的实际财务管理工作提供支持。

1.2　战略财务思维的价值

当企业运用战略财务思维时，需要基于自己的成长及发展策略，这样才能确保财务资源得到有效的使用和整体的规划，执行战略性的财务管理，企业的财务战略可以通过财务运作的方式和其他战略相结合，可以使企业有效地实现整体发展战略和财务策略的联动，确保它们与企业的成长策略相一致，进而确保所有战略得到有效执行，并确保公司在市场竞争中占据主导地位。

在社会主义市场经济背景下，企业在运营和管理方面能够找到许多途径来筹集资金，例如采取合资与融资等方式。随着各行各业企业规模的持续扩大，社会公众对服务与商品的需求日益多元化，他们对企业提出了更高的要求。在这个过程中，采纳和运用战略性的财务思维能够显著地提高公司的财务管理能力，因此管理者必须始终保持对此的重视。

1.3　企业战略财务管理概述

1.3.1　企业战略财务管理的含义

企业的财务管理是其职能管理的一部分，当企业的管理从业务层面转向战略层面时，战略财务管理就成为了企业财务管理的必然趋势。战略财务管理基于企业的长远发展，采取战略管理观念，从战略的角度，对企业所有相关的经济信息进行收集与处理，进行企业资金等经济资源的合理利用，辅助领导者做出战略评估和战略决策，尽可能地兼顾企业的实际状况和外部环境，是一种维护并持续提升企业竞争力的决策辅助管理体系。战略性的财务管理不仅是企业战略管理的必要元素，同时也是财务管理极其关键的一个方面。

1.3.2 战略财务管理的特征

在企业外部环境发生较大变化的情况下，战略财务管理充分吸收了战略管理的核心理念，并从更高的视角来审视企业的财务管理行为。相较于传统的财务管理，战略财务管理的独特性主要表现在以下三个方面：

（1）综合性

综合性，又叫全局性、整体性，即需要从战略视角出发对企业的财务活动进行合理规划，确保其符合企业的总体策略，进而确保运营目标得以达成。对于战略财务管理来说，它不仅要管理有形资产，也要对无形资产加以管理；不仅涉及非人力资源，也要管理人力资源。此外，战略财务管理也关注当前的行动及未来可能进行的活动，并能够提供一些非财务信息，比如质量、市场需求、所占有的市场份额等。

战略财务管理的综合性除了体现在从全局角度来合理规划企业的财务活动外，还表现在通过结合企业的其他职能战略，形成企业的整体战略。在企业各个职能部门的协调作用下，企业的整体战略目标才能实现效用最大化。在战略财务管理中，企业全面预算管理起着至关重要的作用，它通过对全面预算的系统分析、预测和决策，来指导、协调和控制企业的生产经营活动。

（2）长期性

战略性的财务管理是基于战略的，它关注企业的未来成长，需要财务决策人员具备战略思维，并从战略的视角去思考企业的经济活动，预测并制定企业的长期经济战略，因此战略财务管理具有长期性。这样可以最大化财务管理的资源分配和预警作用，使企业在各种复杂情况下均具备较好的适应性，并通过提升资金的使用效率，来加强企业的持续竞争力。

（3）动态性

企业的财务战略需要持续进行调整，具备动态性，通常这些战略都是基于长远的计划，并且具备预见性。然而，战略的形成源自对环境的研究，并且环境的变化也是频繁发生的。战略的功能是以变制变，而非仅仅依赖改变来适应改变。以变制变主要体现在，只要环境发生微小的改变，所有的活动都需要根据策略来进行调整，从而体现了策略对活动的引领作用。如果环境发生重大的改变，那么财务策略也需要相应地进行调整。

1.3.3　战略财务管理的目标

战略性的财务管理不仅要反映企业策略性的管理准则，也要遵循企业的财务活动的根本法则，所以战略性的财务管理应当将企业的目标以及财务的目标的设定作为逻辑出发点。

在这样的背景下，我们需要以更长远的眼光去理解战略财务管理的目标：实现企业设定的战略目标，并让所有的财务资本和知识资本一起产生资本收益，以此实现财务资本和知识资本的最大价值。这样，企业战略财务管理的目标得以明确地描绘出来：设想战略性盈利额的现值是P，战略性的规划周期是n年，总股本和实际的总资本是e，那么每股（单位的实际总资本）的年度盈利额的现值就是P/（ne），因此公司需要实现P/（ne）的最大化。

1.3.4　战略财务管理目标的外延

在新的经济环境中，我们需要设定以下三个战略性的财务管理目标，来对传统的财务管理目标进行补充：

（1）实施战略财务管理应尽可能地提高人力资源的效益

随着企业价值的提升，人才的作用日益凸显。因此，有效地培养并运用人才成为了企业战略的一个关键环节。实施战略性的财务管理，需要为公司的劳动力提供适当的价格，以确保员工的收入和投入取得适当的平衡，并最大限度地激发他们的工作热情和创新精神。在战略性的财务管理过程中，一个关键的环节便是通过恰当的薪酬规划，对管理层进行有效的监督与激励，从而对现代企业治理结构中普遍存在的委托代理成本进行调整，达到最优的人力资本效益。

（2）实施战略财务管理应提升企业的核心竞争力

通常，企业的主要竞争优势是技术和财务方面的。技术方面核心竞争力的水平，主要依赖对科技开发的决策水平以及对科技更新的决策水平。财务核心竞争力的形成，可持续提升企业的盈利能力。同时，这种竞争力的提升，离不开对投资、资本合理的配置以及对经营资金的恰当决策。这两种竞争力的水平一般揭示了一个企业的全面发展能力。

（3）实施战略财务管理应最大化企业的社会效益

伴随着社会的发展，企业在进行经济活动的同时实现的社会效益，也应被视作财务战略的重要组成部分，换言之，企业在寻求经济收益的过程中，需要考虑对社会的贡献，并主动地肩负起对社会应承担的义务。在某种层面上，企业承担社会责任有助于企业塑造良好的社会形象，这也符合企业可持续性的发展目标。

1.4　建筑施工企业战略财务管理的应用

当企业的管理者试图通过运用战略性的财务思维来增强其财务管理能力时，他们必须重视实际地运用策略，这样才能确保战略性的财务思维在有力的策略支持下产生正面影响。

1.4.1　有效加强财务管理人员队伍建设

鉴于财务管理团队的关键作用，企业的领导层在运用战略财务思维来提高财务管理能力时，首先需要加强对财务管理人员队伍的培训，这样才能保证他们能够接纳和运用战略财务思维。因此，企业的管理层有必要定期安排财务管理人员进行职业道德教育和专业知识技能培训，从工作态度和技能两个方面协助他们进行自我提升和发展。一旦教学或者培训过程完成，还需要对财务管理人员进行评估和测试。

1.4.2　对既有的财务管理工作制度进行完善

在具体的企业财务管理实践中，财务管理工作制度及其完善过程是至关重要的，企业管理层需要持续跟进，并采取有效的方法进行优化和调整。首先，管理层需要掌握公司各个部门的财务情况，这样才能找出与管理规定不符的地方。其次，企业的管理层需要积极地进行跟进，监督管理制度的执行情况，以确保财务管理工作制度能够发挥其优势，为财务管理实践提供动力。

1.4.3 创新财务管理工作相关理念和方式

在企业的财务管理中，如果要将战略性的财务思维应用到实际操作中，首先，必须让财务管理者改变他们的思维模式，使其深入了解战略财务管理的含义和价值，这样他们才能在日常的工作中科学地制定并积极地执行财务战略。财务管理者需要基于企业的运营策略，并考虑当前的商业状况和竞争情况，来构建具有现实意义的财务战略性方案，这将对企业的财务活动产生全局性的引领作用。

其次，这个战略性方案应该包含财务目标和资源需求预测等基本内容，以确保财务策略与公司的文化和经营理念相匹配。只有借助先进的财务管理理念与策略，财务管理者才能高效地进行战略性的财务思考，从而为提高财务管理质量创造有益的环境。

1.4.4 财务管理使成本控制更有效

一个企业要想持续地发展下去，有效的成本控制是关键。随着企业所面临的外部环境变得越来越复杂，企业开展经营管理活动时应合理控制成本费用，重视财务管理工作在企业发展过程中所发挥的重要作用。当企业的成本控制达到良好的效果时，作为企业的管理层，应该考虑转变发展战略，结合企业的自身发展状况引入战略性的财务思维，并在企业的经营过程中进行应用。当财务管理的相关工作变得更加体系化，结合企业未来的发展战略做出相关的经济决策时，企业的发展会变得更具可持续性。

目前，建筑施工企业生存压力较大，要坚持改革和创新，坚持发展和提升，开展全面的战略财务管理成为必然。因此，必须完善建筑施工企业的财务管理工作，从客观实际出发，创新财务管理理念，提高财务管理水平，做好财务统筹规划，才能在激烈的市场竞争中，实现企业持续健康稳定的发展。

第 2 章 治理现代化思维

随着社会的进步与发展，我国经济已进入高质量发展的阶段。新阶段面临着新挑战，经济的发展方式需要进行转变，经济架构要有所调整，经济增长的关键驱动要素要有所更新。同时，在新的科技革命与行业转型的推动下，市场充满活力且运行有效，政府在宏观层面的管理与调控有度，使得经济环境焕发出蓬勃的生机。所以，企业提升治理能力、优化治理结构，推动治理现代化，对于企业提升竞争优势、推动企业转型至关重要。

2.1 企业治理体系和治理能力现代化

2.1.1 企业治理的内涵

企业治理又名公司治理、企业管制。目前，被广为接受的是李维安在 1998 年所提出的企业治理的内涵：为了平衡与企业发展有关的所有利益相关者的权益，企业应设定一套与实际情况相符的制度或机制，该种机制根据每个企业的不同而有所差别，或正式或非正式，既包括内部机制也包括外部机制，从而通过这种制衡机制促使公司进行科学决策。该定义既包含了公司治理结构和治理机制，也明确了治理的目标是科学决策，而非仅仅相互制衡，故被公司治理相关教材广为沿用。

2.1.2 企业治理体系和治理能力现代化的概念

企业治理体系现代化的含义是，在中国特色社会主义法治体系框架下，坚持党的全面领导，立足于公司现有的治理实践经验，根据现代企业治理框架，所建立的三个层面的体系集合，即价值体系、组织体系以及制度体系的现代化。

企业治理能力现代化的定义为：以战略目标为导向，以提高制度执行力为目的，依托先进的数字治理手段和方法及以监督为主的治理，全面激发企业中相关治理主体的主观能动性，切实增强企业高层的决策判断能力、中层的协调组织能力、基层的实践执行能力，将现代化治理体系转化为公司的核心竞争力，增强创新能力、控制力，扩大企业在市场竞争中的影响力，并且切实提高企业对于风险的抵抗能力，将治理体系转化为治理绩效的实践载体。

2.1.3 企业治理体系和治理能力现代化的关系

构建企业治理体系，提升企业治理能力，在现代企业治理中发挥着重要的作用，两者相辅相成，有机统一，共同构成企业的系统治理机制。2014年，俞可平指出，治理体系和治理能力在企业的发展过程中互为补充，企业治理能力的提升依赖良好的治理体系的构建，而企业治理体系效能的发挥离不开良好的治理能力。

2.1.4 企业治理体系和治理能力现代化的特征

（1）治理模式中国化

推进企业治理现代化要紧密结合中国治理模式，彰显中国特色。党的十九届四中全会通过的《中共中央关于坚持和完善中国特色社会主义制度、推进国家治理体系和治理能力现代化若干重大问题的决定》提出，我国国家治理一切工作和活动都依照中国特色社会主义制度展开。并且，有学者通过分析国有企业所有者缺位和目标多元化等治理问题发现公司治理既有中国制度背景的特殊性，也有西方经典代理问题的普遍性（姜付秀，2021；刘俊，2014）。一些学者指出要利用中国企业的现代化制度优势，在企业治理中遵循党的领导（汪显东，2021；李文峰，2017）。这意味着需要结合中国实际，在充分借鉴、吸收国外先进公司治理理论与方法的基础上，将其与我国公司实际相结合，实现企业治理的中国化。

（2）治理理念先进化

治理理念是指在企业的管理过程中应该遵循的准则、思想、立场，以及行为规范等。公司的价值体系可以体现企业的治理理念，其包含多个方面，比如企业发展的理念、企业的目标理念，以及员工的日常行为理念。企业治理的目标理念具有引领企业发展的作用，其先进性体现在企业要顺势而为，积极变革创新，完成企业使命，并且能够满足党和人民对于企业发展的期望，在推动企业发展变革的过程中注重对企业社会责任的履行。

（3）治理组织高效化

为了实现企业治理组织的现代化，需要企业建立规范的组织体系，该体系需要与公司治理的目标、导向、行为准则以及制度相匹配，还要注重运作的高效性。企业治理组织可以通过调整组织结构、明确岗位职责以及优化决策等方式，来达到企业治理组织的高效目标，使企业的组织机构设置得更加精简，职责的权利与责任配置得更加合理，企业的战略决策变得科学合理，以及民主监督更加透明有效，从而达到高效的生产经营，促进企业的发展。

（4）治理制度规范化

制度规范化是保障制度体系良好运行的重要前提。企业的治理制度涵盖了属于企业高层的战略规划层、属于中层的管理指导层，以及属于低层的操作执行层等不同的层级，涉及企业的生产经营、安全管控等多个部门，是一套完整的、系统的制度框架，规定了完成任务的人员、分工、方法以及应达到的效果。

在企业中规范化的治理制度应体现在其覆盖范围的广泛性、内容的合规性、表述的简洁性以及执行的可行性等特点上。同时，企业的治理制度应受到企业的"大监督"体系的监管，要完善建设制度的监督性，使企业中"制度管制度"的监督机制成为可能。

（5）治理主体人本化

人本化的企业治理主体强调以人为本去构建现代化的治理体系，促使治理能力现代化，鼓励全员积极参与企业治理，听取群众的意见，同时，企业治理要坚持党的领导，共同发挥作为治理主体的协调联动优势，共同治理，共同维护。

一方面，重视全员的全方位系统培训，切实加强相关人员的治理意识，使其增强责任感、提升治理的技能，大力推动企业员工治理的现代化；另一方面，激励所有人积极参与治理，尊重每个人应享有的权利，使企业治理适应企业的不同发展阶段并进行大胆创新与变革，确保治理的现代化向可持续方向发展。

（6）治理手段数字化

以提高企业的治理能力、提升管理效率为目标，企业应对全体员工、业务全过程，以及全周期实施数字化的治理手段，并整合运用先进的通信手段，如"云大物移智链"（云计算、大数据、物联网、移动互联网、人工智能、区块链）。企业借助完善的数字化管控体系、数字化管控平台以及数字化应用系统，把数字化的理念与策略整合到管理流程、技巧与理论中，从而推动管控的纵向一体化以及业务的横向协作化，以达到公司治理快速、精准、有序、高效的目标。

2.2　建筑施工企业治理现代化对策

2.2.1　建立健全合规研判机制

企业经营面临着各种各样的合规风险，风险研判就是对这些风险进行全面、深层次的研究与评估，以确定其发生的可能性和影响的程度范围。建立健全的合规研判机制，可以从以下三个角度进行考虑：

（1）建立合规风险识别预警机制

建立合规的风险研判机制，首先需要建立合规风险识别预警机制。对企业经营过程中的风险进行全方位、深层次的判断与评估，能够初步发现这些合规风险，对企业的合规经营起到保障作用。不同企业内部要根据企业的实际情况，设定符合企业所处阶段的风险识别与评判标准，要保证标准制定的科学性、规范性。

识别并评估各类风险之后，要建立风险管理库，通过对企业面临的合规风险进行识别、收集、分类，确定风险所属的类别，再归入企业风险档案库。为了对导致合规风险的因素进行更好的检测与预警，企业要制定风险预警体系，通过对相关指标的运用切实提升企业的风险预警能力。通过风险识别和预警机制的建立，帮助企业及时发现合规风险，并在分析与评估后实施相应的风险管理措施。

（2）制定合规管理办法

为了保证企业开展经营活动时遵守法律法规，有关人员的行为符合日常的企业规章制度的要求，需要制定适当的合规管理办法。该办法应对企业相关部门的合规责任和义务做出具体明确的界定，同时应对合规管理涉及的相关制度以及流程加以完善并优化。

企业要注重对风险的管控，而且为使各项活动符合法律的规定，要对内控机制进行完善。企业对于合规管理办法的相关规定要严格执行，如果发现不合规的情况，立即进行监督，及时解决，使企业对内部风险的防控能力进一步得到加强。企业的每一位员工都应树立合规意识，企业的管理层应对员工进行及时的培训与监督，使企业形成良好的合规氛围。

（3）推进合规管理信息化建设

合规管理应紧跟数字化、信息化发展的浪潮。对于企业的合规管理建设，也应向信息化方向发展，通过建立一个合规管理的信息化平台，使企业的合规管理更加有效、更加科学、更加集中、更加智能。为了对企业的行为进行全方位的监管和预测，企业应建立数据中心，对合规管理活动的相关数据进行录入与整理，使得企业能够及时发现和应对风险；提升对于合规管理的信息分享与互动，以达到在不同部门之间进行合规管理的协同工作。

2.2.2 建立健全合规运行机制

对于企业的日常运营来说，合规运行是必要的。企业在日常的经营过程中，应按照法律法规的要求以及企业内部制定的章程进行合规操作与管理。对于合规运行机制的建立，可以从以下三个方面进行思考：

（1）聚焦合规管理重点环节

企业合规管理的重点环节应聚焦在三个方面，即企业合规管理制度的制定、合规经营决策以及合规运营与管理。

首先，企业在合规管理制度的制定上，应从企业工作的重点环节出发，打造符合规定的风险防范系统。企业要在现有制度章程的基础上进行合规性的审查，并在审查过程中及时收集与整理重要信息，针对企业的重点业务领域建立更加明确的规章制度，将其编订成册，形成特定的合规管理指南。

其次，关于企业的合规经营决策，企业必须严格执行"三重一大"的决策制度细化体系，明确管理权限与职责。企业的投资决策往往会对企业产生重大影响，故应加强对此类决策的合规性审查，对于新项目和新投资应该加以重视，确保其投资决策符合合规性要求，满足企业的内部规章制度的规定。此外，为防止出现职权滥用现象，企业应构建规范的决策流程以及对决策结果的审核流程，避免产生重大风险。

最后，关于企业的合规运营与管理，企业要重视对合同的审核和监督，严格执行合同的规定，避免合同风险的出现，保障企业的合法权益，并避免企业牵涉法律争议。此外，企业应明确每个岗位的职责，通过岗位职责清单的拟定，避免岗位中合规风险的产生，使每个岗位的设定符合合规性要求。

（2）开展合规管理评估

企业在考虑合规管理的重点环节之后，应对合规管理活动进行评估，可以从以下三个角度对企业的合规管理活动开展评估：

首先，企业需把遵守法律、执行规章制度的情况融入员工业务表现的评价框架中，利用评价结果去衡量员工的遵循程度，同时针对不符合标准的情况，使其进行修正与提高。

其次，构建合规评估体系，并在企业的日常运营管理中开展全面评估。为提高合规评估的规范性与标准性，可以考虑评估主体、内容、流程以及频率，并构建常态化的评估机制。

最后，如果企业更注重合规评估的客观性，可以委托专业的评估机构定期对企业的合规管理机制是否有效进行分析，通过其开展的全方位、深层次的评估，及时发现企业潜在的合规风险，并听取其就风险的处理所给出的建议及改进措施。

（3）健全合规风险应对机制

为避免企业合规风险的产生给企业带来不利影响，企业应建立对合规风险的应对机制。其可以从以下三个方面完善对企业常规风险的处理机制：

首先，从风险预警的角度来看，企业可以将所面临的合规风险分为高级别、中级别以及低级别。对于高级别合规风险，从事风险管理的相关工作人员要及时将实际情况告知企业的管理层，并就风险管理制定及时有效的措施；对于中、低级别的合规风险，可以对它们进行分类管理，由于其紧急程度不及高级别合规风险，所以可以对它们适当延后处理。此外，还需要构建健全的风险预警系统，使其能够即刻识别并评估违规风险，从而使相关人员能够迅速并有效地实施应对策略。

其次，从风险应急预案的角度来看，企业在日常经营过程中应对合规风险进行及时评估，根据评估结果更新风险应急预案，同时还需要安排员工进行常规的模拟及训练，进而最小化合规风险的不利影响，提升应对以及处理的效率。另外，企业需要增进各个部门的交流和合作，以确保应急预案的执行，同时也需要建立适当的考核评估体系，以确保应急预案的执行成效。

最后，从业务技能强化的角度来看，企业应注重对员工合规意识和法律意识的培养，持续提升员工的专业技能，重视引进运营、财务、法律等专业化人才。此外，要完善培训考核机制，促使员工了解企业所面临的合规风险，并在实际工作中给予正确的指导，使其能够进行合规化的操作。

2.2.3　建立健全合规责任机制

企业的合规责任机制要求企业相关人员依据法律、行业准则及企业规章制度，履行应尽的义务。企业合规责任机制可以从以下三个方面着手构建：

首先，合规责任机制的建立应确保企业内部工作的统筹协调。企业各部门应相互协作与沟通，按照统筹协同机制的要求进行合规责任的划分，各部门的职责划分应清晰明确，同时为确保合规管理制度的有效执行，可建立专门的合规管理团队加以保障。企业各部门的统筹协调，为企业治理现代化从一元向多元的转变提供了条件。

其次，建立合规责任机制的重点是保障合规管理责任的全面落实。对于企业中的各级人员都应落实责任，并按照合规管理制度的要求保障制度的严格执行。企业的部门经理和风险管理责任人，要全面监管本部门的合规情况。企业还可以对合规管理结果进行及时考核，以考核结果影响个人绩效考核的方式约束成员的行为，推进合规工作的有效执行。

最后，为健全合规责任机制，也应落实对于风险的防控责任。为确保企业的经营活动符合法律法规的规定，可以建立风险防控责任机制，落实企业中各部门的责任和义务。企业还应对风险防控效果进行及时的监督与评估，使防控措施得以顺利执行。在企业发生各种风险后，应对其进行及时备案，实施应对风险的策略与应急措施，形成风险管控案例库，为后续的风险管理提供参考。

为完善国家治理体系，提升治理能力，推进企业治理现代化是重要的举措。企业可以通过合规研判机制、合规运行机制、合规责任机制的建立提升企业的治理效能，促进我国经济的高效增长。因此，对于建筑施工企业来说，应根据历史发展趋势、法律制度的建设情形、行业的竞争状况以及企业自身的发展水平，来增强治理能力，从而增强企业的竞争优势，推动企业的发展。

第 3 章　财务制度化思维

　　财务制度化管理是以企业设定的财务制度为标准，就财务管理的各项活动制定规范化的制度体系，使企业的财务管理更具有客观性，管理方式由传统的人为管理转为法治管理。财务管理制度是企业经营管理不可缺少的内容，因此企业在开展财务管理的过程中，应积极完善财务管理制度，促使财务管理工作的质量得到提升。

3.1　财务制度化管理的必要性

　　对财务管理实行制度化，要建立一种高效且井然有序的财务运营模式，从而实现对财务工作的科学管控。财务制度化管理的必要性如下：

3.1.1　有利于财务监督职能的履行

　　财务制度化管理使得财务的监督职能能够更好地履行，使相关人员得以依法行事、遵守规章制度。

3.1.2　有利于处理好各方面的财务关系

财务管理制度化有利于处理好各方面的财务关系，使财务管理的透明度得到提升，同时也增加了财务部门与其他业务部门之间的交流与沟通。并且制度化规范了财务流程，使得各部门人员严格按照制度化的规定进行业务操作，避免了相互之间的矛盾冲突，有利于营造良好的企业氛围。

3.1.3　有利于提高财务管理效率

制度化的管理，对企业的各项业务活动进行了详尽的分工和规定，这样不仅让财务人员能够清楚地知道他们的职责，同时也让公司各个业务部门的人员都能明白财务流程。这样做有助于减少工作中的职责界定不清、相互推诿的情况，从而提升了管理的效率。

3.2　财务制度化管理的原则

财务管理制度化可以使企业的财务管理活动更加有效。每个企业管理制度的构建应该依据企业的实际情况，但一般来看应遵循下面这些原则：

3.2.1　合法性原则

依据合法性原则，任何企业都应严格遵守国家相关的法律法规，在国家法律规定的基础上建立企业内部的规章制度。企业的财务管理制度不能违反国家财务法规。

3.2.2　适应性原则

适应性原则是指根据企业自身的管理模式、组织结构，以及发展战略，充分考虑企业的业务活动特点，制定为本企业服务的制度。

3.2.3 全面性原则

财务制度的制定应具有全面性，对企业中的所有财务活动都有涉及，同时，要规范财务流程，对财务决策、实施以及监督管理都要提出规范化要求，并且致力于确保制度构建的每一个环节不存在管理漏洞。

3.2.4 制衡性原则

财务管理制度的制衡性是指企业对于所设定的制度在划分职责范围以及拟定业务流程时，应考虑如何有效地进行相互监督、相互制约，并且还要保证其运作的高效。企业财务管理的制衡性体现在不相容职务相分离、业务流程经由授权进而审批等方面。因此，制度的制定需要考虑相关财务活动的制衡关系。

3.2.5 明确性原则

财务制度的明确性是指，制度的设定应清晰且易于实施，企业的各级人员应明确自己的职责。比如，财务管理人员不能越权办事，审核人员应清楚自己的权限，业务管理员应掌握业务办理流程等。

3.2.6 系统性原则

财务管理的制度设定应全面系统，企业内各部门的制度设定不能相互矛盾。

3.2.7 动态性原则

虽然制度本质上具有稳定性，但是如果不随着环境的变化进行调整，就不能有效地指导企业活动。从发展的视角来看，企业面临的财务环境在不断地发生变化，企业的发展对财务制度的要求也在不断变化，这都要求企业的财务制度要实时更新。

3.3 财务制度化管理的执行

建筑施工企业如果想要提高财务管理的有效性，可以从以下几个方面执行制度化管理：

3.3.1 离不开领导的支持

企业的领导要深刻了解财务制度对于财务管理活动的重要影响，对于企业的财务管理制度要严格执行，对企业中的员工起到示范作用。此外，为保障企业退休员工的权益，应合理调整他们与企业在职人员的待遇比例，不能存在较大差距。

同时，企业对于离退休人员与退休人员的管理制度应加以区分。对于离休人员，应维持其在企业内原享有的待遇，而对退休人员应先进行分类，再实行企业新的养老保险制度。

3.3.2 重在全员参与

财务制度化需要企业全体员工的积极参与。首先，在财务管理制度的制定过程中，应广泛吸纳各方意见，使得员工在制度制定时具有参与感，综合考虑后再制定科学合理的管理制度；其次，一旦制度开始实施，应该加强在企业内部的宣传力度，开展培训教育，提升员工对于制度的理解，明确自己应负的职责。

3.3.3 财务人员需要具备制度化的办事理念

作为执行制度的主要成员，财务人员的首要任务是建立遵循制度的观念，既要摒弃依赖经验的做事方式，又要有勇气对违反规定的情况说"不"。企业运行所处的经济环境在不断地发生变化，可能导致企业的规章制度不能覆盖企业实际发生的所有的经济问题，因此对于制度的动态性变化，企业的财务人员应不断提升自己的专业水平与能力，并且在工作中重视总结，不断积累经验。

3.3.4　建立必要的监督考核机制

为保证财务管理制度的落实，企业要建立必要的监督考核机制。一方面，企业根据考核机制对制度的执行情况进行评价后，应当设定适当的奖惩措施；另一方面，通过对监督考核机制的具体执行，可以发现制度存在的问题，如与企业的经济业务不匹配等，这对于持续完善并高效地实施制度是非常有益的。

3.3.5　加强企业文化建设

财务管理的制度化需要依靠企业的文化建设。对于建筑施工企业来说，可以提升企业的文化氛围为契机，大力推行财务管理的制度化，在企业中形成遵守规章制度的良好氛围，推动企业健康且持续的发展。

总之，财务制度化思维对于企业的发展有着重要的影响，使得企业的财务管理向着规范化、科学化的方向发展，为企业的财务管理工作提供了有法可依的制度环境，使财务管理工作更加高效、有序，促进企业的健康持续发展。

第4章　业财一体化思维

随着信息化的不断普及，建筑施工企业应逐步实现信息化办公，将业务和财务紧密联系在一起，保证业财数据的真实性，更好地发挥业财一体化的作用，为财务管理及核算打好基础，为企业发展保驾护航。

4.1　业财一体化概述

4.1.1　概念

企业业财一体化指的是财务与业务的统一管理，强调通过实现对业务活动的 流程化管理，做到财务、业务协同，去除企业经营过程中财务、业务之间的屏障，建立沟通渠道。业财一体化管理理念的引入为企业提供了财务与业务之间信息交流的 平台。

4.1.2　业财一体化的设计阶段

在企业战略目标的指导下，财务、业务一体化的设计分为四个阶段，分别是：

（1）设计前期需求分析阶段

对企业每个业务环节的需求做出全面的分析，借助企业的信息系统平台辅助进行数据分析，结合各部门需求综合考量全公司需求，并将各部门的需求有机结合，最终制定出最佳的财务、业务一体化方案。

（2）系统设计开发阶段

根据用户的需求，精心设计和分析信息处理流程，不断优化设计，最终形成完善的需求设计方案，使之成为平台建设的基础。

（3）系统实施阶段

公司信息中心将根据信息系统平台的设置，向操作员授权，使其制定出一套完整的业务流程，并向相关的业务人员和管理者提供培训和指导，以确保信息系统的有效运行。在准备工作完成后，公司应该在信息系统上开展实际操作。

（4）信息系统维护阶段

应该根据管理者和业务人员的反映，及时发现和解决信息系统中的问题，以确保信息系统的可靠性和可操作性。

4.2 业财一体化建设的优势

4.2.1 优化工作流程

业财一体化的实施有助于业务与财务的深度融合，优化企业的工作流程，并且系统的融合会使数据更加透明，便于对其实施有效的监管，实现资源和信息的共享，从而对业务的变革和进步提供重要的支持。

4.2.2 加强综合管控

业务系统与财务系统的深度融合促使企业的综合管控能力得到有效加强。企业能够利用业财一体化平台及时对合同经济业务进行处理，加强合同管理，保证企业相关合同的有效执行，并能显著提升企业的业务水平。

利用系统可以用在线方式对物资出入库，对物资结算等业务及时进行处理，进而能够对业务成本及时进行反映，有助于对成本实施动态管控，从而降低了供应商可能出现的资金结算风险，推动成本的有效监管与控制。同时，该系统也为项目的一线决策提供了有力的帮助，并重点对施工一线提供服务，从而使得企业的综合管控能力得到显著的增强。

4.2.3 提升风险防范能力

对于业财一体化平台的搭建，应注重风险预警机制的同步构建，并对企业的风险进行过程防控，推动企业风险防控能力的提升。业务与财务系统的深度融合，借助信息系统平台的回溯以及数据处理，能够有效地揭示风险问题的根源，找出其背后的管理难点，并且明晰地划定风险问题的管理职责，从而便于设计出具有实际操作价值的修正方案，使企业对管理症结的整改具有针对性、有效性，使风险问题得以识别与化解。

4.3 业财一体化建设的现状

4.3.1 业财一体化仍需深度融合，员工认识有待提高

我国的建筑施工企业，大部分仍采用传统的财务管理模式，与其他行业相比，其业财一体化平台的建设与应用起步较晚。在业财一体化进程的推动下，建筑行业的很多企业只是进行了平台的搭建，业财一体化仍需深度融合，业务与财务的信息仍未达到全面同步，这就导致企业出现信息未能及时传递的情况，部分工作信息因未能共享而一直被重复操作，使得企业的工作效率较低。

另外，财务思维模式的转变需要企业全体员工的共同努力，当引入业财一体化的思维模式时，部分员工对其重要性认识不足，不愿改变现有的工作方式，这也会影响业财一体化的推进，而员工能够对其理解并进行应用是一个长期的过程，很难立刻实现。所以，很多建筑施工企业未能对业务与财务进行深度融合，以及员工的认识还有待提升，使业财

一体化的推进过程缓慢，效果不理想。

4.3.2　信息系统仍需完善

企业业财一体化平台的搭建，应以企业的财务工作为中心，各个系统相互配合。然而，建筑施工企业目前的状况是，在进行企业的业务与财务整合时，财务部门占据主导地位，这使得企业在业务流程、统一数据及其标准化水平上，都存在明显的不足。最终导致企业的业财一体化平台只具备核算功能，而未能对企业的业务经营展开同步分析，未能对预算情况进行评估及管理。所以，建筑施工企业业财一体化的信息系统建设上如存在缺陷，不利于企业业财一体化的协调发展。

4.3.3　企业风险防范能力仍需提升

尽管一些建筑施工企业已经建立了数据中心，但是数据的转移效果并不理想，甚至有些数据并没有转移，这导致信息交流的效果未能达到预期，从而产生了一些风险。此外，一些公司的风险防控机制尚待完善，目前的机制仅能够与企业的资金管控相结合，使其无法跟上预算管理的步伐，各种风险难以被及时识别。

4.3.4　内部合作意识仍需增强

（1）数据统计口径不一致

由于建筑行业的特殊性，企业各部门在日常运营中，对数据的处理和操作往往受到其职责范围的制约，因此相同的项目和数据名称在不同的部门可能含义不同，从而引发财务计算上的不便。

（2）数据核算存在差异

对建筑施工企业来说，各个部门进行数据核算的目标以及核算的方式都存在一定的差异，这可能会引发相同业务在不同部门的核算结果存在差异。

（3）出现信息孤岛现象

在实际的管理工作中，企业的各个部门会进行服务于自身部门或项目管理的软件的开发，但各软件数据库之间并未形成有效连接，进而加剧了信息孤岛现象的发生。

4.4 业财一体化的基本条件

4.4.1 用户一体化

用户一体化是业财一体化的基本条件之一，其目的是实现对企业用户的一致性及集成性管理。用户一体化，也叫单点登录，是指通过同一套用户数据接口标准，对全部业务系统进行数据化管理，形成企业的数据库，其常规化管理以及维护主要依靠企业内部的人力资源信息系统，比如会涉及企业员工的账号、用户名以及个人其他数据信息等，人力资源部门员工执行的操作包括员工的部门调动、离职或员工账号的注销等。

4.4.2 客商一体化

所谓客商一体化，是指建筑施工企业业财一体化的体系建设，包括构建更加标准且规范的客户数据库、供应商数据库以及分包单位数据库等，并将业务系统中的客户以及供应商、分包单位的数据信息整合到同一套客户系统中。客商一体化系统的建设，要包含客户、供应商对建筑施工企业执行业务时所进行的操作的评价。同时，为了客商一体化的加快落实，要增加客商新增模块、客商变更模块，以及客商注销模块，并统一、集中地管理这些新增模块。

4.4.3 流程审批统一化

为便于企业的管理层对待审批业务进行有效处理，企业的业财一体化建设需要实现流程审批统一化。为达到这一目标，企业可以在系统中设置"代办审批流程"，用以收录所有待审批业务的子系统模块以及相应的审核流程。流程审批的统一化使得多个业务系统的待审批程序变得标准、统一，提高了管理人员的工作效率。

4.4.4   编码标准化

业财一体化的前提是平台设置的板块编码标准化。可以对与建筑施工企业经营相关的客户、供应商、企业成员、工程物资等模块，通过相关的业务部门整合其编码，并且对编码进行集中、统一管理，使其不断完善。对建筑施工企业来说，应由其总部负责编码的管理与监督，其下属的子公司以及工程项目相关人员没有对编码的监督及管理权限。

4.4.5   数据唯一化

建筑施工企业的数据唯一化，是指对于企业的业务信息，要从业务开始执行时将其录入业财一体化系统，后续其他业务系统如果需要这一信息，只能从该系统中获取相关的数据信息，从而保证企业获取业务数据的唯一性。

比如，对于建筑施工企业的工程项目，在运用一体化体系时，其项目的数据信息主要依赖生产管理系统，而合同管理系统的合同数据信息，需要以市场开发系统为基准，就其合同签订数据以及相关的中标项目信息进行直接使用，来确保数据来源的唯一性，避免合同相关人员的重复录入，以及数据核算口径的不统一。

4.5   建筑施工企业推进业财一体化的建议

4.5.1   建设财务共享服务中心

建筑施工企业如果想实现业财一体化的建设目标，财务共享服务中心的构建是方法之一。首先，财务共享服务中心的搭建及应用，使得企业的全部项目都包含在系统中，实现了对企业业务的全方位覆盖，有利于相关人员对相关业务的管控，提升了整体工作效率。

其次，利用财务共享服务中心，可以及时获取财务、业务信息，促进了信息的沟通与交流，从而对可能出现的信息延迟导致的工作误差做到了有效避免。

最后，财务共享服务中心的应用，能够增强企业管理者及员工对业财一体化思维的认同感，使其转变原有的思维模式，加深对业财一体化管理模式的了解与应用，从而推动企业工作效率的全面提升。

4.5.2　创建财务管理架构及内控体系

在建筑施工企业实施了业务与财务的整合后，其财务管理的基本结构和职责也发生了相应的变化。为确保建筑企业顺利地实现财务与业务的一体化，并且优化整体管理水平，还需对其内部控制体系进行持续优化。其具体改进做法包括以下四个方面：

第一，企业需要创建一个全新的组织架构，对其进行持续优化并合理安排相关的员工，明确各个部门员工的基本职权。此外，结合业财一体化的相关规定，完善企业的管理制度，并且确保相关规定在具体业务流程的落实，从而优化业务执行效果。

第二，企业应重视业务和财务的复合型人才的培养。为达成业财一体化建设的目标，需要财务人员与业务人员进行定期的交流与学习，从而使相关人员提升工作技能，学习更多的财务知识，推动企业的可持续发展。

第三，企业要对自身的业务范围进行清晰的界定，并且要持续优化业财一体化的内容，确保相关的规章制度、业务流程以及数据标准能够完整统一。同时，对于企业的业务、财务工作，还要设立相应的考核机制来进行监督，科学的考核有利于发现企业在业财一体化建设中出现的问题，从而提高企业的管理效率。

第四，企业需要对内控体系进行持续的完善与调整。为保证业财一体化建设的有效推进，企业的内控体系需要全员参与建设，对风险加以防范与控制。内控体系包括对财务和业务部门的事前预防、事中监管、事后处置，通过对其进行风险防控，以确保内控的有效性，并驱动公司持续向前发展。

4.5.3　创建风险预警系统

首先，企业在运用风险预警体系时，要关注由财务信息及业务信息的不对称所引起的企业风险。这样能防止由于相关人员对于业务信息的了解不足，而导致整体工作效率下降。

其次，企业在进行业财一体化的实际运作时，要促进企业的全面预算管理与财务、业务的深度融合。在业财一体化平台，要对预算管理的目标任务、实际情况以及实际与预算之间的差异加以分析、整合，保证企业的业务人员能够及时调整相应的行动，获取与业务有关的数据资料与信息，从而促进企业整体经济效益的提升。

再次，企业为了促进预算目标的实现，可以在业财一体化平台的应用过程中，实时追踪预算管理情况，并对目标进行适时调整。对于企业的预算管理系统，企业可以将全年预算包含在该系统中，并根据企业的实际情况，将管理制度化，及时调整年中预算目标，在企业的业务与财务的深度融合下，保证业务活动得以顺利开展，为企业的经营决策提供基础，促进企业的经营目标的实现。

最后，对于建筑施工企业，业财一体化的创建不仅能够使得业务与财务部门及时进行信息共享，加快获取信息的速度，还能促进企业管理效率的提升。在一体化思维的具体落实过程中，还存在着诸多的问题，企业需要利用有效的方式加以完善，比如建设财务共享服务中心、创建财务管理架构及内控体系，以及创建风险预警系统等。通过采取这些措施，推进企业的一体化进程，促使企业管理效率得到提升，使企业的业务与财务行为得以规范，推动企业经营管理目标的实现。

第 5 章　管理精益化思维

在我国经济的飞速进步与市场竞争日益激烈的时代背景下，许多企业都将管理精益化思维作为决定其生存与成长的关键因素。由于建筑行业的特殊性，虽然许多企业已经对项目实施了精益化管理，但是大部分企业对于管理精益化思维的认识在深度和广度上还存在明显的不足，因此还需深入学习管理的精益化思维，以进一步增强企业的收益水平。

5.1　精益管理的定义

精益管理是以最少的资源（人力、物力、财力等）投入，尽可能多地产出对顾客来讲有用的价值，以满足客户的需求。

精益管理最基本的目的是：减少次品、较少的库存、较少的程序、较少的不必要的物品移动、较少的服务等候等，通过实现成本消耗的最小化，达到顾客对于产品及服务满意度的最大化。

5.2　精益企业的精髓与要点

一个企业想要实现精益管理，就要掌握管理精益化思维的精髓。其主要包括以下三个方面：

5.2.1　对于产品的生产经营，要确保企业所提供的产品的价值链满足顾客的需求

以客户的需求为出发点，基于企业生产经营过程中所出现的问题给出解决方案，通过价值链来生产产品或提供服务。在价值链的创造过程中，要注意识别并确定每项工作的价值，要及时取消对解决方案无价值的工作（企业在现阶段无法创造价值但是无法避免的工作除外）。一旦完成产品价值链的分析梳理，就要对顾客所需的产品或服务进行真正的生产创造，而不是向顾客推销其不需要的产品或服务。

5.2.2　对于价值链内部的生产工序，要保证每道工序的有效性

5.2.3　在所有的价值链生产过程中，要注重生产运营工作的有效性，识别并避免浪费，同时结合改善方案制定新的规定，以确保改善效果的持久固化

同时毫无疑问，价值链生产工序的透明、高效的交流是避免浪费，并对流程加以完善的重要前提。

5.3　精益管理模式在建筑施工企业中的应用

对于想要为顾客提供高质量的产品或服务的企业来说，管理精益化

思维是值得学习并借鉴的，这对建筑施工企业同样适用。建筑施工企业的精益建造思想是为建筑项目的整个生产建造流程而服务，由于建筑行业具有集成度低、繁杂的特点，其依托精益管理的思想，针对建筑生产的整个生命周期，力求降低和避免浪费，尽可能地以最少的投入为客户创造最大的价值，最后达到整个项目工程的顺利交付。为实现项目工程的顺利交付，其重点环节至少包含以下三个方面：

5.3.1 项目设计方面，变革设计模式

建筑施工企业要变革设计模式，进行项目设计时就要考虑如何有效进行施工，通过在前期设计阶段与施工阶段相互融合，既能实现项目设计的目的，又能使得项目的施工建造更加有效，最大限度地减少项目变更而导致降低施工效率情况的出现。

5.3.2 项目施工方面，采用末位计划系统

企业可以参考拉动式生产理论，将项目施工的管理权力下放给末位计划者，比如项目组的设计领导层、主管人员以及小组工长等，使末位计划系统（LPS）应用于整个项目施工过程，由上述计划者制订所分配的任务计划，其任务计划的周期应尽量缩短，这样才能找到项目的最优执行顺序，合理安排工作时长，并采取适当的缓冲策略，从而增强计划落实的稳定性。项目建筑施工过程中实施看板管理，也是精益生产方式中最独特的部分。

此外，可以持续实施5S管理，包括整理（Seiri）、整顿（Seiton）、清扫（Seios）、清洁（Seiketsu）、素养（Shitsuke），创造更好的施工环境并消除施工中的浪费。

5.3.3 供应链管理方面，采用准时生产制

可以引入准时生产（JIT）的概念，只在需要的时候，按需要的量，完成所需的工程量，即通过对供应链的控制，追求物料采购的无库存或者最小库存，但同时要准时地把所需物料送到施工现场。此外，在充分考虑供应链相关各方利益的基础上，进行工程项目成本控制和技术性能

改善，建立供应商管理（Supplier Management）体系甚至联盟。

5.4　建筑施工企业的精益建造体系

为实现精益建造思想的有效落实，需要建立精益建造体系，其包含如下三个层次：

5.4.1　精益建造标准化体系

所谓精益建造标准化体系，是指精益建造思想需要建立在企业完备的制度体系的基础之上。在此基础上，对企业的生产经营活动做出规定，以达到有效的内部控制。

为了推进员工对管理精益化思维的贯彻采用，企业需要建立对员工的日常管理规范，以便员工提高精益化的意识，从规范中学习、思考，以及执行，从而实现更高效的管理。

为提高企业生产效率，精益化思维也重视设置合理的管理目标。在对其进行逐步拆分的基础上，对每一项细化任务的执行都需要保证质量，从而实现企业的整体目标。比如，将企业的全年目标进行月目标的细化，设定月计划，对相关人员每月的任务完成情况，比如工作完成度、完成质量、工作时间、行为作风等进行全面的评估，并与其绩效挂钩，从而根据月计划的考核情况提出下月生产的改善建议，逐步实现点改善、面改善、特性化的改善，构筑并建立管理平台，确保员工每个月的工作负荷都能处在合理的范围内，避免管理出现漏洞，确保工作目标的全面和优质完成（如图5-1所示）。

5.4.2　精益建造精益化体系

精益化体系的建造需要注重生产经营过程中的每一个细节，可以从以下几个方面进行关注：

（1）要想提高精益管理的意识，就要修正对工作任务"差不多完成就行"的态度，在工作中避免不求甚解，要主动询问、多思考、多尝试，提高效率。

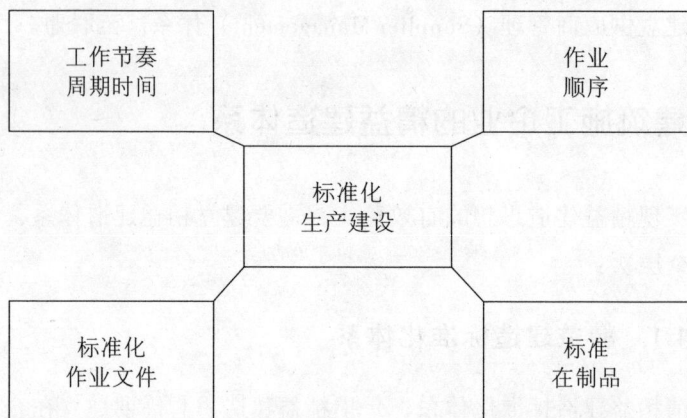

图5-1　建筑施工企业精益建造标准化体系

（2）对于易出错或不足的地方，不能推诿，要主动进行反省，然后分析客观原因，最后结合自身的实际情况进行总结、反思。

（3）精益化体系建设需要细节管理，员工要避免浮躁。对于企业的管理工作，浮躁的情绪会导致忽视事情的细节，造成管理的低效，往往会带来严重的后果。

企业要实现精益化体系的建设，需要企业全体员工提升精益化思维。员工要以自身的实际情况为基础，主动总结自身的缺陷与不足并加以修正完善，加强对于工作的细节管理，筑牢基础性工作的根基，这样才能有助于企业长远目标的实现（如图5-2所示）。

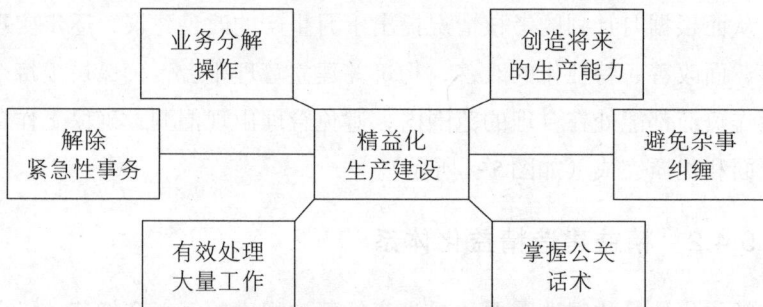

图5-2　精益建造精益化体系

5.4.3 精益建造精细化体系

（1）管理细节精细化

精细化体系的建造要注重对细节的精细化管理，加快细节化管理风格的养成，并对管理过程的细节加以控制，形成经营过程的连贯性，全方位地实现精益管理。

对于企业的成本管理，要从细节出发，具体规定成本费用的使用依据、利用原则、申请程序以及金额核准等，从而确保用最小化的成本来实现最大化的收益。对于企业的资金监管，要将其与企业的具体生产经营项目结合起来，通过资金管控制度，对每一笔资金支出都要做到及时监管，推动资金管理工作走向标准化，从而确保企业管理制度的具体落实。同时，紧跟企业信息化发展浪潮，推动企业管理模式的创新，对于企业的财务、物流、营销、生产领域进行逐步融合推进，逐步实现企业的管理细节精细化。

对于企业的过程管理，如果要使精益管理更高效，需要实现零库存、零浪费、零故障、零切换、零缺陷、零停滞。对于企业的人员、机器、材料、方法、环境、检测、信息和能耗的精益化生产"八要素"，要进行全方位、全过程的管理、控制。

（2）人事制度精细化

精细化体系的建造还需要人事管理的精细化。人事管理的精细化是要建立标准化的人事制度，通过环境的创造以及个人的自我管理，使员工作为企业的一分子在企业的发展过程中具有更大的参与感与成就感。

企业要实现人本管理，需要对员工进行合理授权，给予他们自行决策的空间，使其能够自我管理，自我培养，增强工作能力，提升综合素质，与企业共同成长。

（3）绩效管理精细化

为实现企业的精益化管理，需要对绩效实施精益化管理。所谓的绩效管理，就是指根据企业的绩效目标，对发展战略进行层层分解，对各部门、各岗位安排好相应的分工与职责，构建企业的目标管理体系，进而确保员工工作的目标统一性，增强其责任感，使其努力提升自我绩效要求来实现企业整体目标。

5.5 管理精益化思维在财务管理中的具体应用

对于企业的财务部门来说，实施精益管理可以使得企业的财务数据更加科学、准确，能够有效提升工作的效果，财务人员得以运用自身经验或技能确保各项业务活动有效开展。

5.5.1 财务管理精益化的相关内容

（1）从全局视角理解财务管理，塑造"大财务"观

对于企业的财务系统，要认识到其主要包含如下两个方面，并认识其差异性：一个是企业的财务管理，主要是从企业的整体发展视角出发，对企业各部门的工作做出规划和管理；另一个是会计核算，其与财务管理相比具有微观性，是对各部门项目进行记录、统计、核算，为企业的管理层进行决策提供具体的数据支持，并帮助其了解具体的业务情况。要对企业的财务系统有着全局性的视角，不能混淆上述两个主要的部门，注重塑造"大财务"观，从而有效保障企业利益的最大化。

（2）加强预算管理

首先，企业要想加强预算管理，可以适当扩大管理范围。比如，企业的现金管控、日常运营的收益与支出、资本运营的结算，以及企业的资产、负债的预算管控等，无论是具体的日常运营还是全面的财务规划，预算管理都应有所包含。

其次，为提高预算管理的有效性，企业应建立相关的规章制度，并按照制度的要求设置相应的人员奖惩机制，通过考核来规范员工的行为，提高员工的工作积极性。

最后，在预算管理的具体运行上，企业可以通过信息管理系统来实现对数据的实时掌控，明确相关人员的职权，根据其工作情况通过信息反馈系统及时对业务展开监督与纠偏。

（3）建立健全的信息管理系统

企业要想实现管理的精益化，需要建立健全的信息管理系统。为保

证系统的有效运行，企业需要设立一套完整的信息管理机制，确保企业各部门的人员能够及时共享业务的数据信息，从而加强各部门人员之间的交流与沟通。对于财务管理人员来说，需要在系统上及时上传企业的现金流、资金管控、运营能力等信息，各部门根据上传的财务信息对业务做出综合考虑。

另外，财务数据以及相关的财务报告在系统上的及时共享，能使管理层更加清楚地了解企业的运行情况，发现问题后能立即采取适当的策略进行处理。所以，借助信息化的管理平台，能够减少大量复杂且繁琐的工作，从而加快企业内部的信息传递效率，推动企业的可持续发展。

5.5.2　企业财务管理精益化的作用

（1）有利于提高财务管理工作的质量

企业进行精益化的财务管理，可以为企业的进步与发展提供支撑，显著提升财务管理的效率。管理精益化思维的运用使得企业在平时的运营过程中，对于投资项目的决策考虑得更加深入，不仅考虑市场环境的变化，综合考虑各种因素之后还会对风险进行评估，力求项目成本能够得到有效控制，项目的经济价值得以充分发挥。

（2）有利于企业的运行发展

精益化的财务管理有利于企业对于风险的防控。精益管理注重对工作过程的细节把控，有利于与企业的内部控制互为补充与优化，进而能够及时、准确、有效地对已知或未知风险进行预测和评估，并能采取风险防范机制及适当的措施来处理风险，尽可能地降低财务风险的发生概率，推动企业的长远发展。

（3）有利于财务工作的顺利开展

财务管理的精益化对于财务工作的顺利开展具有重要意义。管理精益化思维，注重对于资金管理的细节把控，可提高资金的使用效率。同时，其对企业的经营业务展开模型建设，在企业效益最大化的目标下，将企业经济活动的业务内容进行融合，深入分析资金的分摊成效，这样就方便了财务人员对于业务经费的成本把控，使其能及时识别可能发生的财务风险，并有利于员工工作的顺利展开。

（4）能有效控制资金的使用

通过实施精益化的财务管理，能够对企业的资金使用情况进行有效的监督及管控，从而为财务管理提供强大的支撑。财务管理者要编制资金预算表，以便对可供利用的资金做出有效的安排，同时也要真实、及时地反映资金的使用情况。对于资金的分配，要结合市场的实际现状及未来走向，对资金做出合理的规划，确保每一项资金都能被恰当使用，从而提高资金的使用价值，逐步实现零浪费的精益管理。

5.5.3 财务管理精益化的具体应用

（1）全面分析财务风险

在财务管理方面，企业的管理层应具备长远眼光，对于企业的市场环境有所了解，并分析企业的竞争优势与劣势，通过管理的精益化来保证财务管理模式转型的有效性，进而提高企业识别风险的能力，对于潜在风险采取适当的策略来避免。

（2）有效控制成本

精益化的财务管理模式，有利于企业对成本的把控。首先，对于企业的预算评估，可利用精益化思想对客户的相关资料展开全面调查，基于获取的相关数据，对客户进行合理性预算估计，进而分配各部门的工作。

其次，对于资金的分配，要确保每一笔资金的使用能够为企业带来应有的价值，还要运用数字化信息技术对资金的使用情况加以追踪，将其具体情况反馈给相关的领导，辅助其做出科学决策。在此过程中，要注重所整理资金数据的真实、有效性，确保过程公开、透明。

最后，财务人员要分类管理各项目，保证项目支出经费正常以及预算合理，并对预算偏差利用监督、审查等方式进行严格把控。

（3）健全财务管理体系

将精益化财务思维与财务管理体系的建立充分融合，才能实现对财务数据的有效使用。在财务管理工作中应用精益管理，健全财务管理体系，可以实现财务数据利用的科学性，进而促使企业实现成长的目标。

（4）精细化工作内容

由于财务管理工作包含的内容较多，比如编制会计报表、通过数据进行项目分析以及做出目标规划、合理分配及使用资金、评估及处理项目风险等，因此要对相关的财务工作展开精细化管理，制定相关的工作制度来保证管理的有效性，并设立奖惩机制，激发全员的积极性，推动企业更好地发展。

（5）开展绩效考核

为保证精益管理的有效落实，提高员工的工作积极性，进一步提高财务工作的质量和效率，企业可以建立绩效考核制度，将员工执行精益管理的情况与绩效挂钩，并设立奖惩机制来降低员工犯错的概率，从而保证企业顺利开展财务工作。

（6）提升财务人员的专业素养

为了增强员工对财务精益化思维的认同感，需要聘请专家对相关人员进行理论培训，同时，可以项目模拟等方式对接受了培训的财务人员进行评估，对成绩优异者给予一定的奖励。要注重对于高水平财务人员的引进工作，及时对入职员工展开培训，使其在考核合格后方可入职。管理层对员工合理的意见及建议要主动采纳，与其共同完善工作制度体系，促进企业的长远发展。

5.6 建筑施工企业全方位精益管理模式的实施路径

具体而言，我们可以遵循以下要点进行实施：

首先，管理层应强化精益管理的意识，勇于对企业的管理模式进行变革，不惧挑战，做改革的领头羊。

其次，要大力推广精益管理的相关知识，抓住实施精益管理的时机，比如企业面临危机需要转变管理模式的情况；反之，要寻求解决方案。一旦目标被设定，需要通过一系列关键且有效的活动加以实施。

最后，为增强员工的认同感，管理层要向其传授关于精益管理的理论知识以及成功的经验，与员工及时分享精益管理的成功案例。许多企业为了配合精益管理的制度落实，还专门编制了内部刊物，定期举办研讨会分享感悟等，取得了很好的效果。

任何尚未贯彻精益化思想的建筑施工企业想要全方位打造精益管理模式都意味着一场深刻的变革。建筑施工企业要运用管理精益化思维的优势，通过严格的精细运作，使得企业获得持久的竞争优势。

第6章 信息数字化思维

6.1 企业数字化及数字化管理

6.1.1 数字化及数字化管理的概念

（1）数字化的概念

通过概念分析，可以将数字化分为广义和狭义两种。狭义的数字化指的是通过信息系统、传感器等通信技术与工具对多变的数据进行转化，使其成为二进制代码，同时引入计算机形成可以计算的数字数据，然后在此基础上构建数据模型，从而实现统一处理应用的过程。该概念强调的是，通过数字技术的运用来实现业务以及场景的数字化改造，对于项目本身来说具有降本增效作用。

广义的数字化则是通过人工智能、大数据等信息技术来实现主体战略、架构、生产经营等多方面系统性变革的过程，其强调的是对组织进行重塑，此时数字技术能够赋予产业突破与创新的核心力量。在企业中，一些常见的数字化产品有数字化经营、数据信息数字化、数字化管理等。

（2）数字化管理

数字化管理（Digital Management）是企业的一种管理活动与方法，其利用计算机网络技术等方式，来对企业中需要管理的内容进行记录与定量分析。这种管理模式基于传统的管理方法，充分利用了互联网、大数据、人工智能、云计算等先进的科学手段，实现了对管理目标的可视性、及管理行为的定量化与数字化。在数字化管理的过程中，所有的管理行为都依赖数字技术进行操作，企业内部各部门之间，企业与供应商、与客户之间都可以通过数字化系统来建构数字关系。

数字化管理，主要包含数字采集、数字处理两个方面：

第一，企业需要运用相关信息技术对企业的经营管理活动加以采集、录入和信息数字化挖掘，将生成的数据储存在企业的数据库中。

第二，对数据库中的数据进行数据处理，对其进行筛选、过滤，关键在于对企业活动中的有效数据的处理。相较于传统管理和信息化管理，数字化管理并非简单的量化和数字模拟，而是一种创新的管理方式，其采用全新的组织方式，包括供应链管理、虚拟企业、范围经济和集成等。

6.1.2　企业财务数字化管理的内容

企业的财务数字化管理，不仅包含传统的财务管理内容，比如企业运营过程中的投、融资管理，项目资金的分配与筹划以及监管等，还包含对原始财务数据和信息进行数字化处理，也就是说对于企业经营过程中的所有原始数据，都要将其录入数字系统，转换成统一标准，并加以保存及备份等。

企业的数字化管理主要包括以下三个核心步骤：

（1）根据数据处理的需要，将已录入系统的数字化数据与其所产生的业务信息进行深度融合，并对其进行统计分析与利用。

（2）企业要开发、使用以及管理专门对数字化数据进行财务分析、评估，并用财务数据来指导经济决策的财务数字化管理平台。

（3）积极创新，应用、管理更先进的数字化财务技术。

6.2　建筑施工企业数字化转型概述

6.2.1　数字化转型的概念

数字化转型并不仅仅是简单的信息化，数字化转型经历了信息化和融合化两个阶段后，第三个阶段是利用数字化信息来对企业的商业模式进行调整。前两个阶段都是利用数字化管理技术将信息数字化，对于处在第三阶段的数字化转型企业来说，其主要通过互联网、大数据等现代化信息技术，与企业的业务生产过程进行结合，进而完善企业的生产管理过程，最终实现产业的高质量提升（何帆、刘红霞，2019）。

数字化转型在建筑行业中的应用，是指通过数字化管理技术，来对企业的生产和运营、管理流程进行逐步优化及改善，通过数字化的技术手段帮助企业实现高质量的发展。

6.2.2　建筑行业数字化转型的必要性

（1）建筑行业转型升级的需要

随着经济数字化进程的逐渐加快，建筑行业迫切需要进行转型与升级。目前，各种数字技术已经对建筑业的改革产生了深远的影响，比如大数据、物联网、BIM技术等。《关于推进建筑信息模型应用的指导意见》指出，要注意企业的管理信息系统，BIM技术以及其他信息化、数字化技术融合使用的发展目标。BIM技术的使用在建筑规划方面的重要性已经被住房和城乡建设部的建筑业信息化发展纲要加以突出强调。通过对建筑行业实施数字化改革，能够尽可能地集成和调动各种资源，从而达到资源的高效分配和使用。

（2）城市数字化转型的需要

随着数字化转型的推进，社区及民众对于公共服务的需求日益增长。大规模的数据资源地已经在我国的多个地区开始建设，由政府、科学研究机构、行政部门、互联网科技公司等组成的数据分析小组已经形成。

目前，我国正在倡导并积极推动智慧城市的建设，其要求将城市的一些组成部分与网络系统相关联，相互紧密结合。其以生活、消费和治理的数字化为基础进行搭建，致力于构筑包括智慧城市 IT 运营、大数据增值服务系统、城市应紧急管理平台等在内的智慧城市。这些数字网络平台已经实现了广泛的应用，并且辅助着各个城市机构进行合作与分享，使得城市的运营与服务质量有所增强。

6.2.3　建筑施工企业数字化转型的特点

（1）价值化

第一，从业人员素质低，技术水平不高，流动性大是建筑施工企业普遍存在的问题。由于建筑工程的特点是周期较长、工地位置分散，管理过程容易出现疏漏，其传统的管理方式主要依赖管理者，这使得管理水平参差不齐，通过数字化技术能够提高管理的稳定性。

第二，建筑施工企业处于项目工程的价值链底端，利润率低，而且竞争比较激烈。通过数字化转型，能够将各项生产要素进行有效整合，使其朝着高利润的方向转变，增强企业的核心竞争力。

第三，数字化转型是建筑施工企业以及行业高质量发展的必然选择。

（2）标准化

数据对于行业的发展至关重要，通过高效精准的数据收集，能够对数据蕴含的价值进行深入挖掘，标准化作业是促进企业发展的重要驱动力，因此需要构建标准化的管理体系。数字化转型当中，不应该仅仅将其看作数据采集，而应紧紧围绕数据做好标准化的工作，通过统一的标准建设，促进信息的沟通和共享，同时加强成员之间的相互交流，发挥数据的作用。除此之外，行业数字化标准不健全是目前建筑行业存在的主要问题，严重影响了沟通的效果。

（3）精英化

作为传统企业的代表，建筑施工企业的改革具有时代的必然性，但其同样也存在信息人才匮乏、技术能力较差等诸多问题，虽然很多企业已经认识到这一情况，但是在人才培养方面仍然是有所欠缺的，尤其是在数字化人才培养方面。

6.2.4　建筑施工企业数字化转型的内容

（1）转变思维方式

多数建筑施工企业员工将数字化理解为属于 IT 专家的高层次工作，是企业信息化部门的工作，业务部门无须参与企业的数字化转型。这种传统思维存在很大的桎梏。企业深入整合技术和业务的发展，需要公司各部门人员的积极参与，那么就需要思维的转变：

第一，转变领导者的思维，加强数字的精益管理。发挥数字的真实效用，保证系统的全面建设。

第二，转变基层工作者的思维，使其不能害怕困难，需要迎难而上，做好数字化转型的技术工作，结合数字化转型需求，实现自身能力的提升。

（2）转变组织形式

从组织形式的角度来看，传统的数字化平台大多依靠外部购买服务的方式。但是为了适应新的时代发展要求，企业需要构建属于自己的数字化部门，并将其融入不同部门不同的业务系统当中，让会技术的人懂业务，懂业务的人会技术，促进数字化技术在实践当中的落地生根。

（3）转变建设思路

转变思路，即要秉承循序渐进的原则，逐步推进数字化转型。数字化转型首先需要进行标准化，然后再进行数字化，朝着智能化的方向有序推进，如此才能打通企业内外部的数字化发展通道。所以在数字化转型建设过程当中，需要做好管理的标准化以及业务的数字化。然后，要重视数据的作用，将其运用到数字化建设的整个生命周期当中，通过数据来反哺业务，促进业务的全面发展，实现智能化的转变。

（4）转变业务范围

对于建筑施工企业来说，可以通过数字化转型来扩大业务范围，延伸综合投资、房地产等非主业产业链。简单来说，就是通过数字化赋能工业生产经营管理程序，以及智能化生产建设程序来促进产业发展。而且，数字化转型能够针对投资、设计等多个方面进行基准分解和动态跟踪，实现有效的风险预警，促进决策的科学有效。

6.2.5　建筑施工企业数字化的现状及问题

（1）商业模式简单，业务合作不足

目前，建筑施工企业的经营模式相对简单，业务并未在整个产业链中进行融合，其收益来源也相对单一。而且，建筑施工企业的固定资产投入较大，固定成本也相对较高，其商业模式未能完整地涵盖从建筑的规划、设计、施工到运营的整个制造流程，因此不能在生产过程中实现不同业务的协同效应与规模效应。与全球顶级的建筑施工企业相比，我国的建筑施工企业在供应链附加服务、电子商务等领域仍存在明显的不足，这对建筑施工企业的市场竞争力产生了一些影响。

（2）信息化标准不统一，不能有效整合

在建筑施工企业的数字化转型阶段，多数企业已经实施了一系列数字化变革，然而由于没有形成一致的信息化标准，所有的转型都被局限在部门或业务单元，而且其标准也存在差异。因此，导致公司对集团、子公司以及各业务单元的数字化系统之间的融合变得比较困难，无法充分利用其综合效能。由于这个原因，不同的部门不能够有效地分享信息与数据。同时，受单一的信息化模式的影响，其也难以获得较多高质量的数据，甚至无法将其转变为商用，加以产业化。

（3）企业内控效率低，信息技术无法提供有效的管理决策支持

建筑施工企业具有明显的重资产特性，其组织架构比较复杂，雇佣的员工众多。因此，在集团的子公司及其所有的项目中，实施有效的内部治理相对困难，必须以全局视角来建立一套较为健全的内控管理机制。然而，当前建筑施工企业因各部门的信息系统的标准不一致，无法获得更具实时性和全局性的数据，这使得数据无法对公司的内部控制系统起到应有的效果。

因此，我们需要进行深入的数字化转型，通过这种转型，可以在公司的生产和管理流程中，收集更多的实时信息，从而更及时地反映公司的运营和管理情况，使得数字技术成为公司开展管理活动的助力。

6.3 建筑施工企业数字化转型路径

6.3.1 建筑施工企业数字化转型原则

（1）战略规划和执行并重

数字化转型在企业中是一项系统性的任务，在进行改革时需要明确各事项的优先级，全面而系统地推进改革。在具体执行过程中，需要制定完整的数字化转型路线图，并逐步进行改革。在战略设定过程中，企业需要执行"一把手工程"，由主管领导引领，从上至下制定全面的数字化转型策略，然后逐步细化为具体的战略予以执行。执行时需全面思考整体战略，同时，依照反馈持续改进与调整。同样，数字化转型也需要逐步地提升完善，需要做到全面的战略规划和逐一的执行实施并重，并且在执行的过程中，也要持续地完善数字化转型战略。

（2）业务与技术双轮驱动

企业的数字化转型最终要实现业务与技术的协同推动。数字化转型是企业数字化的关键，其核心是在数字化信息与管理技术的推动下，优化企业的生产管理过程。这个优化过程应以业务为主导，通过技术推动业务的进步。然而，在实施企业数字化转型的同时，也必须注意新兴科技的影响。这些技术的应用有助于为企业的商业活动增添活力，并且通过这些技术来改良和优化公司的制造流程，可提高生产能力，最终增强公司的市场竞争力。因此，我们需要不断地研究并运用这些技术，从而促使商业活动的持久性提升。

（3）自主研发与合作并重

数字化转型对于建筑施工企业来说是一项需要长期投入的任务，对其资金等各个方面都有着较高的要求。在这个过程中，公司需要加强自主研发，开发出能与公司业务相匹配的数字技术，实现软硬件的协同发展。企业也需要增进与外部的协作，如果希望完成数字化的转型，就必须由软件和数据服务提供者来设计功能性的生产计划。此外，建筑施工企业需要最大限度地借鉴供应链以及同行业的改革经验，特别是行业领军企业的改革经验，增强协同工作，以便有效地推动企业的数字化转型。

6.3.2 建筑施工企业数字化转型策略

（1）人力数字化管理

公司间竞争的关键在于拥有优秀的员工。在建筑施工企业的日常运营中，人力资源部门成员扮演了至关重要的角色。建筑施工企业如果想要实现人力数字化管理，就需要构建并不断完善企业的人力数字化管理系统，以"数字人力"为企业的发展提供动力。当构建建筑施工企业的数字化人力资源系统时，需要将人力资源业务规范化、流程化以及数据化。

"数字人力"在建筑施工企业的构建，可以采取如下三个措施：

第一，需要将人力资源管理信息化，实现在线管理，包括日常的面试、劳动合同、考勤和员工信息管理等工作。同时，还需要建立和维护员工信息数据库和招聘信息数据库等，以此为未来的数字化转型奠定基础。

第二，需要在第一个阶段的基础上，将企业的薪资管理、业绩评估、员工服务等任务与企业的财务体系以及其他的管理体系进行融合。

第三，需要在数字化的前提下，实现"数字人力"。在前期大量数据的基础上，需要对员工的能力范围、胜任力等进行 AI 分析，使企业的人力资源价值最大化，为建筑施工企业的高质量发展提供支持。

（2）财务数字化管理

数字化的财务管理是推动建筑施工企业进行管理数字化转型的关键路径。为了给建筑施工企业的成本管控工作提供决策依据，需要通过数字化系统来进行基于合同的财务预算与数据核算，从而提高预算的精确度与实施效率。此外，还需要借助数字化平台来收集并处理更多的内部生产信息。

在进行建筑行业的财务数字化转型时，关键在于要从传统的财务核算模式转向"战略控制"以及"价值创新"。大规模的数字财务资源，能够为公司的治理架构以及运营流程的优化提供决定性的参考。在进行业务管理的数字化转型时，要达成五个主要的目标，也就是能够被记录、能够被追踪、能够被分析、能够被预测以及能够被决定。而在这个过程中，财务的数字化管理则成了数字化转型的关键部分。

（3）生产技术数字化管理

数字化转型在企业的生产技术方面的应用，是指建筑施工企业利用数字化技术，比如物联网、大数据、AI 与智能管理和设计等与企业的建筑业务环节进行紧密结合，从而达到数据的可视化设计，及时查看施工进度并进行管理，利用大数据等技术进行造价管理等目标，这样不仅能有效地分配项目建设资源，还能减少项目的生产管理成本，从而增强企业的核心竞争优势。

对于建筑施工企业来说，其生产制造技术的数字化并非仅限于硬件设备，同时也需借助数字化软件来达到数据的整合共享。需要加速发展BIM（Building Information Modeling）的核心技术，并利用 BIM 综合技术来增强项目的数字化程度。BIM 技术在设计、施工和运维等各个阶段得到了实际应用，强调了数字化和模型化的设计，并且在施工和完工验收等阶段，其成果得到了有效的传递，同时也实现了建筑施工企业的运营和交互式管理。在建设过程中，应大力应用工业机器人等先进技术，以减少人力的消耗，并增强项目的安全性。

（4）质检安检数字化管理

对于建筑施工企业来说，质量控制与安全措施管控构成了其稳定与健康发展的基础，这包括对品质的检查、对环境的监控、对设备的保护以及员工的安全。然而，由于建筑施工企业的生产过程繁琐，时间跨度大，以及员工的规模庞大，这些常常会阻碍其稳定与持久的发展。

过去，以人力监管为主导的管理方式，往往无法达到智能安全检查和智能施工的目标。然而，数字化转型后，可以使用智能终端进行巡查，并且生产设备上的传感器也能够进行实时的监测，甚至发出安全预警。企业需要根据自身的实际情况，系统地梳理各种业务场景，明确各个层级、各个流程和各个职位的管理需求，并根据管理控制的目标来制定业务管理规则。同时，必须对业务模型、数据分析指标模型和报表以及分析系统管理架构进行深入的研究，这样才能创建出满足公司数字化建设目标的运营管理模型和系统运行结构，从而推动公司的持续发展。

6.3.3　建筑施工企业数字化转型的保障措施

（1）统筹顶层设计

要使数字化转型具有全局性和系统性，不仅要考虑企业的生产过程和管理，而且要具有全局观念，通过数字化信息技术，将企业的经营管理活动相互连接，因此要统筹数字化转型的顶层设计。由于建筑施工企业的运营流程相当繁琐，所以，在数字化转型时，其通常会选择逐个步骤和逐个批次的转型策略。因此，需要确保数字化转型策略的全局性，确保从高级别的规划开始，逐步推进，并且对每个部门进行全面的管理。

（2）提升组织的领导能力，成立专门的管理组织

强大的团队管理构成了公司实施数字化转型的核心支撑。公司的转型是涉及整体的大规模项目，为了顺利完成这项任务，需要高效的管理者去执行。在开始执行数字化转型之前，公司的"一把手"需要主导并创建一个名为"数字化建设工作委员会"的团队。接着，这一团队需要纳入管理层以及业务层，特别是项目层的领导人，以便全面策划与数字化变革相关的任务。

此外，还需要设置一个专门的数字转型评估团队，他们的主要职责就是确定整个转型任务的大致方向并对其工作开展情况进行考核评价。

（3）加快人才培养

企业想要加速实现数字化转型，需要高层次技术团队的支持。所以，企业要积极吸纳或培养高水平的数字技术人员。同时，除了要对高层次技术人员加以重视外，还要对业务人员进行相应的数字化培训。

在企业的数字化进程中，除了硬件的数字化信息系统，还要用软件实现互联和结合，但是企业中经常出现员工对于业务不了解、数字化技术不太掌握、员工素质有待提高等情况。所以，当我们正在推动公司的数字化转型时，要及时培训相关人员。这些培训不仅包括使其了解数字化的重要性和企业的未来发展，也包括使他们掌握如何使用数字化技

术、软件。另外，还需要培养能够运用大数据的专业人士，这将为企业的数字化进程提供全面的指引。

（4）加大资金投入

数字化转型对企业来说是一个渐进的过程，其投资周期较长且资金需求大。目前，产品更新速度快，技术升级也快，创新能力较弱的企业容易被淘汰。因此，企业在进行数字化转型时，持续的资金投入是必要的前提和保障。

首先，如果企业研发能力较弱，需要提高企业的研发意识，认清企业的研发能力对数字化转型的关键作用。

其次，数字化转型目标的设定需要与企业的整体战略相结合。企业的数字化转型要注意的是，研发的资金投入要与企业的整体目标相匹配，防止因为数字化转型的过多投入而对其他环节的正常运作产生影响。

最后，为保证资金的使用效益，企业在提升创新能力的过程中，要注意对已取得的成果加以变现的能力。企业在与数字化相关的资金管理上，需要建立专门的转型资金，以便为数字化转型时研究趋势和完成转型任务提供持续的财务援助。同时，还需要妥善管理该项资金，并执行资金的审查工作，以提升资金的使用效益，确保数字化资金的真正应用。

（5）提高数字化技术应用能力

在建筑行业，施工项目被认为是公司实现数字化转型的关键领域。为了更有效地利用数字化技术，企业必须充分考虑并使用BIM、大数据、人工智能等可以显著增强生产效益的科技手段。在此过程中，公司应致力于使用先进的数字化科技来取代传统的制造模式和技术。BIM技术的运用不只是有利于增加公司的运营效益，也有助于减少开支、缩短施工周期。

因此，建筑施工企业需要主动去研究和运用BIM技术，那些在BIM技术使用上有着优秀表现的公司，需要充当示例，主动吸取教训，同时也要引领其他公司。通常，建筑施工企业的员工年纪较大，许多设备都需要人工操作，这在某种程度上限制了企业的数字化进步。然而，可以利用物联网技术来增强其数字化转型的实力。

面对行业的改变和竞争环境的挑战，加快建筑施工企业的数字化转型已经刻不容缓。在这个过程中，建筑施工企业需要坚守战略规划和执行并重，业务与技术双轮驱动，以及自主研发与合作并重的原则，全面规划数字化转型的方向，并积极采用新的科技来推动数字化技术与生产管理流程的融合。

建筑施工企业需要加速推动"数字化人员""数字化财务""数字化制造""数字化安全检查"等科技的研究与应用，主动把物联网、BIM、远程控制调度系统、智能施工现场等进步的数字化创新思想、先进科技引入企业的日常运作中，探索符合企业具体情况的数字化改革策略，以便最终把设计、制作与建造、运行与维护等全部的产业链连接起来，消弭信息的隔阂，加快公司的数字化发展进程。

第7章 财务监督思维

7.1 企业财务监督概述

7.1.1 财务监督的含义

财务监督既是国家进行财政监督的基础，也是企业开展财务管理工作的重要组成部分。所谓财务监督，是指企业根据实际情况设定财务检查指标，运用一种或多种的财务或审计准则，为企业的运营与操作提供建设性的意见、监督以及评估。

通常，财务监督具备明确的目标性，可以检查所有财务行为是否符合逻辑和规范，推进所有财务行为的效果达到最佳状态。此外，通过财务监督，可以规范企业的财务活动，使财务制度得到严格执行。

（1）财务监督主体

财务监督主体，系主要负责财务监督的组织或机构，其以直接或间接的方式参与企业的运营和管理。通常，财务管理的监督者涵盖了内部与外部两个层次。其中，内部包含了公司的财务、审计、董事、监事以及股东大会成员等；而外部的监督者，则涉及了社会的中介机构、政府相应的执行部门、上市公司的中小投资者以及各种市场参与者等。

（2）财务监督客体

财务监督客体，是指企业进行财务监督的对象或内容，是企业经营管理者的所有财务行为，也就是以财务收支为核心的财务活动。

（3）财务监督的主要内容

财务监督的主要内容有：对预算的制定、执行以及财务报告的真实、准确、全面性的审查；对所有的收入和支出的界限和准则的审查、检验；对相关的资产管理规定和措施的执行情况的检验和监督；对违反财务法规和财务纪律的问题的审查和纠正等。

（4）财务监督的依据

对于财务管理的监督，主要参考的是相关的财政法律、政策、规定，财务管理相关条例以及会计制度。由于市场经济的特性，它要求所有的企业都遵守相关的法律法规。而财务监督，作为我们国家财政监督的一个关键环节，其在保持社会主义市场经济的稳定性、确保法律法规和规章的有效实施方面起着至关重要的作用。

7.1.2 财务监督的类型

根据财务监督主体的不同，财务监督可以分为外部监督、内部监督两种。

（1）外部监督

外部监督的目的在于保障与单位有关的利益各方主体的权益，例如政府、债权人等，监督对象为单位整体。在形式上，外部监督的实施过程是对企业内部监督进行的再监督，尤其是对企业的经营者。在责任主体上，主要是由政府、社会中介机构、市场参与者等充当外部监督的责任方。在目标上，企业的外部监督能够确保国家的财产、资金得到有效监管，保证其安全；确保企业向国家、社会公众所呈报的财务报告的真实准确性；对企业的财务活动进行有效的监管，使其遵守国家的法律、政策以及会计制度。

（2）内部监督

内部监督是一种初级的内部财务监控体系，主要依赖企业的组织架构、规章制度的执行、预算的控制、内部审计的执行以及会计监督等方式，来对运营者及其所在机构的财务信息和经济行为进行监督。在形式上，企业内部监督包括经营层的监督以及企业内部各部门之间的监督两个层面。

第一，经营层监督，从企业治理的角度来看，其是企业监事会的监督职能的发挥，主要强调监事会对企业的总经理进行财务监督，同时还包括总经理对企业的各部门人员进行财务监督。

第二，企业内部各部门之间的监督，不仅包括财务部门监督企业内部其他部门，还包括审计部门监督企业内部其他部门及管理者的财务行为，以及财务、审计部门之间的相互监督和约束。

7.1.3　财务监督的特点

（1）具有较强的强制性

财务监督需要遵循一定的法律法规，具有强制性。内部监督，是指企业内部的各个职能部门根据法律或章程所设定的职责和权力，对经济活动的合法性、合理性、有效性等方面进行的审查、评估、管理和调整，修正有关人员不适当或违背国家法律的行为，推动其履行应尽的职责，达成企业财务目标，以此来维护投资者的权益。

（2）财务监督的主体具有广泛性

企业不仅包含内部监督，也有外部监督。外部监督的责任主体有政府、社会中介机构、市场参与者等；内部监督的责任主体有企业的财务部门、审计部门、董事会、监事会等。所以，企业的财务监督主体具有广泛性。

（3）财务监督的方式灵活多样

伴随着中国经济体制的持续改革和社会主义市场经济体制的不断优化，企业在国家的法律法规以及相关政策的引领下，实行自主经营、自我管理，进行各类财务活动，使得财务监督方式具有灵活性。

7.1.4　财务监督的职能

第一，财务监督能确保企业的财务活动符合国家法律法规以及相关制度的要求，确保其财务行为的安全规范、合法合规。财务监督者能及时对企业的财务报表进行监督和审查，保证财务数据的真实、完整，准确地反映企业的财务情况、经营效果。

第二，对企业的财务预算执行情况进行审查监督，以保证其与企业的运营规划及战略目标相一致，并能够有力地控制及管理财务危机；同时，对企业的财务决策进行审查监督，以确认其合乎逻辑且具备科学依据，从而使财务战略能够支撑企业获得持久收益，并实现战略愿景。

第三，加强内部控制体系的建立与完善，有效识别、检测、评估及管控企业的财务风险，维护内部控制体系的高效及完整。

第四，财务监督可以促进企业财务活动的公开与透明，推动企业主动承担社会责任，并增强其品牌形象。

7.2　企业财务监督的必要性

对于建筑施工企业来说，建筑产品的生产对于人类社会生活与生产进步具有一定的支撑作用。由于建筑行业的独特性，其产品种类丰富，制作工艺复杂，制作周期长，而且对质量有着较为严格的标准，财务监督的重要性不言而喻。

7.2.1　行业特点决定了必须加强财务监督

由于建筑行业的特殊性，其具有项目覆盖范围广、建造周期长、容易受外部环境影响、建筑施工的标准严格，以及流动性强的特点，给施工组织和管理增加了难度，使其容易出现漏洞，容易失控。因此，上述行业特点决定了必须通过加强检查和监督，及时发现问题，堵塞漏洞，改进生产，规范管理，通过加强对工程的整个施工过程各个环节的监督，使内部制度、财经纪律得到贯彻执行。

7.2.2　现代企业制度必然要求加强财务监督

建立现代企业制度是建筑施工企业进行经济体制改革的一大趋势。经过努力，建筑施工企业基本搭起了现代企业制度的框架，做到了政企分离，企业享有高度自主权，实现了企业组织制度和管理制度的规范化、科学化、系统化，形成了内部制约和激励机制，生产经营以营利为目的。现代企业制度强调的是制约和规范，这对建筑施工企业来讲尤为重要。随着经营管理机制的改革，约束和监督成为对建筑施工企业的必然要求，并且将发挥越来越重要的作用。

7.2.3　日趋激烈的市场竞争，必然要求加强财务监督

由于建筑市场已趋规范和成熟，建筑施工企业承接工程基本是通过参与投标方式取得，其必须在竞争机制下求生存求发展。经过激烈竞争取得的项目，一般利润空间比较有限，工艺和质量要求较高，工期较紧，这就意味着企业投入较多，工程项目的成本支出较多，因而相应的收益就会减少，导致项目亏损的现象时有发生。

有的建筑施工单位报酬过低，项目亏损情况较为严重，导致其在工程进行的过程中不得不放弃项目，履约保证金亦无法收回。因此，如何通过加强管理来改进生产，节约开支，挖潜增效，成为建筑施工企业探讨和关注的一大课题。其有效的途径之一就是加强财务监督，加强管理，节约成本费用，提高工程效益。

7.2.4　建筑施工企业经营管理上存在的问题，迫切要求加强财务监督

改革开放后，随着国家和地方不断加大以城市建筑、基础设施建设为主的建筑项目的投入，建筑行业得到迅猛的发展，但很多管理者的经营理念没有随之转变，其管理水平适应不了新形势。

另外，相当一部分建筑施工项目，处在远离城市，甚至荒无人烟的地区，加上工期又长，客观上对于建筑施工企业的管理者认识并掌握新

的管理理念，进行管理知识的更新是不利的。

因此，对于部分建筑施工企业来说，其管理者管理理念相对滞后，在材料管理、设备管理、财务管理等方面有所缺欠，缺乏对管理和经营成果的恰当评价。再则，有的建筑施工企业以包代管的做法也会造成工程疏于管理，这些现象都要求建筑施工企业必须加强财务监督，加强经营管理。

7.3　企业财务监督存在的问题

7.3.1　财务监督体系不健全

企业的监督方式有外部和内部监督两种。目前，企业的监督仍以内部监督为主，财务监督体系仍待完善，且外部与内部监督的融合也有待加强，财务管理未能与监督进行有效匹配，导致财务的监督职能未能得到有效发挥。例如，当企业做出重大决策时，只有极少数的高级管理人员能够参与其中，缺乏必要的财务监管。

另外，一些企业在执行内部监督任务时，对审计工作缺乏关注，内部审计对各个部门财务状况的了解也不够深入，内部监督更多地依赖财务会计人员的自我检查和纠正。

7.3.2　法人治理结构不完善

现代公司的财务监管框架依赖法人治理结构，其在此过程中发挥了关键的支持作用。《中华人民共和国公司法》是公司法人治理结构的根基，它集中说明了公司的投资者、决策者、运营者以及监管者的基本权益与责任。目前，部分企业的财务监管方式过于简单，从而使得财务管理任务缺乏严谨性。

另外，由于有些公司的法人治理架构尚未健全，董事会、监事会以及经理在职责上出现交叉重复，公司主要管理者的职责模糊、关联性不明，这些因素都削弱了财务监管的权威性和独立性，使得监督工作未能得到有效实施。尤其是许多企业具有监督职能的监事会，出于他们的监管角色较弱、对财务的理解并未完整等原因，他们的职能和影响力并未得到有效发挥。

7.3.3 财务监督力度不够，执行不到位

在实际执行财务监管制度时，一些企业的全面预算管理过于随意，缺乏严谨性，考核不足，财务监管力度不够，容易产生财务监管的盲点，最终导致财务监管工作的实施效果不尽如人意。财务人员的会计核算任务琐碎、繁多，与其他部门的沟通交流较少，使得财务监督的执行不到位。

7.3.4 财务数据缺乏有效监督

部分企业的信息化建设并不完善，对财务数据的监管还有待加强。虽然有些企业应用了 ERP 系统，推动财务会计核算工作进行信息化系统处理，但财务监督职能未能与其做到有效的融合。对财务数据缺乏有效的监督，容易出现财务造假、信息不对称等问题，使财务监督职能未能得到有效履行。

7.4 建筑施工企业加强财务监督的有效途径

7.4.1 设立强有力的独立内审机构，赋予其足够的监督权力

这里面包含三个方面的要求：第一，监督机构必须是独立的，在经费、设备、人员的配置上要保持独立；第二，人员必须达到相应的要求，要有好的思想品质、职业道德、专业技术和工作能力；第三，要有足够的监督权，有权监督整个企业的各个部门、各个环节。

7.4.2 健全和落实内控制度，使财务监督有据可依

现代企业制度要求建筑施工企业必须有严格的内控制度约束经济活动，同时这也是内部检查、监督的需要。通常，建筑施工企业会进行层

次化的分级管理与财务核算，总公司负责上层，而各个子公司则负责下层，每个子公司都会设立相应的项目部门。

建筑施工企业的管理多极化，以及施工单位具有流动性强的特点，使得企业内部需要健全和落实内控制度，包括对资金使用、资产管理、成本费用管理、负责管理、利润管理等进行约束和规范。监管机构要确定各个部门和各个环节的管理是否达标合规，并能够找出差距，发现问题。对于发现的问题，监管机构也可以根据内部控制规定，提出解决和改善的建议。

7.4.3　做好事前、事中的财务监督

事前监督，重点在于监督有关合同协议的签订情况，有关定价是否合理，成本指标的分解是否恰当可行，内控制度是否健全等。事中监督，主要是监督工程资金是否被合理使用，是否按成本指标控制成本费用，各项指标是否真实有效等。只有重视和实行事前、事中财务监督，才能对施工的整个过程、各个环节的经济活动进行及时、有效的约束和监督，才能防患于未然，及时堵塞漏洞，收到较好的监督效果。

7.4.4　推行会计委派制度，探索加强财务监督的新方法

推行会计委派制度不但能实行有效监督，而且能使监督落实到事前和事中，贯穿企业的整个生产经营过程。委派制的另一种做法是向属下企业派出财务总监或财务监督员。与派出整个财务机构不同的是，这种做法只是履行监督职能，不参与核算，所派人员的地位相当于被派企业的副总。

财务监督思维对于企业的高质量发展起着关键的作用，通过有效的监督，企业能够及时发现和控制潜在的风险，确保企业的健康发展。借助财务监督思维，建筑施工企业方能更好地迎接未来的挑战，实现可持续发展目标。

第8章 公司治理与财务管理

8.1 公司治理与财务管理环境

所谓建筑施工企业的公司治理与财务管理环境，就是除了建筑施工企业的自身治理和财务管理之外，其他所有可能对企业有关系统产生影响的因素的集合。比如，国家的政策和经济环境、相关的法律法规、公司所处的市场情况以及生产设备等因素都会对建筑施工企业的运营和财务管理产生显著的影响，这些都构成了建筑施工企业的公司治理与财务管理环境。

8.1.1 内部环境

建筑施工企业的内部环境会对其财务活动产生影响，包括企业的组织形式、财务管理体制、内部财务管理模式，以及财务管理人员的素质等。其中，公司的组织形式和财务管理体制是最关键的要素。

（1）企业组织形式

企业组织形式与公司治理和财务管理的准则、流程和手段有着紧密的联系。三种常见的公司组织形式包括：个人独资企业、合伙企业和公司制企业。

个人独资企业是由一位业主单方面投入资金建立并进行运营的企业组织形式，企业所有权归一个个体所有，其对债务承担无穷责任。这类企业一般规模较小，经营灵活，易于控制，企业全部盈利归业主，业主承担个人所得税，企业不必缴纳企业所得税。在我国，法律上并没有对这类企业的出资方式加以规定和限制，因此这类企业组织形式的存在，有利于激发民间资本的投资热情，其是对公有制经济的必要补充，有助于推动公有制经济的健康发展。

合伙企业是由两个或更多的合伙人一起投入资金，一起运营，一起分享利润，一起承担风险，并且对公司的债务承担连带偿还义务的公司组织形式。企业合伙制又可以划分为普通合伙和有限合伙两种形式。前者的合作伙伴必须为企业的负债承担永久的连带义务；后者的合伙人只需承担公司的债务，也就是说，他们的合伙投入是最大的偿还金额。一般来说，合伙人通常是两个或更多个自然人，有时也会包括法人或其他机构。合伙企业的长处和短处与个人独资企业相似，但程度有所区别。

公司制企业是指根据《中华人民共和国公司法》的规定设立的企业组织形式，其目标是盈利。现代企业制度中，公司是最主要的组织形式。与个人独资企业和合伙企业相比，公司制的显著优势在于股东承担有限责任，股权具有流动性，公司的运营周期长，筹集资金的途径广泛等。然而，它的缺陷在于建立过程的严谨性和复杂性，容易引发内部的人为干预。此外，公司与股东需要共同缴纳税款，也就是说公司以经营利润所得缴纳企业所得税，股东以个人分红所得缴纳个人所得税。

（2）财务管理体制

企业财务管理体制是规定公司财务活动、调整企业同各利益相关者财务关系的体系。改革企业的财务管理体系是经济体制改革的关键环节，这不只是为了增强公司的财务管理能力并提升经济效益，同时也对推动和协调财税、金融、经济、投资、规划等领域的改革起到了关键的作用。构建企业财务管理体制，核心在于企业对外财务行为和财务关系、企业内部财务运作方式和财务关系的规范化。

①企业总体财务管理体制

为了构建一个满足市场需求、产权明确、职责分明、政企分离、管理科学的现代化公司体系，各类企业应当按照自身的产权制度和组织形式，在所有权和经营权分离的原则下，确立自主经营、自负盈亏的财务管理体制。《中华人民共和国公司法》《中华人民共和国证券法》等法律法规对企业财务行为做出了明确规范：企业必须在国家法律法规的引导和限制下，对资本金制度、固定资产折旧制度、成本开支范围制度、利润分配制度等企业总体财务管理体制进行研究。

②企业财务分权分层管理

过去人们普遍认为，企业财务管理就是财务经理的财务管理。但美国学者认为："通过财务经理的职责和角色，可以确定财务管理学的含义。"而且，"两权三层" 财务管理结构的建立，是对传统理财观念的一个突破。

在讨论企业内部财务管理体系时，首先需要定义理财主体。理财主体是指那些能够独立开展财务活动、拥有自我理财能力的个体或机构，并且它们界定了财务活动的具体领域。在不同类型的企业组织形式中，独资企业和合伙企业虽然属于理财主体，却并非法人企业；而股份有限公司和有限责任公司既具备理财主体的特征，也是法人实体。大型企业内部的分公司通常不被视为独立的理财主体，然而企业集团旗下的子公司则属于独立的理财主体范畴。

在明确了理财主体的基础上，我们才能够进一步区分所有者和经营者，并探讨他们在对理财主体进行财务管理时的不同权限和角色。特别是在所有权与经营权相分离的情况下，两者在财务管理上的权限需要进一步明确，这便是所谓的"两权"原则。

根据公司的组织架构，财务管理由股东大会、董事会、经理层三个不同层级负责实施，形成了所谓的"三层"财务管理体系。在公司的治理模式中，股东作为资本提供者拥有公司的财产权利（股份），因此股东大会主要负责执行所有者的财务管理职能。

董事会具有特殊性，它与股东大会之间存在着托管性质的关系。董事们作为股东的代理人，肩负着信托义务，并接受股东大会的委托，负责管理和运营公司的法人资产及日常事务。董事会因此拥有受限制的法人财产权和受限制的经营决策权。董事会兼具所有者与经营者的财务管理职责，在行使其权限时代表出资者，而在承担责任时则代表企业管理层。

董事会与总经理是代理关系，总经理主导公司的日常运营管理，而他和他的管理团队则负责执行经营者的财务管理职责。

③企业内部财务管理方式

公司内部财务管理的核心目标在于设立公司内所有财务行为的执行模式，同时也明确公司内不同层次和部门的财务关系。这些管理方式需要与企业的整体财务管理制度相协调，并根据企业的规模和工作基础来决定。

a.企业若为单一组织，其内部财务管理方式大体上有集中管理和分散管理两种。

小型企业通常会采用一种集中的财务管理方式（集权管理或一级管理）。在这种方式下，企业的财务决策权力集中在总部。总部负责统筹安排企业的资金使用，处理所有的财务收入和支出，并计算成本和利润。相对地，二级单位则负责管理并记录其资产和物资的使用情况，以及直接费用的情况，但不涉及资金管理、成本核算和利润结算等财务职能。

大中型企业通常采用的是分散式的财务管理方式（分权管理或分级管理）。在这种方式下，企业总部依然负责统一调度资金、处理财务交易、计算成本和盈利。与此同时，下属的二级单位需要自行管理资金，核算成本，在某些情况下，还需独立计算盈亏。此外，二级单位之间还需要进行价格和结算的往来。在实行内部经济责任制的企业中，构建一个有效的内部财务管理体系需要分别制定资金控制制度、收支管理制度、内部结算制度、物质奖励制度等重要制度。

b.企业若为大型企业集团，其内部财务管理方式大体上有集中式财务管理体制、分权式财务管理体制和混合式财务管理体制三种。

集中式财务管理体制是指企业的关键财务决策权集中在企业集团层面，由集团对企业进行严格的控制和统一管理的方式。这种方式的优点是：由集团的高层管理人员统一做出决策，有助于规范成员企业的行为，确保集团整体战略目标的实施和达成；可以最大程度地整合企业集团的资源优势，集中力量以实现集团的整体战略；有助于充分利用集团内部的财务专业人才，降低下属单位的财务风险和经营风险；同时，有利于集团集中管理资金，确保资金安全，并且减少资金的融资成本。

然而，集中式财务管理体制的缺点也很明显：它要求最高决策层必须具备极高的素质和能力，并且必须高效地收集和整理各方面的详细信息，否则可能会导致决策失误；同时，如果财务管理权限过度集中在集团总部，可能会降低子公司的主动性，限制它们的灵活性和创新潜力；还可能因为信息传递的时间过长而错失决策的最佳时机，缺乏对市场变化的应对能力和灵活性。

分权式财务管理体制是一种将大部分重要决策权赋予子公司的管理方式，企业集团主要通过间接手段对子公司进行管理。这种方式的优点包括：能够激发子公司各级管理人员的积极性；对市场信息做出快速响应，迅速做出决策，更易抓住商机，提高盈利能力；使高层管理者可以专注于企业集团的核心战略决策。

然而，分权式财务管理体制也存在不足之处：难以实现统一的指挥和协调，部分子公司可能过分追求自身利益，损害整个企业集团的利益；减弱企业集团对财务的调控能力，难以及时识别子公司的风险和重大问题；对经营者的约束不足，可能导致子公司出现"内部人控制"问题。

混合式财务管理体制融合了适度的集权和适度的分权，旨在平衡企业集团的财务控制与子公司的自主权。这种方式旨在兼顾集团层面的财务监管和风险控制，同时激发子公司的主动性和创新性。然而，如何找到集权与分权的最佳平衡点，即达到所谓的"适度"，是众多企业集团在财务管理中面临的挑战。

④企业内部财务管理机构

公司内部的财务管理体系应根据公司的规模大小进行调整。此外，其与经济增长水平以及经济管理结构之间存在着紧密的联系。依据西方发达国家的做法，在公司CEO的领导下，可以设立财务副总，由其负责领导财务部和会计部，并分别由财务部经理（财务主任）和会计部经理（会计主任）担任主管职务，在此基础上根据工作需要设立若干专业职位。企业内部的财务管理机构要分工明确、权责分明。

在小型企业，可以不单独设置财务管理机构，财务工作附属于会计机构。在大中型企业，一般要求单独设置在财务总监或分管财务工作的副总经理领导下的财务管理机构（财务部），由其全面负责企业的财务管理工作，财务总监或分管财务管理工作的副总经理直接领导财务机构负责人（财务部经理）和会计机构负责人（会计部经理）。财务机构负责人（财务部经理）全面负责企业资金的筹集、使用和收益的分配；会计机构负责人（会计部经理）全面负责会计事务、税务核算等工作。

8.1.2　外部环境

（1）经济环境

①经济周期

在市场经济体制下，国家或地区的经济增长或衰退往往呈现出波浪形的发展趋势，这种现象被称作经济周期。不同产业和企业受到经济周期的冲击程度并不相同。在经济衰退期，由于宏观环境和市场的低迷，企业往往会收缩运营，导致产品销售量减少，投资大幅下降，企业还可能面临资金短缺或资金过剩等问题。

在经济繁荣期，市场需求的增加会推动销售额显著提升，企业为扩大生产规模需要增加投资，例如购买新设备、储备库存、招聘更多员工等，这要求财务部门能够迅速筹集必要的资金来满足企业的扩张需求。因此，财务人员必须熟悉经济周期变化的规律，准确预测经济动态，并据此及时调整企业的财务策略和措施。

②经济发展水平

财务管理的效能需与经济发展的层次相匹配，经济进步也推动了财务管理的演进，随着经济的不断发展，财务管理的重要性愈加凸显。全球视角下，根据经济发展的不同阶段和水平，通常将国家或地区分为发达国家、发展中国家以及最不发达国家三个类别。目前，中国被归类为发展中国家。尽管发展中国家的经济基础普遍较为薄弱，但它们正努力提升经济发展速度，并呈现出以下特点：基础建设相对落后，经济增长势头迅猛，经济政策调整频繁以及国际交流日渐频繁。

在这样的背景下，发展中国家的财务管理通常表现出以下特点：第一，在全球范围内，其财务管理的整体水平居于中等，但发展势头迅猛；第二，财务管理相关的法律法规时常变动，为企业财务管理带来诸多挑战；第三，在实际财务管理操作中，还存在财务目标不够明晰、管理手段相对简单等有待改进之处。

③经济体制

经济体制涉及制定和实施决策的一系列机制，这些决策旨在有效分配有限的资源。现阶段世界范围内典型的经济体制主要有计划经济体制和市场经济体制。

在计划经济体制下，基层企业缺乏自主决策的能力，所有决策权集中在高层权力机构；决策过程通过一系列的计划文件，从上层机构逐级传达至基层企业；基层企业有义务服从这些指令，并致力于实现决策文件中规定的各项计划目标。在计划经济体制下，企业财务管理的权限受到严格限制，筹资和投资决策权主要集中在高层管理部门，企业仅拥有执行上级指令的权力。这种体制导致了企业财务管理职能的局限性、方法的单调和整体水平的不高。

在市场经济体制下，企业的运营决策通常不由高层管理者直接做出，除非在某些特殊情形下，企业通常依据市场供需状况和价格动态做出经营选择；企业需要迅速对市场信息做出反应，并持续调整其策略以适应市场的变化。在市场经济体制下，企业获得了筹资和投资的自主决策权，作为独立经营、自负盈亏、自行承担风险的经济单位，企业需要根据内部条件和外部市场的变化，及时做出适宜的财务决策，并有效组织执行。这使得其财务管理的内容更为全面，管理方法更加多样，发展水平也得到相应提升。

④通货膨胀

通货膨胀是现代经济生活中普遍存在的经济现象。20世纪70年代末期到80年代初期，世界各主要资本主义国家大都经历了较为严重的通货膨胀。近年来，发展中国家通货膨胀也比较严重。持续的通货膨胀给各个国家和地区的社会经济带来诸多负面效应，也对企业财务运营产生如下重大影响：

第一，原材料价格上涨、储备过剩、负债扩大、库存堆积和滞销等因素，导致流动性资金需求增加，同时，投资需求也使得对长期资金的需求增加。

第二，引起企业利润虚增，企业资金流失。

第三，导致借款利率上升，增加企业筹资成本。

第四，导致企业有价证券价值降低，增加企业筹资难度。

第五，由于政府对银行贷款的严格管控，银行的信贷风险增加，投机行业吸引了大量资金，从而导致资金供应相对不足。

（2）金融环境

在市场经济体制下，企业为了获取所需的资金，必须寻找合适的融资平台。中国自改革开放以来，不断发展和完善金融市场，以适应市场经济的需要，促进资金的高效配置。金融市场主要是以资金为交易对象的市场，是由资金供给和资金需求形成的，资金的供需双方通过金融市场各取所需。

金融市场中的主体包括参与交易的各方，他们可以是金融活动的参与者，也可以是其他形式的参与方。客体是指被交易的各种资产，如货币、黄金和证券等。特别是在建筑领域，市场客体可能包括业主、工程项目、承包商和发包商等。虽然资金供应者与资金使用者有权直接进行交易，然而在大部分情况下，金融机构介入才能实现这种交易。

（3）税收环境

税收构成国家收入的主要来源，所有企业都需依法正确核算并支付相应税金，以保障国家的财政收入和国家机构的顺利运作。税收政策的变化对企业利润有显著影响。在我国，建筑行业的企业传统上需缴纳营业税、城市维护建设税、教育费附加和企业所得税。随着"营改增"政策的实施，建筑业已全面转向增值税制度。建筑施工企业在税务管理上应注重加强税务筹划，旨在遵循国家税务规定的同时，尽可能地减轻税负，优化税收效益。

（4）建筑市场

建筑施工企业的经营核心和最终归宿均围绕建筑市场展开。该企业的经营要素如对象、资源、信息，以及压力和动力等均源自市场。企业的商业交易、施工操作、联系网络均属于市场范畴。建筑市场为建筑施工企业提供了资源配置的平台，为企业发展提供了市场需求和供给的规律性参考，并通过市场规则为企业提供了有效的监管机制。

简言之，建筑市场为企业提供了生存和成长所需的充足条件。所以，建筑施工企业需要根据当前的建筑市场状况来调整它们的运作路径，按照相关的政策与法律来进行日常的制造与运营，持续地完善它们的职责、策略，清晰地界定目标市场与运作目标，这样可以提高公司的活力与竞争优势，推动其健康持续发展。

8.2 公司治理与组织管理

作为中国经济的主要增长领域，建筑行业对中国的整体经济有着重大的影响。根据国家统计局的统计，2022年国内生产总值达到 1 210 207 亿元，这是在 2020 年和 2021 年分别超过 100 万亿元和 110 万亿元后，又一次迈上了新的台阶。在不包括农户的情况下，我国固定资产投入达到 572 138 亿元，实现了 51% 的增长。全国建筑业增加值达到 83 383 亿元，与上一年相比实现了 85% 的增长。可见，建筑业的发展与固定资产的投资规模息息相关，随着国民经济的快速发展以及工程建设项目投资规模的快速扩大，建筑施工企业的规模也在不断扩大。

建筑施工企业是专门进行房屋建设、基础工程和设备装配等制造性作业的自主经营实体。依据其所具资质的不同类别，这些企业可以进一步细分为综合承包商、专业承建商以及提供劳动力的分包商。为有效地应对市场规模的扩张，建筑施工企业呈现区域式发展的态势，且以总部所在地为中心辐射至全国各重点区域，个别大型企业已拓展了成熟的国外市场，逐渐形成了多组织、多层级、多法人、多业务的组织管理模式。

8.2.1 多组织

建筑施工企业根据不同职能与分工，大体可以划分为管理部门、业务部门、事业部门。以中国某建筑集团有限公司为例，其组织架构如图8-1所示：

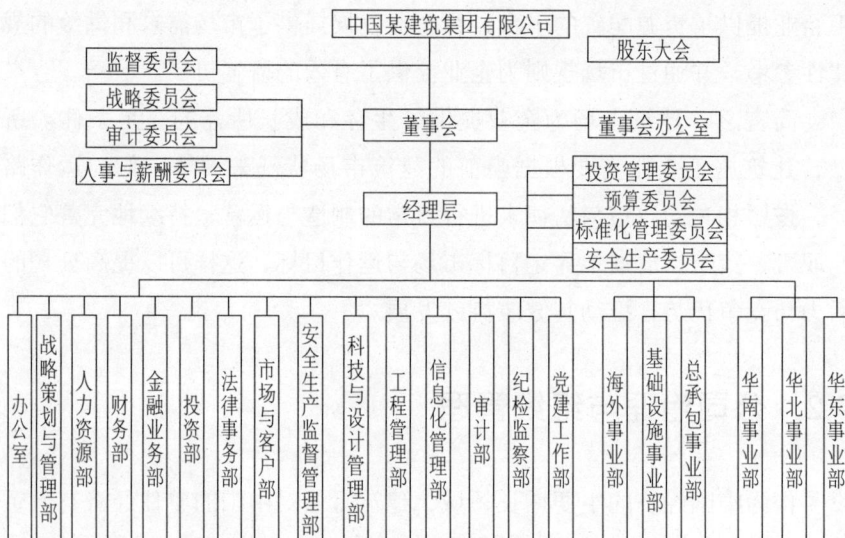

图8-1 中国某建筑集团有限公司组织架构图

管理部门一般是指行使一定的管理职责，以内控管理为主，服务企业生产经营的部门，主要包含：办公室、战略策划与管理部、人力资源部、财务部、审计部、党建工作部、纪检监察部、信息化管理部等。

业务部门一般是指从事企业生产经营管理，负责承接项目、指导项目生产的部门，主要包含：市场与客户部、工程管理部、安全生产监督管理部、科技与设计管理部、金融业务部、投资部、法律事务部等。

事业部门则是以某个业务板块、某个经营区域为依托，同时具备管理职能与业务职能并相对独立的一种组织结构形式。如海外事业部、基础设施事业部、总承包事业部、华南事业部、华北事业部、华东事业部等。

8.2.2 多层级

当建筑施工企业发展到一定规模的时候，其现有的组织结构形式已经无法满足企业生产经营管理及中长期规模发展的需要，决策层会根据市场布局、业务结构相应调整目标，将一些管理职权、业务职权进行下放，成立区域分公司或者有关特定业务的分公司，如图8-2所示。

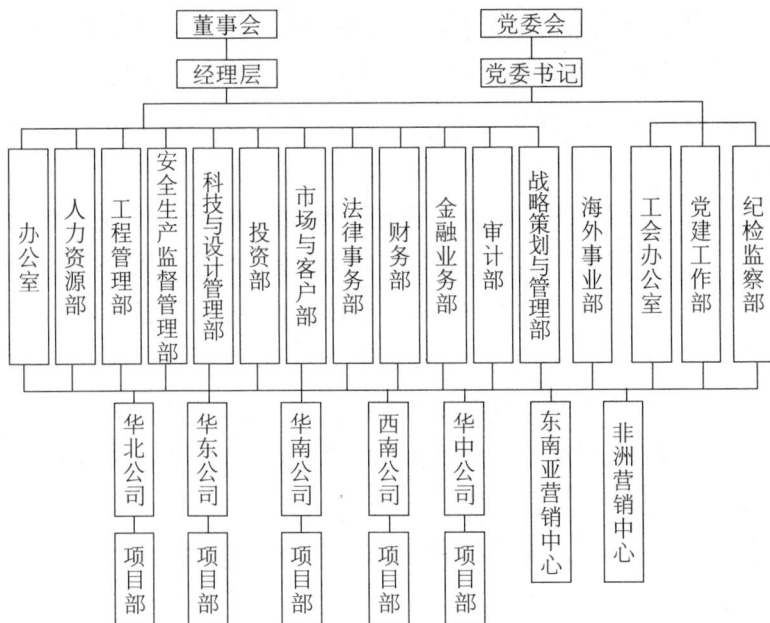

图8-2 多层级组织架构图

分公司是集团（局）在其市场布局以及业务经营范围内成立的，以自身名义从事管理、市场经营活动，并由集团（局）管辖的机构。《中华人民共和国公司法》明确指出，分公司不具备企业法人身份。有些企业把分公司模拟为法人公司，设立董事长，以利于培养企业梯队干部。尽管这些公司的民事责任由集团（局）负责，但它们本身并不是真正的公司，也没有自己的章程，只能在集团（局）公司名称后加上分公司的字样，如某某公司华南分公司、某某公司路桥分公司。

分公司在法律、经济上没有独立性，必须在集团（局）的授权下从事相应的市场经营活动，同时按照集团（局）的要求行使管理职责，并接受集团（局）的督导与考核。

8.2.3 多法人

随着企业规模的增长，企业的法律风险也越来越大，为了有效规避风险，集团（局）会成立一个或多个子公司。所谓的子公司，就是那些在某些特定的业务上受到集团（局）的管理，或者根据合同的规定，由该集团（局）直接掌握和操纵的企业。子公司具有独立的法人资格，发展战略以及经营策略可按照法人制要求自行制定。子公司有独立的资产、公司章程和董事会，可对外独立开展业务，并承担法律责任。

集团（局）设立的子公司分为控股子公司和全资子公司两种类型。控股子公司是由集团公司控制超过半数股权但不到全部股权的企业。根据国家法规及标准文件，集团公司作为控股股东或实际控制者，有权对控股子公司的重要事务进行管理和监督，并依法获得投资回报。此外，集团公司还承担着指导、监督和对控股子公司提供服务的责任。全资子公司的全部股权由母公司（集团或局）持有或掌控，但在法律上其是独立的实体，拥有自己的法人地位。

以中国某建筑集团某工程局有限公司为例，其组织架构图如图 8-3 所示：

8.2.4 多业务

建筑工程项目全生命周期分为规划、设计、施工、运营四个阶段，一些大型的建筑施工企业为应对行业竞争，在做大做强建筑施工主营业务的同时，通过不断优化业务结构，经营范围逐步向产业链上游及下游延伸。例如，一些主要从事房屋建设和施工的建筑公司，也在施工行业中积极向市政基础设施、公路、铁路、水利水电等国家重点投资领域扩展。它们的业务也从单一向多元化发展，目前已经从单一的施工业务转变为集规划设计、投资、建设和运营于一体的综合性业务，这已经成为建筑施工企业优化业务结构的主要途径。

多业务发展使建筑施工企业拥有不同的管理特性，给企业管理带来

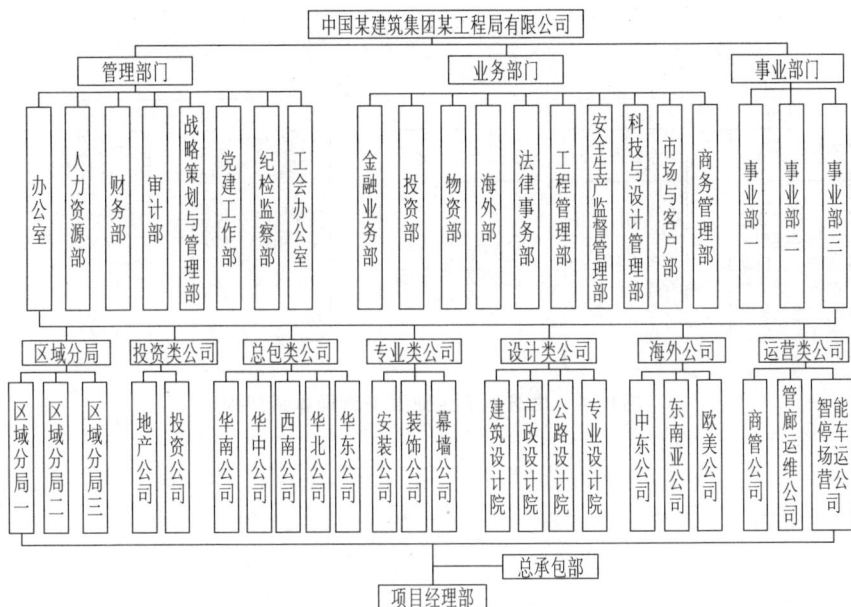

图 8-3 中国某建筑集团某工程局有限公司组织架构图

一定挑战。为适应新形势，建筑施工企业势必要改变原有的管理模式，提升企业管理水平，增强市场竞争力和生存能力。

8.3 建筑施工企业财务管理体系

　　财务管理体系是一个相对复杂却又有机联系的系统。在进行项目的建设时，需要对所有组成体系的子系统进行识别、理解及管理，这样才能有效地执行财务策略、财务政策以及预定的财务目标。始终追求卓越是建筑施工企业运作和管理的长期追求，而要想增强公司总体的财务管理绩效，要构建一个坚实的财务管理体系，并不断优化与改进。只有在财务管理体系中建立持续改进机制，才能使企业适应环境的变化，提升综合竞争力。

　　一般来说，建筑施工企业财务管理体系分为五个层面，即会计核算体系、资金管理体系、资产管理体系、内部控制与风险管理体系、财务监督与控制体系，且每个体系分别对应不同层面的财务管理目标。新时代背景下，建筑施工企业财务管理体系架构如图 8-4 所示：

```
                    ┌─────────────┐
                    │  财务管理体系  │
                    └──────┬──────┘
      ┌──────────┬─────────┼─────────┬──────────┐
┌──────────┐┌──────────┐┌──────────┐┌──────────┐┌──────────┐
│ 会计核算体系 ││ 资金管理体系 ││ 资产管理体系 ││内部控制与││财务监督与│
│          ││          ││          ││风险管理体系││ 控制体系 │
├──────────┤├──────────┤├──────────┤├──────────┤├──────────┤
│建立与动态管││①明确资金时││          ││①确定内部环境││①财会监督 │
│理和控制相一││ 间价值    ││①流动资产管理││②评估操作风险││②财务审计监督│
│致的会计核算││②资金筹备和││②固定资产管理││③开展控制活动││③经济责任审│
│组织，使用反││ 管理     ││③无形资产管理││④共享信息与沟││ 计监督    │
│映管理信息的││③资金成本与││          ││ 通       ││④工程项目审│
│会计核算模式││ 结构     ││          ││⑤实施内部监督││ 计监督    │
└──────────┘└──────────┘└──────────┘└──────────┘└──────────┘
```

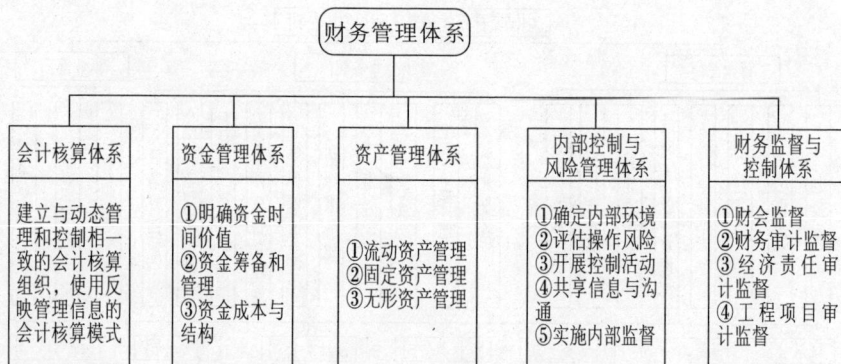

图 8-4　建筑施工企业财务管理体系架构

第 9 章　会计核算体系

9.1　建筑施工企业会计核算的特征

（1）施工项目部成为独立的会计主体

鉴于建筑施工企业生产活动的分散性，其倾向于以施工项目部为单位进行成本和费用核算。施工项目部是企业在项目现场设置的机构，代表企业进行日常的经营管理活动，但不具备法人资格。在项目化管理模式下，施工项目部作为独立的会计主体，需按照内部会计的规定进行科目设置和核算，完整记录项目资产、负债、收入和费用的变动情况，并定期评估项目的盈亏状况，编制相应的财务报表。此外，总部可能会对施工项目部的某些财务业务进行集中处理，以增强对施工项目部的管理和控制力度。

（2）成本核算一般以特定工程项目为对象

鉴于建筑施工的独特性，公司无法仅凭某一段时间的全部建设开销和完成的工程数量来确定单位成本，反而需要根据每个订单分别收集相应的费用，并单独计算每个项目的成本。此外，由于建筑产品之间存在较大差异，成本的可比性不强，因此施工项目成本的评估、控制通常是基于工程预算成本进行的，而非同类产品成本。

（3）需要分段进行工程价款结算、确认合同收入与费用

建筑施工项目的周期往往较长，导致资金需求巨大。为此，企业需将那些已经完成全部预定工序的分部或分项工程认定为"已完工程"，并及时与建设方进行价款的中期结算，直至项目完全完工后才进行最终结算。为了有效管理这一流程，企业需要强化与价款结算相关的会计操作，精确估算已完工程的预算成本，并迅速回收相应的工程款项。

同时，企业还应妥善处理预收的工程款，并定期与建设方（或总承包方）进行财务结算。鉴于施工漫长的周期，企业还需遵循建造合同的相关细则，依据工程进度采用完工百分比法，逐年计量和确认合同收入与费用，从而评估各年度的经营业绩。

（4）会计方法的选择需考虑自然环境

由于施工过程中的固定资产和临时设施大多置于户外，加上建筑工程本身规模庞大，其极易受到气候变化导致的自然磨损，尤其是在极端恶劣的环境中工作时。因此，建筑施工企业在会计处理上需采用恰当的固定资产折旧及周转材料、临时设施摊销方法，以确保资产的价值补偿与其磨损程度保持一致。

（5）施工项目部与公司总部往来频繁

施工项目部与公司总部之间的交流十分频繁，内容涵盖了资金调动、物资分配、设备转移、成本和费用转移等。为了确保交易的准确性和时效性，双方都需进行详尽的记录。通常，在公司的总账和施工项目的会计记录中，都会设立与"内部交易"类似的账户，专门用来跟踪和记录由公司总部和施工项目部之间的内部交易引起的债务和债权的变化情况。

9.2　建筑施工企业资产核算

9.2.1　应收账款核算

建筑施工企业的应收账款主要指的是在与发包方、购买方或接受服务方进行工程结算、销售产品和材料，以及提供劳务或服务的过程中所产生的，应当向这些单位收取的款项。此种账款通常被定义为由销售活动引起的负债。对于那些并非出于销售目的获取的收入，例如收取的补偿款、罚款、储备保险费用或者预先支付的各类款项所产生的应收账款，它们不应被视为应收账款，反倒应该被视为其他的应收账款来处理。

此外，企业在销售产品，提供材料、劳务或服务时所获得的商业汇票并不计入应收账款，而是作为应收票据进行核算。

（1）应收账款的确认

通常情况下，当企业依据承包合同完成工程并将其交付给业主，或根据合同的规定交付商品、提供服务，且获得了收取款项的权利时，便可确认应收账款。在确定应收账款的金额时，应以实际发生的数额为准。然而，当涉及带有折扣条款的工程结算或销售时，确认应收账款的金额还需额外考虑折扣因素。

（2）应收账款的核算

为了有效追踪和管理应收账款的变动及余额情况，建筑施工企业应设立专门的"应收账款"账户。此账户归属于资产类，其借方用于记录所有实际产生的应收账款，包括为购货单位垫付的包装费和运费；而贷方则用于登记已收回、核销或转为商业汇票结算的应收账款。期末账户的借方余额代表了尚未偿还的所有应收账款。另外，这个账户还需要设立"应收工程款"和"应收销货款"等具体账户，并依据单位情况建立具体账目，以便进行精确的分类计算。

公司预付的款项，如预付工程费、原材料费和采购费等，都应在"预付账款"账户中进行计算。对于没有专门设立"预付账款"账户的公司，这些预付款也可以在"应付账款"账户中进行计算。

9.2.2 存货核算

（1）材料采购的核算

①按实际成本计价

采用实际成本对材料进行日常收发核算的公司，需设立"原材料""在途物资""采购保管费"等科目来进行材料的整体分类和会计处理。

"原材料"会计科目用于核算公司所持有的各类库存材料的实际成本。科目借方记录收到库存材料的实际成本，贷方记录发出库存材料的实际成本。期末时，借方余额代表了公司库存材料的实际成本总额。

"在途物资"会计科目用于核算企业已支付款项或出具承兑商业汇票，但相关物料尚未收到或未经验收入库的实际成本。借方用以记录已经支付但尚未收到的物料成本，贷方用于记录已经验收并入库的物料成本。期末，科目借方余额反映了尚处在运输途中的物料的成本。

②按计划成本计价

在采用计划成本对材料进行日常收发核算的企业，除了"原材料"和"采购保管费"账户外，还必须设立"材料采购"和"材料成本差异"账户，以实现对材料采购成本的有效管理。

"原材料"账户反映的是材料的计划成本。

"材料采购"账户用于详细记录购入材料的实际成本、计划成本以及两者之间的成本差异。借方用于登记购买材料的实际支出，贷方用于登记已付款且验收入库材料的计划成本以及短缺材料的实际成本。在月底进行结账时，需要将实际成本超出计划成本的差异（超支差或正差）计入"材料成本差异"账户的借方；反之，若实际成本小于计划成本，则将差异（节约差或负差）计入"材料成本差异"账户的贷方。

"材料成本差异"账户专门用于监控和核算各种材料的实际成本与预先设定的计划成本之间的偏差。当实际成本超过计划成本时，超出部分将在该账户的借方进行登记；相对地，当实际成本小于计划成本时，节约的部分则会在贷方记录。此外，该账户的贷方还会记录由于发出材料所产生的成本差异。账户的借方余额反映库存材料成本超出计划成本的累积差异；若为贷方余额，则表示累积的实际成本小于计划成本。为了保证核算的一致性和准确性，该账户下的明细账设置应与"材料采购"账户相匹配。

（2）材料发出的核算

①按实际成本计价

材料按实际成本核算时，由于采购批次或采购地点不同，同一材料的采购成本往往不同。在发出材料时，可以选择以下几种方法之一来确定其实际成本：

a.先进先出法

其假设最先购入的材料是最先发出的，据此确定单价，并逐笔记录每批材料的数量、单价和成本。

b.移动加权平均法

其将每次进货的商品成本与当前库存的商品成本相加，然后除以总的库存数量（新进货数量加上原有库存数量），以此来确定每件商品的平均成本。该平均成本值将作为在下次进货发生前，每次售出或领用库存商品成本的依据，计算公式如下：

$$加权平均单位成本 = \frac{以前结存存货实际成本 + 本次收入存货实际成本}{以前结存存货数量 + 本次收入存货数量}$$

c.月末一次加权平均法

它是指在每个月的末尾计算一次材料的加权平均单价，该单价是基于期初的库存材料和本月收入材料计算得到的。在这个方法下，当材料被接收时，会记录它们的数量、单价和总价；但在材料被领用时，只记录数量，不记录单价和总价。到了月底，使用这个加权平均单价来确定本月发出的材料成本和剩余材料的成本。其计算公式为：

$$\frac{某种材料的}{加权平均单价} = \frac{期初结存材料的实际成本 + 本期收入材料的实际成本}{期初结存材料的数量 + 本期收入材料的数量}$$

$$本期发出某种材料的成本 = 本期发出数量 × 该种材料的加权平均单价$$

$$期末结存该种材料的成本 = 期末结存数量 × 该种材料的加权平均单价$$

当计算出的加权平均单价不是整数时，可采用倒挤法计算材料的成本，即：

期末结存材料成本 = 期末结存材料数量 × 加权平均单价

$$\frac{本期发出}{材料成本} = \frac{期初结存}{材料成本} + \frac{本期收入}{材料成本} - \frac{期末结存}{材料成本}$$

d.个别计价法

它是一种基于每批材料购入时的具体实际成本，精确计算每次发出材料成本的方法。这种方法能够提供非常精确的发出成本和库存成本，并且可以实时进行成本结转。然而，由于其操作过程复杂且工作量较大，它通常仅适用于那些单价较高、易于识别，或者是为了特定的工程项目而定制并且独立存放的材料。

企业在选择材料计价方法时，应考虑具体的收发情况，选定后通常不宜随意更改，以维持会计信息的一致性与可比性。在建筑行业，由于材料的领用频繁，为了简化核算流程，日常只需在仓库的材料明细账中记录各种材料的收发和库存金额。月底，财务部门需根据领料单编制"材料发出汇总表"，并据此处理相关的会计业务。

当根据实际成本来计价时，"库存材料"账户的主要内容是材料的购买价格以及运输费用，而"采购保管费"未被直接纳入"原材料"账户。领料凭证上的数字则是材料的直接成本。因此，在计算发出材料的成本时，还需要根据一定比例将采购保管费分摊至各个领料部门，以确保成本的准确性。

②按计划成本计价

实施计划成本核算体系的企业，对于材料的会计处理，须依据领料凭证编制"发出材料汇总表"。该汇总表清楚地划分为两个部分：一是发出材料的计划成本；二是材料成本差异。由于领料凭证只反映了材料的计划成本，因此需要单独计算并结转材料成本差异，以确保将计划成本调整至实际成本水平。其计算公式如下：

发出材料应负担的材料成本差异 = 发出材料的计划成本 × 材料成本差异率

$$\frac{本月材料}{成本差异率} = \frac{月初结存材料的成本差异 + 本月收入材料的成本差异}{月初结存材料的计划成本 + 本月收入材料的计划成本} \times 100\%$$

$$上月材料成本差异率 = \frac{月初结存材料的成本差异}{本月收入材料的计划成本} \times 100\%$$

在采用计划成本计价的企业中，对于材料成本差异，要求每月进行分配，而不是在季末或年末统一结算。除了在委托加工的情况下可以采用上月的成本差异率外，其他情况应当使用当月的差异率进行计算。如果发现上月与本月之间的成本差异率变化不大，也可以继续使用上月的差异率。然而，一旦确定了计算方式，就不应该随意进行调整。

对于按计划成本计价的材料，企业在结转时应分别处理材料的计划成本和成本差异。所有因发出材料而产生的成本差异，都应从"材料成本差异"账户的贷方转出。在结转成本超支差异时，应用蓝色墨水进行登记；而在结转成本节约差异时，则应用红色墨水进行登记。

9.2.3　固定资产核算

（1）固定资产取得的核算

企业获取固定资产的途径包括购买、自行建造、股东投资、融资租赁等，针对不同来源，企业需进行相应的会计处理。固定资产的初始成本涉及企业在将某项固定资产构建至可投入使用状态之前所承担的所有合理且必需的费用。

建筑施工企业应设置"固定资产"账户，用以反映固定资产的变动情况。该账户归属于资产类，借方记录新增固定资产的成本，即原始价值；贷方记录减少的固定资产价值；账户的借方余额表示企业现有的固定资产总价值。

①购入固定资产

购置固定资产的费用不仅包括购买价格，还涉及所有直接相关的支出，其使资产能达到预定的使用状态。企业购置的固定资产，根据其购入后可否立即使用，分为"无须安装"和"需要安装"两种情形来进行会计处理。

对于无须安装即可使用的固定资产，其购置成本应直接计入固定资产账面价值，借方记"固定资产"和"应交税费——应交增值税（进项税额）"，贷方记"银行存款"等相关账户。而对于需要安装的固定资产，在其安装完成前，不能将其视为固定资产进行记录，其相关费用应先计入"在建工程"账户中，待安装工作全部完成后，再将其转入固定资产账户。

②自行建造固定资产

自行建造固定资产的成本包括在建造期间直至达到预定可使用状态之前所产生的所有必要费用。企业可以通过自主管理和外包两种模式来建设固定资产。不论采取哪种方式，建设期间的所有费用都需通过"在建工程"账户来追踪和记录。固定资产建成并投入使用时，其成本才会正式计入固定资产的价值。

企业为建设工程项目采购的各种物料的成本，是通过"工程物资"账户进行管理的。这个账户专门用来记录工程项目所需物资的成本。借方记录采购物资的实际成本，贷方记录物资被工程项目领用的成本，以及在工程完工后对外销售或转换为库存的剩余物资的成本。期末时，账户的借方余额则代表了还未使用的工程物资的实际成本。

③投资者投入固定资产

根据投资者与公司之间签订的投资合同或协议，投入的固定资产的初始成本应按照约定的价值来确认，并记入"固定资产"账户。相应地，公司的"实收资本（或股本）"账户会记录增加的投资金额，以反映投资人对公司资本的贡献。

（2）固定资产折旧的核算

为了简化会计核算程序，企业可以根据上个月固定资产的增减变动情况，在上月折旧额的基础上进行调整，从而确定当月的折旧费用。其计算公式如下：

本月应计提折旧额 = 上月计提的折旧额 + 上月增加固定资产应计提的折旧额

企业在核算固定资产折旧时，可利用"累计折旧"账户反映折旧情况。一方面，固定资产的折旧费用根据具体用途分配到相应的资产成本或当期的利润和亏损中。比如，建设固定资产过程中产生的折旧费用会记入"在建工程"账户；施工团队或项目部门在管理施工过程中产生的折旧费用会归入施工间接费用；其他业务活动中产生的折旧费用会记入"其他业务成本"账户。

另一方面，固定资产的折旧费用根据使用部门的不同而分配到相应的成本科目或当期的利润和亏损中。比如，辅助生产部门所使用的固定资产的折旧费用，计入辅助生产的成本；材料供应和仓库部门使用的固定资产的折旧费用，计入与采购和保管相关的费用；行政管理部门使用的固定资产的折旧费用，归集到管理费用；即使固定资产暂时未使用，其折旧费用也计入管理费用。

"累计折旧"账户用来反映固定资产随时间消耗的价值，即已经计提的折旧总额。贷方记录每月计提的折旧费用，借方在固定资产减少时注销相应的折旧金额。期末时，账户的贷方余额反映了当前固定资产的累计折旧总额。

（3）固定资产处置的核算

①固定资产的出售、报废和毁损

当企业需要处理固定资产的出售、报废或损毁时，除了要消除相应固定资产的账面价值外，还需要记录与此相关的各项支出以及可能获得的收入。为此，企业应当设立"固定资产清理"账户予以处理。借方登记处置的固定资产账面净值、清理活动产生的各项费用以及可能涉及的税费；贷方记录清理过程中实现的收入。一旦固定资产的清理工作全部完成，任何由此产生的净盈余或净亏损都将转入企业的营业外收支科目中。清理完毕后，该账户不应再有余额。

②投资转出固定资产

企业因投资、联营等目的出售固定资产时，须经过"固定资产清理"账户进行会计处理。借方反映因投资而转出的固定资产账面价值、清理过程中的费用及其他相关税费。随后，根据"固定资产清理"账户的最终余额来调整长期股权投资的账目。

③持有待售的固定资产

企业应对其持有待售的固定资产预计净残值进行调整，以确保该数值能正确体现公允价值扣除处置费用后的结果。但预计净残值的调整上限不得超过固定资产在满足待售条件时的原账面价值。若原账面价值高于调整后的预计净残值，差额部分应确认为资产减值损失，并在当期利润表中反映。此外，对于处于待售状态的固定资产，不再计提折旧，而是以账面价值与公允价值减去处置费用后净额中的较小者作为计量基础。

9.2.4 无形资产核算

企业应设立"无形资产""累计摊销""无形资产减值准备"等账户来管理和监督无形资产的取得、分摊和处置等业务操作。

建筑施工企业应设置"无形资产"账户，用以追踪无形资产的变动情况。该账户归属于资产类，借方记录新增无形资产的成本，即原始价值；贷方记录减少的无形资产价值；期末借方余额代表企业持有的无形资产总价值。

"累计摊销"账户是对"无形资产"账户的补充，用以反映具有有限使用寿命的无形资产的摊销情况。在每个会计周期内，企业进行无形资产摊销时，在"累计摊销"分录的贷方进行记录；在处置无形资产时，在借方记录已经摊销的金额。期末时分录的贷方余额表示企业无形资产的累计摊销总额。

当无形资产出现减值迹象时，企业还应设立"无形资产减值准备"账户来反映和核算相关的减值损失。

（1）无形资产取得的核算

无形资产的初始计量应以成本为基础。企业获取无形资产的方式主要包括购买、自行研发等。不同的获取方式决定了会计处理方法的差异。

①外购无形资产

购买无形资产的总成本涵盖了购买价格、所有相关税金以及直接与使该资产能够投入使用相关的额外开支。

②自行研究开发无形资产

企业在内部进行研究和开发项目时，其支出需划分为研究和开发支出。研究阶段的支出属于探索性投入，其是否能进入开发阶段或开发后是否能够产生无形资产存在较大不确定性，因此研究阶段的支出应在其发生时立即计入当期损益；开发阶段发生支出说明该项目已经具备生产新产品或开发新技术的基本条件，只要满足无形资产的认证标准，就应当将其确认为无形资产。但是，对于之前已经作为费用处理的支出，不予追溯调整。

    企业在核算研究和开发阶段的支出时，应设立"研发支出"账户，并将其进一步细分为"费用化支出"和"资本化支出"进行详细核算。到了期末，将"费用化支出"部分从"研发支出"账户转入"管理费用"账户，借记"管理费用"，贷记"研发支出——费用化支出"。而对于那些成功达到预定用途并形成无形资产的项目，则将其"资本化支出"部分转入"无形资产"账户，借记"无形资产"，贷记"研发支出——资本化支出"。

    ③投资者投入无形资产

    当企业接收投资者投入的无形资产时，应以投资各方认可的价值（除非该价值不公平）作为其账面价值的依据，借记"无形资产"及"应交税费——应交增值税（进项税额）"账户，贷记"实收资本"或"股本"账户。

    （2）无形资产摊销的核算

    在获得无形资产时，必须对其预期使用寿命进行评估。对于有明确服务年限的有限使用寿命无形资产，需要在估计的年限里分摊成本，扣除预计残值后得到应摊销的金额。如果无法预测无形资产的使用寿命，那么不进行摊销处理，但需要每年检查是否存在减值迹象，并在有需要时确认减值准备。通常情况下，预计残值视为零，并且自可供使用之日起开始摊销。

    企业可以选择直线法、产量法等不同的摊销方法，并根据月度进行摊销处理。自用的无形资产的摊销费用通常计入管理费用；专用于生产特定产品的无形资产的摊销费用，应计入产品的生产成本；出租的无形资产的摊销费用应计入其他业务成本。对于待售的无形资产，不应进行摊销，其账面价值应调整至公允价值减去预计处置费用后的净额。

    （3）无形资产处置的核算

    在销售无形资产的过程中，公司应将收益扣除无形资产的账面价值和相关的销售税费后的剩余部分，确认为营业外收入或营业外支出。

    （4）无形资产报废的核算

    当无形资产预期无法再为企业创造经济利益，即不再满足无形资产的定义标准时，应当对其进行核销处理。借记"累计摊销"和"无形资产减值准备"账户，贷记"无形资产"账户，并将两者的差额借记"营业外支出"账户。

9.3 建筑施工企业负债和所有者权益核算

9.3.1 权益资本核算

企业权益资本，亦称自有资本或股东权益，代表企业通过合法渠道筹集并长期持有的资金，企业可自由运用这些资金。权益资本主要包括注册资本、资本溢价、盈余公积和留存收益。

（1）吸收直接投资

吸收直接投资是指公司通过签订协议等手段，直接吸引国家、其他组织、个人以及外资等资金注入，以此构成企业资本金的筹资手段，这是非上市企业获取自有资本的主要途径。

企业需通过设立"实收资本"科目来详尽记录和监管投资者所投入资本的变化情况。该科目主要用来体现所有者的权益，贷方用以登记企业接收的来自投资者或不同途径的资本增资，借方用于登记经法定程序核准的资本减资。至期末，贷方余额表示企业当前的实有资本总额。

当企业接受以非现金资产进行的资本投资时，应按投资各方协商确定的公允价值，在借方记入相关的"固定资产""原材料""无形资产"等科目，并根据投资合同或协议中规定的注册资本比例，在"实收资本"账户的贷方进行相应记录。对于超出注册资本比例部分的资产价值，则贷记至"资本公积"账户。

若投资双方协商的价格与市场公允价值不相符，企业应按照公允价值作为非现金资产的账面价值进行记账，并根据合同或协议中规定的注册资本占比，计算后记入"实收资本"账户，差额记入"资本公积"账户。

（2）股票筹资

股份有限公司发行股票是为了募集股权资本，为此需开设"股本"账户用以记录股东投入公司的股本。该账户的结构与"实收资本"账户一致。公司通过发行股票来筹集股本。若股票以面值发行，所获得的收入将全额计入股本；若股票溢价发行，收入中与票面金额等额的部分计入股本，超出部分则记入"资本公积"作为股本溢价。

（3）留存收益

留存收益代表了企业过去年度累积的净利润，这部分利润未分配给股东，而是保留在公司内部，用于企业未来的发展和运营。留存收益主要由两部分构成：一是公司根据规定获得的盈余公积金；二是尚未分派的利润，即企业年度净利润中未分配出去的部分。

9.3.2　债券发行核算

企业发行的公司债券是一种金融工具，根据法律规定的条件和流程发行，并承诺在指定时间内偿还本金加上约定的利息。

（1）债券的发行价格

债券上标明的年利率称为名义利率或票面利率，它通常代表债券的年度收益率。企业实际承担的利率，也就是债券发行时的市场利率，被称为实际利率。

由于名义利率和市场利率可能会存在差异，因此债券可能会有三种不同的发行价格。如果债券的名义利率超过了市场利率，企业可以选择以高于债券面值的价格来销售债券，这种行为被称为溢价发行。溢价相当于企业对未来支付更高利息的一种预付补偿。

相反，假设债券的实际利率低于市场利率，公司有可能会以低于债券面值的价格进行债券发行，这被称为折价发行。折价反映了债券发行企业在未来利息支付较少时向投资者提供的前期补偿。

如果债券的名义利率与市场利率相等，则企业会以债券的面值进行发行，这种发行方式称为面值发行或平价发行。在这种情况下，债券的价格与其面值相符，反映了市场对债券价值的普遍看法。

（2）债券发行的核算

为了有效管理和控制公司债券的发行过程以及后续的本金偿还和利息支付，企业应设立"应付债券"账户，并通过设置详细的子账户来进行具体的会计处理。这些子账户包括"面值""利息调整""应计利息"，以便于对与债券相关的财务事项进行精准的记录。

①债券发行的核算

在债券以平价发行的情况下，企业应当将实际收到的资金记入银行存款的借方，并将相应金额记入应付债券的贷方。

对于债券的溢价发行，企业同样将实际收到的资金记入"银行存款"的借方，而债券面值的金额则记入"应付债券——面值"的贷方，同时，将收到的资金超出债券面值的溢价部分记入"应付债券——利息调整"的贷方。

在债券折价发行的情况下，企业将实际收到的资金记入"银行存款"的借方，将债券面值的金额记入"应付债券——面值"的贷方，并将实际收到的资金低于债券面值的折价部分记入"应付债券——利息调整"的借方。

②利息费用及利息调整的摊销核算

在债券成功发行之后，企业必须依据债券的票面利率、面值以及约定的利息向债券持有人支付相应的利息，并且要对利息调整进行分摊。这种分摊应当在债券的有效期内通过实际利率法来实现。

实际利率法涉及按照应付债券的真实市场利率来确定其摊余成本以及每个周期的实际利息费用。具体而言，企业需要根据债券发行时的市场利率来计算每一期的利息支出，并与基于票面利率计算的理论利息支付额进行对比，以此来确定每一期需要摊销的溢价或折价金额。其计算公式如下：

每期应付利息 = 债券票面价值 × 债券票面利率

每期实际利息费用 = 每期期初应付债券的账面价值 × 债券实际利率

每期应摊销的溢价(或折价) = 每期实际利息费用 – 每期应付利息

9.4 建筑施工企业收入核算

根据我国企业会计准则，收入专指企业在常规经营过程中产生的、能够导致股东权益增长的、与股东原始投资无关的经济利益的总增加，这包括销售商品所得、提供服务所得和资产使用权的转让所得，然而它不包含代表他人或顾客收取的款项。

9.4.1 建造合同收入的核算

（1）建造合同收入的组成

建造合同收入不仅包括合同最初约定的基本收入，还涵盖因合同修改、索赔成功或获得的奖励等所产生的额外收入。

①合同中规定的初始收入

初始收入指的是建筑施工企业与客户签订建造合同时最初约定的总价款，它是合同收入的核心部分。

②合同的追加收入

追加收入是建筑施工企业在合同执行期间因各种情况变化而产生的额外收入，包括但不限于合同变更、索赔成功以及获得奖励等而产生的收入。这类收入并非建筑施工企业可以任意认定的，必须满足相关法规和标准才能被确认为收入。

（2）建造合同收入的确认

在处理按时完成的建造合同时，确认收入和费用的首要步骤是评估合同结果的可预测性。如果合同结果能够准确、可靠地估计，那么公司需按照工作完成百分比法，依照资产负债表日的合约完工情况，来计算对应的收益与支出。

如果合同进度不能准确、可靠地确定，那么公司需要根据两种不同的情况来对收益与支出进行确认：①假设预期的合同成本有可能获得赔付，企业应仅基于实际可回收成本来确认收入，并将这些成本在发生的当期视为费用；②如果预计合同成本无法得到补偿，则所有发生的成本应在当期直接计入费用，而不应确认为收入。

（3）建造合同收入的核算

建筑施工企业需要设立"主营业务收入""主营业务成本"等与利润相关的账户来管理和监控建筑合同的收入与成本结转情况。"主营业务收入"账户用于记录公司在一定时期内确认的建筑工程收入。当期确认的收入计入贷方，而期末转入"本年利润"账户的收入则计入借方，在年末结账时该账户应无余额。"主营业务成本"账户用来记录公司在一定时期内确认的建筑工程成本。在会计处理中，本期确认的成本记入借方，而期末从相关账户转出的成本计入贷方。年末结账时，该账户应无余额。

"工程施工——合同毛利"明细账户专门用来反映公司在一个会计周期内确认的合同毛利或亏损情况。确认的毛利记入借方，确认的亏损记入贷方。期末时，该账户的借方余额反映累计确认的毛利总额。工程完工后，该账户余额将与"工程结算"账户进行冲销，以清算所有余额。

9.4.2 其他业务收入的核算

（1）其他业务收入的内容

除了主要从事建筑安装工程的施工之外，建筑施工企业通常还会参与多种经营活动，从中获取的其他经营性收入被归类为"其他业务收入"。这类收入主要包括销售商品所得、提供非核心服务所得以及资产使用权的转让所得。为了对这些"其他业务收入"进行会计核算，企业需要设置如下会计账户：

"其他业务收入"账户用以记录企业非工程施工主营业务所获得的收入。该账户的贷方登记来自其他经营活动的所有收入，而借方则记录了期末结转到"本年利润"账户的收入。年末结账时，账户余额应清零，同时可根据不同业务类型设立明细账进行细致管理。

"其他业务成本"账户则用于计算与企业"其他业务收入"相匹配的成本和开支。该账户借方记录所有相关的实际成本，而贷方则记录了期末结转到"本年利润"账户的成本。年末结账完成后，账户也应没有余额，并且可以针对不同的其他业务类型设置明细账进行详细核算。

（2）商品销售收入的核算

销售商品收入涉及建筑施工企业在销售产品和材料过程中所获得的收益。进行销售时，企业必须评估该销售行为是否满足收入确认的标准。满足标准的情况下，企业应及时确认收入，并进行相关成本、税费及附加的结转。对于那些已经发货但尚未达到收入确认标准的商品，其成本应通过"发出商品"账户进行核算。

当企业向买家销售商品后，若买家指出商品的质量或规格不符，其可能会要求卖家提供价格折扣。若销售折扣发生在收入确认之前，则应在扣除折扣后确认收入；对于确认收入后发生的销售折扣（除非属于资产负债表日之后的事项），应在发生时相应减少当期的商品销售收入。如果符合条件，还应调整已确认的销项税额。

企业已确认销售收入的产品若被买家退回，无论退回产品是在何时售出的，都应冲减当期的销售收入和销售成本。在发生销售退货时，若按规定可以扣减当期的增值税，也应使用红字冲减"应交税费——应交增值税"账户中相应的数额。

（3）提供劳务收入的核算

当前，许多建筑施工企业拓展了它们的业务范围，提供运输、餐饮服务、理发、摄影、咨询服务和培训等多种劳务。企业在签订提供劳务的合同之后，需要对合同进行评估，以判定合同中的每一项义务是持续一段时间履行完毕还是在一个特定时间点履行完毕。对于那些需要在一段时间内履行的义务，还需进一步评估提供劳务的结果是否可以可靠地估计，据此决定是否能够运用完工百分比法来确认收入。

①提供劳务的结果能够可靠估计的合同收入的确认

如果公司在财务报告日能够可靠地衡量其所提供的服务成效，那么就需要使用完工百分比法来确认劳务收入。实际执行过程中，公司在每一次的财务报告日都要计算出本期应确认的劳务收入，这种方式就是将本期服务的全部预期收益和完工进度相乘，再从中减去前期已确认的劳务收入总额。同时，企业也应根据提供劳务的总预计成本与完工进度的乘积，减去前期已确认的劳务成本总额，来确认当期的劳务成本。

$$\text{当期确认的劳务收入} = \left(\text{提供劳务收入总额} \times \text{完工进度}\right) - \text{以前会计期间累计已确认的劳务收入}$$

$$\text{当期确认的劳务成本} = \left(\text{提供劳务预计总成本} \times \text{完工进度}\right) - \text{以前会计期间累计已确认的劳务成本}$$

在应用完工百分比法来确认劳务收入的过程中，企业应当对应确定的收入金额进行会计处理，借方登记在"应收账款"或其他相关账户，贷方登记在"其他业务收入"账户；同时，在结转劳务成本时，借方登记在"其他业务成本"账户，而贷方登记在"劳务成本"账户，以确保会计记录准确反映当期的收入和成本。

②提供劳务的结果不能可靠估计的合同收入的确认

若企业在财务报表日无法可靠估算提供劳务的结果，则不宜运用完工百分比法来确认劳务收入。企业应根据以下情况分别处理：

如果已产生的劳务成本有可能被弥补，就需要根据这个可收回成本来确认劳务收入，并相应地确认同等金额的劳务成本。

对于那些无法回收的劳务成本，企业应将其作为当期费用处理，不计入任何劳务收入。

在某些情况下，如果预计劳务成本只能获得部分补偿，企业应仅对预计可补偿的部分确认收入，并将已发生的成本计入当期损益。

（4）让渡资产使用权收入的核算

收入源自资产使用权的转让时，企业应依据合同的约定来计算和确认收入。若一次性收取了全部使用费且未承诺提供额外服务，则该笔收入应视为资产的销售收入，从而一次性全额确认；反之，若需提供后续服务，收入应在合同规定的服务期限内逐期确认。若合同规定了分期付款，则对应的收入也应按期确认。

在建筑行业中，让渡资产使用权通常表现为出售无形资产使用权或出租有形固定资产，由此产生的收入分别是使用费和租金。至于将资金存放在银行所获得的利息，应从利息支出中扣除，不计入营业收入。

9.5　建筑施工企业工程成本和费用核算

在建筑工程领域，工程成本涉及在项目施工阶段所产生的所有生产性费用，这些费用按照既定的核算对象进行归类汇总。工程成本可以被划分为直接费用和间接费用两大类。直接费用包括那些直接用于建设过程、构建工程项目实体或推动工程项目成型的各种支出。相对而言，间接费用指的是建筑施工企业旗下直接参与施工生产的部门（例如施工队伍、项目管理部门等）在组织和管理施工活动过程中所产生的各种费用。

此外，还存在一种被称为期间费用的开支，这类费用并不与特定的工程项目挂钩，因此这部分费用不应该算入工程成本，而应该直接计入公司的当期盈利或亏损，其主要涵盖管理费用、财务费用和销售费用。

9.5.1 工程成本项目

（1）人工费

它是指支付给直接参与建筑和安装工作的员工的薪资，以及施工现场为保障员工安全所发生的劳动保护费用。

（2）机械使用费

其涵盖了施工机械在操作过程中产生的各项费用，不仅包括使用自有机械的费用，还包括租赁机械的费用，以及机械的安装、拆卸和运输所产生的费用。

（3）材料费

它是指在施工过程中使用的所有材料和物资的实际成本，还包括周转材料的摊销费和租赁费用。这些成本项目共同构成了工程成本的主体，对于成本控制和财务管理至关重要。

（4）间接费用

其涉及企业下属施工单位为了组织和监管施工生产而产生的各项开支。这些费用包括但不限于临时设施的建设费用、施工管理团队的工资支出、用于管理的固定资产的折旧及维修成本、日常物料消耗、低值易耗品的摊销费、水电费用、办公用品开销、差旅支出、保险费用、工程质保金、劳动保护措施费用以及其他相关费用。

（5）其他直接费用

它是指在施工阶段除了人工费、材料费、机械使用费之外，所有与施工直接相关的额外费用。这些费用主要包含设计和技术支持服务费、现场材料二次搬运的成本、生产工具和设备的租赁费、质量检测和试验的费用、工程位置复测和交接的费用、场地清理费，以及在特殊气候条件下如冬季和雨季施工的额外费用，以及夜间施工的增量费用等。这些费用项目共同确保了施工过程的有效管理和顺利进行。

9.5.2 工程实际成本的归集与分配

在建筑工程施工期间，所有产生的施工费用需要根据既定的成本核算对象和成本项目分类进行汇总和分摊。那些能够明确对应到特定受益对象的费用，可以直接计入相应受益对象的成本中；那些无法明确分配的费用，则需要运用适当方法进行分摊，以确保最终计算出每个工程的真实总成本。

为了高效地收集和分摊施工生产费用，并计算每个建筑安装工程的实际成本，企业需要在"工程施工"主账户下设立"工程成本明细账"（二级账户）和"工程成本卡"（三级账户），并依据成本项目设立专门的栏目来进行成本核算的组织工作。

"工程成本明细账"负责汇集施工单位承接的所有工程自年初开始产生的施工费用，为评价和分析各时期工程成本的节约或超支提供了数据支撑。

"工程成本卡"则是针对每一个成本核算对象单独设立的，用来跟踪和记录自开工直至工程完工为止，该核算对象的全部施工费用。

（1）人工费的归集与分配

在工程成本核算中，人工费指的是直接参与建筑安装作业以及在现场搬运材料、配制物料的工人的工资和其他薪酬支出。

对于人工费，需根据其特点及组成分类予以归集。企业在核算人工费时，应当遵循以下原则来确定各个成本核算对象的人工成本：

①对于计件工资，由于它通常可以明确归属于具体的受益对象，因此可以直接计入相应的成本核算对象中。

②在一个施工项目中，如果只有一个单一的工程，或者通过工时记录能够明确地找出受益者，那么计时工资和加班工资也应该直接计入相应的成本核算对象。然而，如果通过工时记录无法明确区分受益对象，则需要依据工时记录来进行合理分摊。其计算公式如下：

$$日平均计时工资 = \frac{建筑工人计时工资总额 + 加班工资}{建筑工人计时日合计}$$

$$\text{某成本核算对象应负担的计时工资} = \text{该成本核算对象实际耗用的计时工日数} \times \text{日平均计时工资}$$

③其他薪酬涵盖奖金、津贴、福利费、保险费、住房公积金、工会及教育基金支出，以及非货币福利等多种形式的薪酬。这些支出应当按照适宜的分配方法计入各个成本核算对象中。

$$\text{日平均其他工资} = \frac{\text{应分配的其他薪酬}}{\text{各收益对象的实际工日合计}}$$

某项成本核算对象所需承担的其他薪酬费用，可以通过将该对象实际使用的工日数量乘以日均其他薪酬标准计算得出。在处理人工费时，必须仔细区分其用途。所有非工程性质的人力成本，都不能纳入工程的总成本。另外，当建筑安装工人完成现场临时设备的搭建、材料的处理和加工等任务时，他们所产生的人力成本应该记入"在建工程"或"采购保管费"等相关账户，而不应计入工程的直接成本中。

（2）材料费的归集与分配

在工程成本核算中，材料费指的是施工过程中主要材料和构件消耗的实际支出，以及为工程建设项目服务的其他材料的实际成本，还包括周转材料的价值损耗及租赁成本。在工地，存储的材料可能被用于建立临时机构或其他非生产目的。企业需要根据材料使用的目的，明确划分工程材料与非工程材料的界限，确保只有直接服务于工程建设的材料被计入工程成本之中。鉴于建筑生产过程中所需的物资种类繁多、数量庞大且获取频繁，公司应当汇总并整理相关的原始文件，并依据各种情况对物资的消耗进行计算。

①对于那些在领取时能够明确数量并且能够识别出使用对象的物资，应在相关领料文件（如领料单、限额领料单）上标注使用对象，并将之直接归入对应的成本核算对象。

②虽然在领取过程中可以确定数量，但是如果是集中配置或者统一切割的物资，例如涂料和玻璃，需要在领取的凭证上注明"工程集中配料"。同时，月底根据实际使用情况填写"集中配料耗用计算单"，这样才能将其分配给所有的成本核算对象。

③在领取时难以精确计数且难以分辨具体使用对象的大宗物料，如

砖块、瓷砖、水泥、沙子、砾石等，应由材料管理员或工地仓库管理员负责验收存储，月末通过实际盘存计算本月实际使用量，并制作"大堆材料耗用量计算单"，据此计入各成本核算对象。

④针对可重复利用的工具和设备，例如模板、脚手架等流动资产，需要依据每一个受益者的真实消耗量以及预先设定的分摊策略来计算当前的分摊金额，同时还需要建立"周转材料摊销分配表"，以便将其纳入各项成本核算的范围内。对于租赁的周转材料，应该直接按照实际的租金来计算成本。

⑤对于在施工过程中产生的废弃物品和包装材料等，应尽可能进行回收再利用，制定"废料交库单"以进行价值评估并记录，同时还能降低工程的成本。

⑥当每个月的月底计算工程成本时，应该对那些已经领取但尚未使用，并且下个月还需要继续使用的物资进行核查，同时也要办理"假退库"的手续，这样才能调整当期工程费用。

⑦在工程项目结束之后，剩余的物资需要被记录在"退料单"或者"领料单"上，并且需要用红色的字体进行标注，这样才能方便地进行物资的归还，进一步降低工程成本。

在会计期末，公司需要就各种原材料领取的原始凭证进行汇总整理，并制作"材料费用分配表"。这份表格将作为计算各工程项目材料成本的依据。

（3）其他直接费用的归集与分配

在施工期间，除了人工费、材料费和机械使用费之外，所有直接与工程项目相关的其他费用统称为其他直接费用。这些费用可以根据以下三种情况来处理：

①在费用能够明确地划归到特定的成本核算目标时，应当将其直接计入相应的成本。

②如果费用在发生时不能直接分配到特定的成本核算对象，则需要采用合适的分配方法来计入各个成本核算对象。

③对于那些在成本计算中难以与其他项目相区分的费用，如冬季或雨季施工的特殊费用、夜间施工费用、移动施工现场津贴、场地清理费

用以及材料二次搬运中的人工和机械使用费用等，可以在费用发生后直接归入"人工费""材料费""机械使用费"等科目中。

（4）间接费用的归集与分配

①间接费用的归集

在企业中，下属施工单位（如分公司、工区、施工队伍、项目部等）在组织和管理工作中发生的各项费用被归类为间接费用。由于这些费用通常不易直接关联到特定的工程施工对象，因此当费用发生时，它们首先被汇集到"工程施工——间接费用"账户中。到了期末，这些费用会依据既定的标准被分配到各个成本核算对象中。

②间接费用的分配

在分配间接费用时，应保持与预算收费的一致性。通常情况下，建筑施工的间接费用以直接费用为基础进行分配，而对于安装和装饰等类型的工程项目，则以人工费作为分配的标准。不同施工工程特性不同，其间接费用的分配方式主要有以下几种：

a.直接成本比例法，即以每个项目产生的直接成本来计算间接成本。其计算公式为：

$$间接费用分配率 = \frac{本月发生的全部间接费用}{各工程本月直接成本之和} \times 100\%$$

某工程应负担的间接费用 = 该工程本月发生的直接成本 × 间接费用分配率

其对普通的建设项目、城市基础设施项目，以及采用机器进行的大规模土石方项目的间接费用的分配是有效的。

b.人工费比例法，即根据每个项目产生的人力成本来分配间接费用。其计算公式为：

$$间接费用分配率 = \frac{本月发生的全部间接费用}{各工程本月人工费成本之和} \times 100\%$$

某工程应负担的间接费用=该工程本月发生的人工费成本×间接费用分配率

其适用于所有的安装工程、人工施工的地基和基础设施项目以及装修项目中的间接费用的分配。

c.多步计算法，假设一个建筑施工单位在同一时间段内同时进行建筑和安装工程的施工，那么其间接费用的分配应该分如下两个步骤进行：

第一步，以人工费为基准，在各种类型的工程中分配所有产生的间接费用。其计算公式为：

$$间接费用分配率 = \frac{本月发生的全部间接费用}{各类工程本月实际发生的人工费成本之和} \times 100\%$$

$$\begin{array}{c}某类工程应负担\\的间接费用\end{array} = \begin{array}{c}该类工程本月实际\\发生的人工费成本\end{array} \times \begin{array}{c}间接费用\\分配率\end{array}$$

第二步，将第一步分配到各类工程的间接费用，再以直接成本或人工费为分配标准，在各成本核算对象之间进行分配。

第10章 资金管理体系

资金管理是对企业资金的来源和使用进行计划、控制、监督、考核，通过完善资金的计划、监督、控制制度，如对资金进行预算管理、收付款管理、风险管理等，来提高资金的使用效率。

建筑施工企业的发展需要大量的资金作为支撑，只有通过科学的资金管理手段合理安排资金的使用，激活公司现有的资产，减少资金使用的费用，提高资金使用效率，提升企业的盈利能力，才能保证企业获得更多的利润，更好地抵御各种市场风险，增强企业的核心竞争力。

10.1 建筑施工企业资金管理的重要性

10.1.1 提高资金使用效率，降低财务风险

建筑施工企业特点之一就是企业所需的资金量非常大，仅仅靠企业自有的资金无法满足业务发展的需求；通过科学的资金管理方法优化资金配置，合理安排资金的使用和供应，能减少资金使用成本，保证企业

经营活动的正常运行。

在资金的来源渠道上，企业一方面可以向金融机构借贷，以保证企业资金充裕、业务开展顺利，同时要提升企业的债务偿还能力；另一方面要重点关注企业的应收款项，加强应收款项的催收管理，提高资金收回率。到期的应收款项要责任到人，由责任人负责跟进应收账款的催收工作，也可与金融机构合作确定多种回款方式，降低坏账风险。

10.1.2 完善资金管理计划，加强部门合作，确保各工程 项目顺利开展

建筑施工企业要想加强资金管理，就必须制订科学、合理、精准的资金计划，包括资金收入计划和资金支出计划，确保企业各个工程项目资金的周转正常。在制订资金收入计划时，项目部有关人员应及时开展工程结算，确认应收账款的具体数额，跟踪工程款的审批进度；在制订资金支出计划时，采购部门应根据施工进度来申报采购材料的数量和采购款的结算日期，财务部门要根据施工的实际情况来收集和统计支出数据，科学合理地配置现有资金。

因此，完善的资金管理计划，既能保证在资金收入计划的实施过程中跟踪项目工程款回款比例及进度，又能在实施资金支出计划时分析项目各类成本的占比，控制付款进度，统筹规划企业的工程项目资金，确保项目的顺利运行。

10.2 资金价值观念

资金的时间价值体现了资金在不同时间点的价值差异，这一价值差异源于资金投入社会再生产与经营活动后产生的增值效应。在无风险和排除通货膨胀的一般环境中，资金的时间价值等同于社会的平均利润率，反映了利润率平均化的经济规律。基于资金时间价值的概念，我们可以对特定时间点的资金价值进行贴现，以计算其在其他时间点的等效价值。

资金时间价值的计算旨在量化不同时间点上接收或支付货币价值的差异。资金时间价值的存在意味着当前拥有的货币与未来拥有相同数量的货币的价值不同。因此，我们需要计算出当前一定量的货币在未来某个时点的价值，或者未来某个时点上的货币在当前的价值。这两个计算分别对应于资金的终值和现值，两者之差即为货币的时间价值。

终值是指依据某一预定利率，估算在未来某一时间点上特定资金数额（含本金和利息）的价值。相对地，现值是将未来某个时间点的预期资金流按照既定利率折现到当前时点的价值，即本金。

10.2.1 单利终值和现值

单利是一种利息计算方式，仅基于原始投资的本金进行计算，不会将之前周期已累计的利息纳入计算，因此不会产生利息的复合增长，简而言之，就是利息不会再生利息。

（1）单利终值的计算

单利终值就是按单利计算的某一特定金额在若干年后的本利和。其计算公式如下：

$$F = P \times (1 + i \times n)$$

式中：F——第 n 年末的终值；

P——现值；

i——年利率；

n——期数；

$(1 + i \times n)$ 为单利终值系数。

（2）单利现值的计算

单利现值是指若干年后某一特定金额按单利折算的现值。计算单利现值，就是根据终值倒求现值。其计算公式为：

$$P = F \times \frac{1}{(1 + i \times n)}$$

式中：$\frac{1}{(1 + i \times n)}$ 为单利现值系数。

10.2.2　复利终值和现值

复利是一种利息计算方法，它不仅包括本金产生的利息，还包括之前周期中已经累积的利息所产生的额外利息，因此被称为"利上加利"或"利滚利"的金融概念。

（1）复利终值的计算

复利终值就是按复利计算的某一特定金额在若干年后的本利和。其计算公式如下：

$$F = P \times (1 + i)^n = P \times (F/P, \ i, \ n)$$

式中：$(1 + i)^n$为复利终值系数，记作$(F/P, \ i, \ n)$。

（2）复利现值的计算

复利现值是若年后某一特定金额按复利折算的现值。由终值求现值，叫作贴现；在贴现时所用的利息率叫贴现率。其计算公式为：

$$P = F \times \frac{1}{(1 + i)^n} = F \times (P/F, \ i, \ n)$$

式中：$\dfrac{1}{(1 + i)^n}$为复利现值系数，记作$(P/F, \ i, \ n)$。

10.2.3　年金终值和现值

年金是一系列定期、等额的现金流，通常在固定的时间间隔发生，可以表示为变量A。在企业财务管理中，经常会出现以年金形式进行的交易，例如支付折旧费、租金、保险费等。根据支付时间点的不同，年金可以分为几种类型：普通年金（后付年金）、预付年金（先付年金）、递延年金以及永续年金。

（1）普通年金终值和现值

普通年金特指在每个周期的末尾收到或支付的相等金额的款项，这种形式在企业财务中非常普遍。

①普通年金终值

它是指在每个周期的末尾收到的等额款项按照复利计算的款项的未来总和。本质上，普通年金未来价值与零存整取的存款在未来某个时间点的本利和相似。其计算公式如下：

$$F = A \times \frac{(1 + i)^n - 1}{i} = A \times (F/A, i, n)$$

式中：$\dfrac{(1 + i)^n - 1}{i}$ 为年金终值系数，记作 $(F/A, i, n)$。

②普通年金现值

它是指一定时期内每期期末收入或付出的款项的复利现值之和。其计算公式如下：

$$P = A \times \frac{1 - (1 + i)^{-n}}{i} = A \times (P/A, i, n)$$

式中：$\dfrac{1 - (1 + i)^{-n}}{i}$ 为年金现值系数，记作 $(P/A, i, n)$。

（2）预付年金的终值和现值

先付年金是在固定周期开始时接收或支付相等金额的款项，这种年金模式也称为预付年金。与普通年金相比，先付年金在每个周期的开始时支付，而普通年金则在周期结束时支付。由于普通年金是最常见的年金形式，一般的年金系数表也常常是按普通年金的终值和现值编制的。因此，在计算年金时，可先将预付年金调整为普通年金的形式，然后利用普通年金的系数表计算有关预付年金。

①预付年金终值

它是每期期初收入或支出等额款项的复利终值之和，计算公式如下：

$$F = A \times \left[\frac{(1 + i)^{n+1} - 1}{i} - 1 \right] = A \times [(F/A, i, n + 1) - 1]$$

式中：$\dfrac{(1 + i)^{n+1} - 1}{i} - 1$ 为预付年金终值系数，是在普通年金终值系数的基础上，期数加1，系数减1所得的结果，记作 $(F/A, i, n+1-1)$。

②预付年金现值

它是每期期初收入或支出等额款项的复利现值之和，计算公式如下：

$$P = A \times \left[\frac{1 - (1 + i)^{-(n-1)}}{i} + 1 \right] = A \times [(P/A, i, n - 1) + 1]$$

式中：$\dfrac{1 - (1 + i)^{-(n-1)}}{i} + 1$ 为预付年金现值系数，是在普通年金系数的基础上，期数减1，系数加1得到的结果，记作 $[(P/A，i，n-1) + 1]$。

（3）递延年金的终值和现值

递延年金是一系列定期且等额的支付或收款，其首次支付并非紧接着开始的第一期，而是在经过一定的延迟期数之后才开始。这种年金形式可以被视作普通年金的一个变体，任何不是从第一期立即开始的年金都可以被归类为递延年金。

①递延年金终值

其计算方法与普通年金终值的计算方法相似，只是要注意期数，即：

$$F = A \times (F/A，i，n)$$

②递延年金的现值

先将此递延年金视为n期普通年金，求出其在第m+1期期初的现值，然后将其折算到第1期期初，计算公式如下：

$$P = A \times (P/A，i，n) \times (P/F，i，m)$$

（4）永续年金的现值

永续年金是一种金融概念，指的是一种持续不断的周期性支付或收入，每期支付相同的金额，并且这种情况预期会无限期地延续下去。尽管在实际的经济活动中我们不会遇到真正的永续年金，但是有些金融产品的现金流特征与永续年金类似，比如那些提供恒定股息的优先股。

由于永续年金理论上没有终止日期，我们无法计算它的终值，但是我们可以通过计算现值来评估这类金融资产的价值，这在股票和债券的价值评估中尤为常见。计算现值涉及将每期预期的现金流量以合适的折现率折算成当前价值，从而帮助投资者和分析师做出投资决策。其计算公式如下：

$$P = A \times \dfrac{1 - (1 + i)^{-n}}{i}$$

当n趋于无穷大时，$(1 + i)^{-n}$ 趋于0，所以 $P = \dfrac{A}{i}$。

10.3   建筑施工企业资金筹备和管理

在建筑施工领域，企业融资是指为了满足其日常运营、项目开发及优化资本配置等目的，建筑施工公司通过多样化的途径和方法，遵循既定的流程，筹集其成立、运营及扩展所必需的资金的一系列财务操作。

10.3.1   建筑施工企业筹集资金的分类

（1）依据其特性，资金可以被分类为自有资金和债务资金

自有资金也被称为权益资本，是企业合法筹集并持有的资本，包括注册资本、资本公积、盈余公积和未分配利润，可通过吸收直接投资、发行股票或保留利润等方式获取。

债务资金，又称借入资金，是企业依法使用并根据约定偿还的资金，包括银行贷款、债券和商业票据等，通常通过银行贷款、发行债券、融资租赁以及商业信用等方式来筹集资金。

（2）依据筹资是否通过金融机构，资金筹集可分为直接筹资和间接筹资

直接筹资是企业绕过金融机构，直接从资金提供者处筹集资金的方式，包括直接投资、发行股票和债券等，这种方式灵活多样，给企业带来较大的选择空间。

间接筹资则是通过金融机构进行的，主要包括银行借款、非银行性质的金融机构借款以及融资租赁等。在我国企业中应用广泛，以其简便的手续和高效率著称，但其筹资渠道较为有限。

（3）按照资金期限的长短，资金筹集可区分为长期资金和短期资金

长期资金是指期限超过一年的资金，对于企业的长期发展和扩张至关重要，通常用于产品研发、生产规模增加、设备更新等，其筹集方式包括吸收投资、发行股票、债券、长期借款、融资租赁和内部积累等。

短期资金是指期限在一年以内的资金，主要用于满足企业日常经营中的短期流动资金需求，如现金管理、应收账款和库存等，其筹集途径包括短期贷款和商业信用。

10.3.2 建筑施工企业筹集资金的渠道

企业资金筹集涵盖了多种来源和方式，这些途径受社会资本供应者的多样性和分布影响，为我国企业提供了丰富的资本供给。深入理解这些筹资途径的不同类型、特性及适用条件，有助于企业更有效地整合和运用筹资资源，实现资金来源的最优组合。

（1）银行贷款

商业银行和政策性银行分别提供商业贷款和政策性贷款，它们是稳定的资金来源，具体包括居民储蓄和单位存款，并提供灵活多样的贷款方式，可满足企业的债权融资需求。

（2）政府财政资金

国有企业的资本筹集传统上依赖政府财政资金，这体现了强烈的政策导向，通常只有国有企业能够获得。

（3）非银行金融机构

非银行金融机构包括各种金融机构和金融中介，它们有可能汇聚社会的投入、为企业提供贷款以及信托服务，帮助企业直接募集资金或者辅助企业进行股票发行。虽然它们的经济实力可能无法与银行相比，但它们拥有巨大的成长空间。

（4）企业内部资金

企业内部资金是通过提取盈余公积金和保留未分配利润形成的。

（5）民间资本

民间资本是另一种筹资来源，我国职工和居民持有大量货币资本，可以直接对企业进行投资。

（6）其他法人实体临时闲置的资金

其他法人实体在资本运营过程中也可能产生临时闲置资金，这些实体可以相互借贷为企业筹集资本。

（7）外资以及港澳台投资者的资本

在外部开放的环境下，外资以及港澳台投资者的资本也会被吸引，成为外商投资企业的筹资途径。

10.3.3　建筑施工企业筹集资金的方式

企业资本筹集方式涉及企业为获取资金而采用的具体方法和金融工具，这些方式揭示了资金的属性和到期时间。资金的属性区分了资金是股权还是债权的形式。企业的筹资策略受其资本结构和金融工具应用程度的共同影响。

在中国，企业资本的组织形态呈现多样性，同时金融工具得到了较为广泛的开发和使用，这为企业的资金筹集创造了有利环境。了解不同筹资方式的特点以及适用情况，有助于企业运用各种筹资手段，实现筹资方式的恰当搭配，从而高效地筹集所需的资本。

（1）投入资本筹资

投入资本筹资是企业通过签订协议的方式，吸引政府、法人或其他自然人的资本投入，以此构成企业资本的一种融资模式。该筹资方式不依赖股票作为融资媒介，因此特别适用于非上市企业，成为这类企业获取股权资本的主要途径。

（2）发行股票筹资

发行股票筹资是指股份有限公司根据其章程和相关法律法规，通过公开发行股票来直接获取资金的过程，该过程增加了公司的股本。这种筹资手段必须以股票为融资工具，且专门针对股份有限公司，是其获取股权资本的主要方式。

（3）发行债券筹资

公司通过发行债券筹集资金，就是根据债券发行合同向市场推出债券，从而直接获得资金，构建公司的债务资本。在中国，符合条件的公司如股份有限公司和国有独资公司等有权采用这种方式，按照法律的规定发行公司债券，从而筹集到较大规模的长期债务资金。

（4）发行商业本票筹资

商业本票筹资是大型商业机构或金融机构为了获取短期债务资金而采取的一种融资手段。作为一种现代的短期融资途径，它在中国的应用尚不广泛。

（5）银行借款筹资

银行借款筹资是指企业根据与银行或其他金融机构签订的贷款合同，借入所需的各种资金，从而达到融资的目的。这种融资方式对各种类型的企业均开放，是企业获取长期和短期债务资金的主要途径。

（6）商业信用筹资

企业通过商品交易的信用安排，如购买商品时赊账或提前收取货款等，来筹集短期债务资金，这被称为商业信用筹资。该融资方式具有较大的灵活性，被众多企业所采用。

（7）租赁筹资

租赁筹资是企业通过签订租赁合同来获取所需资产的一种筹资手段。这种筹资方式适用于各种类型的企业，使企业能够租赁资产并由此产生债务资本。

10.4　建筑施工企业资金成本与资金结构

在建筑行业中，企业的投资决策应以资金成本为依据，确保任何投资项目的收益率均超过资金成本。建筑施工企业需要采用合适的方法来确定最优的资金结构，并在未来的筹资活动中维持这一结构。若现有的资金结构存在不合理之处，企业应通过筹资活动对其进行调整，以实现结构的合理化。

10.4.1　资金成本

资金成本亦称资本成本，是企业在获取和使用资金过程中所承担的费用。从广义的角度来看，无论是短期资金还是长期资金，企业在筹措和运用这些资金的过程中，都会产生一些费用。从狭义的视角看，资金成本是指获得和利用长期资金（包括企业自有资金以及长期债务资金）所产生的成本。由于长期资金通常被等同于资本，因此长期资金的成本也常常被称作资本成本。

（1）资金成本的构成

资金筹集费和资金占用费构成了资金成本。前者涉及在资金募集过程中产生的各类开支，例如发行股票或债券时的印刷费用、发行手续费、律师费用、资信评级费用、公证费用、担保费用以及广告宣传费用等；后者则是因使用资金而支付的费用，如支付给股东的股息、向银行借贷产生的利息或债券的利息支出等。

资金占用费通常是企业在融资过程中频繁发生的费用，而资金筹集费则多在资金初次筹集时一次性支付，所以在计算资金成本时，可以将其视为融资总额的一部分进行扣减。

资金成本的计算既可以用绝对数值来表示，也可以用相对数值来表示，后者即资金成本率，这是更为常见的表示方法。其计算公式如下：

资金成本率 = 资金占用费/(融资总额 − 资金筹集费) × 100%

= 资金占用费/融资总额(1 − 资金筹集费率) × 100%

（2）资金成本的作用

①在投资决策中的作用

在财务管理领域，净现值法和内含报酬率法是最常用于评估投资项目可行性的两种方法。在净现值法的应用中，项目的资金成本作为折现率，用以计算项目的净现值。而在内含报酬率法中，项目的资金成本则表现为项目的"取舍率"，即项目必须达到最低报酬率，才能被视为一个有吸引力的投资机会。简而言之，项目的资金成本是评估其投资价值的核心要素。

②在融资决策中的作用

在企业进行融资决策时，核心问题在于如何确定最优资本结构。所谓最优资本结构，指的是能够推动股票价值达到最大化的资本结构。然而，准确预测资本结构如何影响股票价格是一个复杂的过程。

通常，我们会简化这一过程，假定资本结构不会对企业的现金流量产生影响，那么能够实现企业价值最大化的资本结构，也就是使得加权平均资本成本（WACC）达到最小化的结构。相较于预测资本结构变化对股票价格的直接影响，预测这种变化如何影响平均资金成本要来得简单一些。基于这个原因，企业在制定资本结构决策时，会以降低WACC为目标。

③在营运资本管理中的作用

在营运资本管理中，资金成本是评估营运资本投资策略和融资策略的关键因素。举例来说，当流动资产的资金成本上升时，企业可能需要考虑减少营运资本的投入，并采取更为积极的融资手段。此外，在制定库存采购计划、库存管理、信用销售政策以及是否采用赊购等决策时，资金成本都是不可或缺的决策依据。

④在评估企业价值中的作用

在实际商业活动中，经常需要对企业价值进行评估，尤其是在企业并购、重组等情况下。在规划企业战略时，了解不同战略选项对企业价值的潜在影响至关重要，这也涉及对企业价值的评估工作。在进行企业价值评估时，现金流量折现法是一种常用的方法，其中企业资金成本被用作对企业现金流量进行折现的利率。

⑤在企业业绩评价中的作用

资金成本反映了投资者期望得到的回报率，企业可以通过将其与实际的回报率进行对比来衡量自身的业绩表现。随着以价值为导向的业绩评估方法的兴起，经济增加值成为一个核心的评估指标。计算经济增加值的过程中，企业资金成本是一个必要的输入参数。由于企业资金成本与资本市场密切相关，经济增加值能够有效地将业绩评估与资本市场的动态联系起来。

（3）资金成本的计算

①债务资金成本

第一，不考虑资金时间价值的债务资金成本。

债务资金成本涉及支付的利息及融资相关的各项费用。由于利息支出在计算税前利润时就已经计入，因此它具有税收抵扣的效果。为了得到企业的实际债务负担成本，需要计算税后的债务资金成本。其计算公式为：

$$K = \frac{L \times (1 - T)}{Q \times (1 - F)}$$

式中：K——债务资金成本；

L——债务各年利息额；

T——所得税税率；

Q——债务总额；

F——债务筹资费率。

第二，考虑资金时间价值的债务资金成本。

债务资金成本即债务的到期收益率，可以用到期收益率法计算债务的税前成本。其计算公式为：

$$P = \sum_{t=1}^{n} \frac{I_t + P_t}{(1 + K_d)^t}$$

式中：K_d——到期收益率，即债务的税前成本；

I_t——第 t 年末支付的债券利息；

P_t——到期归还的本金。

②权益资金成本

a.普通股资金成本

普通股资金成本是指筹集普通股资金所需的成本。确定普通股资金成本的基本方法有 3 种，分别是资本资产定价模型（CAPM）、股利增长模型和债券收益加风险溢价法。

资本资产定价模型（CAPM）：在估计普通股资金成本时，使用最广泛的方法是资本资产定价模型。按照资本资产定价模型，普通股成本率等于无风险报酬率加上风险报酬率。

$$K_s = K_{RF} + K_R \times \beta$$

式中：K_s——普通股资金成本；

K_{RF}——无风险报酬率；

K_R——市场风险报酬率；

β——个别股票相对于证券市场平均风险的风险程度。

这种方法的难点在于要事先获得股票的 β 系数。

股利增长模型：它是一种计算权益资金成本的方法，其基本思想是股票投资的收益率会随着时间的推移逐步提升。在这种模型中，我们通常假设股利以一个固定的年增长率持续增长。因此，普通股的成本率可以通过以下公式计算：

$$K_s = \frac{D_t}{V_0(1 - f)} + g$$

式中：K_s——普通股资金成本；

D_t——预期第一年的股利；

V_0——普通股当前市价；

f——普通股筹资费率；

g——股利的年增长率。

这种方法的难点在于股利年增长率的预计。另外，上述公式假定股利每年以固定率持续增长，如果股利增长率是变动的，或者股利呈间歇性增长，则需对上式做相应的修正。

债券收益加风险溢价法：遵循风险与回报相对应的投资原则，普通股股东承担的风险水平高于债券持有人。因此，普通股股东会期望在债券投资者的最低接受收益率的基础上获得额外的风险补偿，即风险溢价。这种风险溢价的引入是为了补偿股东因企业运营的不确定性而面临更高的风险。依照这一理论，普通股的资金成本公式为：

$$K_s = K_{dt} + RP_c$$

式中：K_s——普通股资金成本；

K_{dt}——税后债务成本率；

RP_c——股东比债券投资者承担更大风险所要求的风险溢价。

RP_c主要依普通股相对于债券而言的风险程度大小而定，一般只能根据经验获得信息。资本市场的经验表明，公司普通股的风险溢价对公司的债券而言绝大部分处在3%~5%之间，对风险较高的股票而言为5%，风险较低的股票则为3%。

b.优先股资金成本

优先股与债券在某些方面是相似的，尤其是它们的股息或利息通常是固定支付的。然而，优先股与债券也存在明显差异：优先股没有到期日，并且优先股的红利是在所得税之后支付的，这意味着没有税收优惠。基于这些特点，优先股资金成本的计算公式是：

$$K_P = \frac{D_P}{P_0(1-f)}$$

式中：K_P——优先股资金成本；

D_P——优先股每年支出的股利；

f——筹资费率；

P_0——优先股股金总额。

c.加权平均资本成本

加权平均资本成本（WACC）是指公司各类资金成本与该类资本在企业全部资本中所占比重的乘积之和，其计算公式为：

$$WACC = \sum_{i=1}^{n} \omega_i K_i$$

式中：K_i——资本的个别成本；

ω_i——资本i在全部资本中所占的比重；

n——不同类型资本的总数。

10.4.2 杠杆原理

（1）经营杠杆

①固定成本与变动成本

产品成本基于其成本特性，可划分为固定成本和变动成本两大类。固定成本指的是在特定产量区间内，不受产量增减影响，始终恒定不变的成本。与之相对的是变动成本，这类成本会随着产量的增减而相应地增加或减少。

②经营杠杆

企业的经营杠杆是指其息税前收益（EBIT）随着销售额的变动而发生的变化，通常用DOL来表示，其计算公式为：

$$DOL = \frac{息税前收益变化百分比}{销售收入变化百分比} = \frac{\Delta EBIT/EBIT}{\Delta S/S}$$

EBIT =销售收入−销售成本=PQ−（VQ + F）=（P−V）Q−F

$\Delta EBIT = \Delta Q（P−V）$

式中：P——单位产品销售价格；

Q——产品销售量；

S——销售收入；

V——单位产品变动成本；

F——固定成本。

$$DOL = \frac{\Delta EBIT/EBIT}{\Delta S/S} = \frac{\Delta Q(P-V)/[(P-V)Q-F]}{P\Delta Q/PQ} = \frac{Q(P-V)}{Q(P-V)-F}$$

随着经营杠杆系数的增大，其对经营杠杆利益的影响也会相应增强，从而使得经营风险也随之升高。

（2）财务杠杆

财务杠杆是指由负债经营而导致公司所有者收益变化幅度的增加。财务杠杆用财务杠杆系数DFL衡量。

$$DFL = \frac{EPS变化的百分比}{EBIT变化的百分比} = \frac{\Delta EPS/EPS}{\Delta EBIT/EBIT}$$

式中：DFL——财务杠杆系数；

ΔEPS——普通股每股利润的变动额；

EPS——普通股每股利润。

若用I表示利息，T表示公司所得税税率，N表示流通在外的普通股股数，则有：

$$EPS = (EBIT - I)(1 - T)/N$$

$$\Delta EPS = \Delta EBIT(1 - T)/N$$

即 $$DFL = \frac{EBIT}{EBIT - I}$$

经营杠杆和财务杠杆均对普通股每股收益产生影响。经营杠杆作用于销售额，以提升息税前利润；而财务杠杆作用于息税前利润，以调整每股利润。这两种杠杆效应共同作用于股东权益，并受经营风险和财务风险的双重影响。

经营风险涉及市场需求、生产要素供应、成本结构及市场适应力等因素；财务风险则与公司的资本结构和债务水平有关。当企业的营业利润超过债务利息成本时，采用负债策略能增加股东收益；反之，若营业利润低于债务利息，则会导致股东收益下降，而这种收益波动正是财务杠杆带来的财务风险所致。

10.4.3 资金结构

资金结构涉及企业长期资本的不同来源及其配比，主要包括长期债务和股权融资。这一结构反映了债务与股权在企业资本中的相对比重，是企业进行融资决策时的关键考量点。企业在确定资金结构时需权衡多种因素，并采取恰当的策略以寻求最优的资金配置方案。

在众多可能的资本结构选项中，选择最适合企业的资金结构是一个至关重要的财务决策过程。这一决策能够帮助企业实现多个目标，包括降低资金成本、获取财务杠杆优势以及提升企业整体价值。适度使用债务融资有助于企业减少资本开支，然而，如果债务比例过高，可能会导致财务杠杆的正面效果被高昂的债务成本所抵销，从而增加企业的财务风险。在做出资金结构决策时，常用的方法包括：

（1）资本成本比较法

资本成本比较法是一种财务分析工具，它通过计算不同长期融资组合方案的市场价值加权平均资本成本，并在不考虑融资数量与比例限制及财务风险差异的情况下，选出加权平均资本成本最低的方案，从而确定最佳的资金结构。

（2）每股收益无差别点法

每股收益无差别点法涉及计算并找出在特定盈利水平下，不同融资策略所产生的每股收益相等时的点。通过这一分析，可以选择那些能够在相同盈利水平下提供更高每股收益的融资方案，以此作为衡量股东净收益最大化的标准。

（3）企业价值比较法

企业价值比较法是一种评估最佳资金结构的手段，它考虑企业的财务风险，并以企业总价值为评价标准。企业总价值可以通过公式 $V = S + B$ 来计算，其中：V 是企业的市场价值；S 是股票的市场价值；B 是长期债务的价值。通过这种方法，可以确定在何种资金结构下企业价值达到最大化。

为了简化计算过程，我们假设长期债务（包括长期贷款和长期债券）的当前价值等于其名义价值；而普通股的市场价值 S 则是根据企业预期未来的净利润，按照股东期望的回报率（股权资本成本）进行贴现后得出的。在此假设条件下，企业的营运利润被视为永久性的，并且股东所要求的投资回报率保持恒定。因此，普通股的市场价值 S 可依据上述条件进行估算：

$$S = \frac{(EBIT - I)(1 - T)}{K_S}$$

式中：EBIT——息税前利润；

I——年利息额；

T——公司所得税税率；

K_S——权益资本成本。

采用资本资产定价模型计算股票的权益资本成本 K：

$$K_S = K_f + \beta(K_m - K_f)$$

式中：K_f——无风险报酬率；

β——股票的贝塔系数；

K_m——平均风险股票必要报酬率。

由此，可得：V=B+（EBIT-I）（1-T）/K_S

运用上述公式计算得到的企业总价值与加权平均资本成本相结合，可以用来判定最佳的资金结构，该资金结构下的加权平均资本成本是最低的。公司的加权平均资本成本为：

$$WACC = K_n\left(\frac{B}{V}\right)(1 - T) + K_S\left(\frac{S}{V}\right)$$

10.5　建筑施工企业司库管理

产业数字化的不断发展，对于企业前端的体系建设以及运营模式的流畅性和封闭性的要求越来越高。特别是对于大型企业来说，其需要与多家银行合作，出纳人员需要频繁切换并使用十几个网银盾，这大大降低了资金流转的效率。

此外，复杂的工作不仅影响向业务前线人员反馈收支情况，还延迟了向决策层提供汇总数据的进程，使得现有工作流程成为企业深化数字化转型的主要障碍。因此，如何实现企业业务流、资金流、数据流的相互贯通和互补循环，成为建筑施工企业司库管理亟待解决的问题。

10.5.1　司库管理概述

司库管理（Treasury Management）本质上是一种财务行政的概念，

它基于长期的演变和改进，以企业的发展目标为依托，以财务资源为核心，运用科学的管理决策来优化和提升资金管理。英国司库协会（ACT）对此有明确的定义，将其职责划分为公司理财、资本市场与融资、资金流动性管理、风险管理以及司库运行控制等五大领域。

然而，这种管理模式与传统的会计核算存在本质的区别。会计核算通常被视为一种狭义的司库管理，它的管理方式相对传统，主要关注资金管理的职能性，旨在通过预留资金保障企业正常运作，并规避债务偿还风险。在整个资金管理过程中，会计核算发挥的是后台支持的作用。相比之下，司库管理的内容则更为广泛，它不仅提供必要的资金和信息支持，还对资金进行有效管理，对风险进行准确识别，并根据市场趋势对企业的资金状况和发展趋势进行规划与预测。在企业发展过程中，司库可以被视为"存储财富的房间"，这些财富能够在企业管理过程中转化为各种经营资产，为企业的发展提供动力。

与传统的资金管理相比，司库管理的目标更加清晰，对后台支持部门的影响也更为显著。在中国，司库管理自引入以来，许多大型企业依托内部财务管理机构，建立了以资金流动性和集中管理为重点的体系。它们通过专业的运营手段确保规范化操作，并在网络信息平台的支持下，有效统筹和高效控制企业的金融资源，从而优化了资金管理。

司库管理不仅提高了企业的资金运作效率，降低了资金成本，还帮助企业控制资金风险，使其成为一项战略性决策。它确保了企业在财务管理上朝着精准、集中、全面和智能的方向发展，使企业在新时代的挑战中立于不败之地。

10.5.2　建筑施工企业司库管理的必要性

（1）改变建筑施工企业资金管理现状

建筑施工企业的司库管理体系建设有助于打造一个"全面、集中、统一、标准"的集团资金管控架构。通过这一架构，可以增强对企业资金收支的控制力度，提升资金运作的效率，预防资金风险，并减少资金成本。

（2）推进建筑施工企业高效快速发展

为了顺应行业的发展趋势，建筑施工企业近年来积极扩展规划设计、全程咨询、产业整合等高价值业务，形成了"投资建设运营"一体化的全产业链模式，展现出强大的竞争力。为了实现企业的长期和稳定发展，必须严格控制资金管理中的风险，确保企业集团金融资源的安全。传统的资金管理模式主要关注内部的现金流管理，忽略了业务活动和金融服务活动的管理。而司库管理体系则能对企业的内外金融资源进行有效的综合管理。

（3）构建建筑施工企业资金风险防范的屏障

在全球范围内，汇率波动、房地产企业危机等风险事件层出不穷。建筑施工企业通过构建司库管理的体系，对内部资金管理流程进行重组，从而实现从被动到主动的资金管理的转变。该体系能迅速识别项目管理中资金交易的潜在操作风险，以及日常运营过程中可能遇到的信用风险、汇率风险等问题。同时，其会建立智能化的风险预警机制，并固化资金管理的内控标准，为企业的稳健发展构筑一道资金风险防护墙。

10.5.3　建筑施工企业司库管理的应用路径

（1）加强内部管控，明确管理权限

首先，引入司库管理理念，确保建筑施工企业在资金、会计和税务方面实现三位一体的统一管理。利用施工总部综合优势，对融资、风险、内部审计和银行关系管理等进行协调统一。

其次，精细化内部控制，加强对资金流转环节的控制，并将资金管理纳入项目评估体系中，确保资金管理贯穿于项目的全过程，从而保持资金管理的合理性。

再次，我们也要增加考核机制，强化子公司相关人员对于资金管理的认识，避免因为过分追求利益而忽视风险。

最后，明确管理权限，实施会计委派制，确保总公司和子公司之间能够有效分权，实现根本控制，保持企业资金管理的动态平衡。

（2）构建创新框架，统筹内外调配

充分发挥司库系统的价值提升功能是管理创新的必然要求。在此背景下，需要对建筑施工企业原有的管理体系进行重构，形成一个科学合理的管理框架，以实现产融共促共生的目标。该框架应以司库管理为核心，以司库管理内涵为出发点，以资金管理和价值创造为落脚点，以司库文化功能为思维导向。

在全新的管理框架下，为了保证建筑施工企业资金管理的科学性、有效性和合理性，必须统筹建设内部和外部的资金资源调配机制。在内部，应通过统一的融资业务额度、定价和审批管理规范，审慎对待借款和担保，并通过加强流动性管理、投融资管理和银行管理，实现系统化、统一化的体系，发挥内部资金调剂作用。

在外部，一方面应建立良好的信誉和银企关系，保证资金使用周转核算符合规章制度，积极配合银行开展各类调查汇报，按时抄送财务报表和税收报表，通过顺畅融资渠道的建立来保证资金链条的完整；另一方面，应在战略协同的基础上，建立投资收益管理机制，以安全性和流动性为基本原则，在风险防控的支撑下参与符合监管要求的低风险投资，拓宽业务渠道，活化应收账款，实现资源利用率的最大化。

（3）搭建司库六大池，融通资金管理

①资金池的建设目标是实现资金的集中管控，利用银行资金平台来提高资金集中度。这包括严格审批银行账户的开设情况，限制开户数量，以及实现资金的集中归集和分配，以激活存量资金，并将其引导至结算中心。

②票据池的建设需要确保与多家银行开展票据业务合作，并将各类票据集中存放于指定银行，授权银行代理保管和收取，以确保应付和应收票据的协调管理，进而优化财务结构并降低资金支出。

③保证金池的设立旨在通过专门的保证金账户实时归集和管理各种保证金，如投标保证金、履约保证金和工资保证金等。

④资产池的重点是对应收账款的管理，考虑在金融工具的辅助下将流动性较低的资产转换为高流动性现金资产。司库管理部门应依据账款质量对其进行分类，对优质应收账款进行保理或打包证券化，并利用企业优势进行销售，以提升流动性，并改善资金结构。

⑤负债池的建立涉及对企业负债状况的审查，应及时调整付款条款以使其满足最低业务要求。在合理安排融资计划的基础上对供应商进行

分类，以了解融资需求。

⑥外汇池的建设能实现本外币的一体化管理，并确保人民币具有跨境资金池业务资格。

（4）全面预算管理，完善计划支出

预算在司库管理中至关重要，需确保预算编制、过程监控及考核分析等流程的全覆盖。通过现金流控制和战略实施，建立一个全面的预算编制、审批、监督和考核体系。在实施过程中，应遵循自上而下的原则，实施收支两条线的集中管理。

在整个预算过程中，各级子公司或施工分部在使用资金时需逐级上报，经过总部审批，并确保总部充分了解项目计划与执行情况。通过建立相应的成长机制，确保资金预算的严谨性。同时，要精确有效地控制现金流，减少备用资金的闲置。最后，强化成本管理和资金回笼，确保建筑施工企业的资金预算具有强制性，实现资金总阀门的"开源节流"。

（5）建立信息平台，推进数字化转型

在当今信息技术飞速发展的时代，建立司库体系是实现财务数字化转型的关键步骤。通过搭建司库数据平台，可以有效地实现跨地域、跨时区的集中管理，克服分散管理的弊端，并在网络技术和计算机技术的支持下推进业财一体化。在构建信息化系统的过程中，应聚焦于信息系统的核心建设，确保系统安全和数据规范。

通过构建全方位的集成体系，优化数据链路，使其成为业财一体化资金管理的高效支持。在数据仓库的构建过程中，要去除冗余数据，避免重复计算，提升数据应用的有效性和参考性。此外，数据整理应遵循统一性、适用性和可扩展性的原则，实施全生命周期管理，使历史数据发挥价值，从而提高司库信息共享的质量。通过建立上下级信息交流机制，确保司库信息的一致性和协同性（如图10-1所示）。

（6）健全风险管理，完成多维监控

在建筑施工企业资金的控制过程中，风险无处不在，因此在引入司库管理体系时，需要采取针对性措施，改变以往企业在资金管理中的被动状态。这不仅包括防范来自市场竞争机制的外部风险，还包括预防和控制资金流动的内部风险。

通过拟定系统建设方案、实施云端技术应用、进行系统持续优化来支持司库管理

构建数据管理机制，进行数据全生命周期的管理，规范数据标准，打通数据链路，加强数据管理，发挥数据价值

系统建设　数据管理

系统安全　系统设计

司库系统规划全过程需严格依照信息安全保密要求，执行规范的系统搭建、实施与运行维护流程，保护企业的系统与数据安全

通过搭建系统设计方案、构建司库数据结构，实现全种类全功能覆盖、全方位系统集成、全范围机构纳入与全流程联通监控

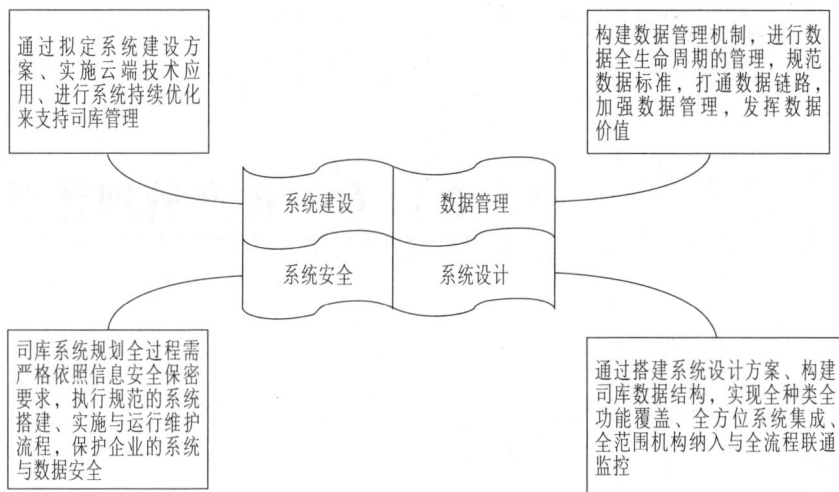

图 10-1　信息平台建设核心

在内部风险防控方面，以风险防控为核心，通过选择必要的风险对冲工具，在避免投机交易的同时，有效控制风险，并紧密跟踪宏观环境和政策的变化，以实现快速响应。此外，在内部风险防控过程中，应结合外部风险防控，通过建立管理模型，有效防范融资风险和运营风险。

同时，风险监控也是不可或缺的环节。在设置司库体系监控程序时，应实现监控重点的转移，通过选择多维监控设计体系，实现三级维度的全面覆盖。首先，建立内控第一道防线，从管理人员入手，使其成为管理活动的积极倡导者和推动者。其次，设置内控部门和风险部门，并为各级人员赋能，以实现全面监控。最后，审计部门作为内控的最后一道防线，发挥着重要的作用。

第11章 资产管理体系

建筑施工企业在结算周期长、资金占用大和回款缓慢等方面具有特殊性,同时,其存货和固定资产种类繁多、数量庞大且调拨频繁,使得资产管理的复杂度远超其他行业。要在竞争日益激烈的市场中立足并发展,强化资产管理是建筑施工企业的必由之路。良好的资产管理有助于确保资产账目与实际情况一致,降低财务风险,从而全面提高财务管理的效率和品质,进而增强市场竞争力,促进企业健康持续发展。

11.1 建筑施工企业资产管理体系构建

在数字金融背景下,建筑施工企业可以借助数字化技术,遵循资产管理全生命周期的理念来优化其资产管理流程。通过构建一个集成的资产管理平台,企业能够有效打破业务与财务活动之间在数据记录、分析处理等方面的信息壁垒。该平台从前端的建设工程项目开始,实时收集并传递关于资产使用、损耗、报废的具体信息。随后,这些信息被送往专业的数字化中心进行筛选、整合和分析处理。最终,后端的财务部门、采购部门、固定资产及无形资产的管理部门等将参与到基于这些信息的绩效评价和资产应用效果评估中，形成一个综合性的管理业务闭环。

11.1.1　明确数字化管理的责任主体

在构建资产数字化管理体系之前，要确定建筑施工企业中负责总项资产管理的领导部门，并确保所有具体管理各类资产的部门都听从这一领导部门的指导。在此基础上，要建立一套从上到下的资产管理责任体系，包括资产数字化管理委员会、资产管理数字化运行维护办公室以及执行具体职能的科室。这样的体系能够确保资产管理的各个环节都能得到有效协调和监管。

11.1.2　业务数据和财务管理数据的数字化融合

建筑施工企业应积极采纳电子标签技术作为数字化管理平台的数据采集手段，以便迅速且准确地录入资产数据。通过这种方式，企业可以即时将资产的分布情况和使用状态等信息纳入系统管理之中，并将这些数据传送至数字化管理平台，从而实现资源的高效配置和实时监控。安装在设备上的数据采集器能够实时记录资产的特性和状态信息，包括资产的类型、数据以及使用状况等。

11.1.3　开发企业资产数字化管理平台

建筑施工企业应因地制宜，结合建筑施工行业特点，开发适合企业的全寿命周期资产数字化管理平台。

（1）采购过程数字化管理

数字化管理平台应当对往年各部门和项目组所使用的设备采购情况进行统计、处理和分析，同时，结合使用后的成果数据分析，评估资产的业务效益与采购前的可行性研究之间的偏差程度，以此作为重要参考数据。

（2）使用过程数字化管理

在构建建筑施工企业的资产数字化管理系统时，必须具备全面、有效、真实的现有资产数据。利用数字化管理平台，资产管理部门可以实时监测各项资产的使用时间和频率，确保对资产数量和价值的精准掌控，并及时进行补充和维护。

（3）报废过程数字化管理

当建筑施工企业的资产需要进行处置时，通常涉及由相关部门和项目组提交处置申请、评估资产价值、企业管理层做出处置决策，以及上级部门的审批等流程。数字化管理平台能够持续追踪并监测易损耗资产的健康状况，资产管理部门还须定期检查资产健康信息的真实性。在资产处置过程中，相关部门可通过数字化管理平台从业务和财务角度评估资产是否达到报废标准，平台则会根据市场数据综合计算出资产的市场处置价格，为待处置资产提供一个合理的价格区间。

11.1.4 建立资产数字化运行的绩效评价体系

数字化管理平台能对资产采购后的应用情况进行分析，以使用时间、频次、数量及价值为主要评价指标，并结合采购预算、人工成本、维修费用等各类支出，以及项目的复杂程度，选择合适的数据处理范围，从而构建数字化的资产应用绩效评估体系。

11.2 建筑施工企业流动资产管理

在建筑施工企业资产中，流动资产是最活跃的部分，加强流动资产管理无疑是建筑施工企业资产管理的重要内容。近年来，随着国家经济的飞速发展、基础设施的不断更新和发展，以及建筑市场前所未有的活力和建筑施工团队的快速壮大，建筑市场竞争越来越激烈，内外部环境的影响造成了施工企业普遍存在流动资金紧张的问题。因此，加强建筑施工企业流动资产管理就显得尤为重要。

企业的流动资产是指其预计将在一年或一个运营周期内变成现金或被消耗的资产，对企业财务状况有显著影响，体现了企业的即时支付能力和短期债务偿还能力。在流动资产的周转循环中，资产从最初的货币形态出发，经过一系列形态变化，最终再次回归到货币形态（包括货币资金、储备资金、固定资金、生产资金、成品资金、结算资金等环节）。

11.2.1 流动资产管理要求

（1）合理配置，保持最优流动资产结构

流动资产结构涉及各类流动资产在企业总流动资产中所占比例的问题。通过对流动资产结构的深入研究和分析，企业可以了解自身流动资产的总体布局及其在不同周转阶段的比例关系。在此基础上，企业能够在保持资金总量不变的前提下，通过合理的配置和组织，确保流动资产以科学的方式存在于多种形态之中。

（2）加速流动资产周转，提高其使用效率

在流动资产的使用周期中，其资产形态的连续转变对于企业再生产的顺畅进行和企业盈利能力的提升至关重要。在特定时间内，流动资产周转的加速意味着相同数量的流动资金可以产生更大的效益，同时减少资金的占用总量，进而降低资金成本并提高企业的经济效益。

（3）正确处理盈利和风险的关系

流动资产的多寡直接关系到企业偿还债务和支付利息的能力。若流动资产过少，企业的偿债能力会减弱，从而增加风险。在资金总量固定的前提下，流动资产的增多会导致企业的盈利能力相对下降，但风险较小；然而，过多的流动资产也会带来较高的机会成本。因此，企业需要根据自身的运营需求、经济发展的不同阶段以及市场状况，合理确定流动资产的数量。企业应寻求高利润与低风险的平衡点。

（4）合理筹集流动资金

融资管理的具体目标是以最低的成本筹集到所需的资金。所以，在筹集流动资金时应考虑筹资成本的影响因素，如融资渠道、融资方式、融资难易程度、融资的社会反应等，以获得融资方式的最优组合，降低综合资金成本。

11.2.2 应收账款管理

应收账款是企业在生产和销售商品、材料或提供服务时，提供的商业信用形式之一，通常涉及延期付款的结算方式，由此产生向客户如承包商等索取的款项。对于建筑行业而言，应收账款主要包括工程款和销售货款。这类应收账款通常基于合同或价格确认书，是建筑施工企业在施工过程中对发包方或分包方提出的短期债权要求。鉴于此，企业应强化对应收账款的管理，保障其安全性与完整性，并加快资金回收速度。

（1）应收账款管理目标

由于建筑产品的特殊销售方式和建筑产品市场的激烈竞争，应收账款（应收工程款）在建筑施工企业资金中占有很大比重，是导致建筑施工企业资金紧张的主要因素。因此，管好应收账款（应收工程款）具有重要意义。对于建筑施工企业来说，应收账款的处理贯穿于合约执行的整个流程，有时候会延伸到项目和服务完成之后的数年。

应收账款本质上反映了建筑施工企业与其承包单位或其他合作伙伴之间的商业信用关系。通过运用应收账款，建筑施工企业能够在市场中增强自身的竞争力，拓展承包范围，从而有望提升收益水平。然而，应收账款的存在同时也带来了风险和成本。因此，企业应收账款管理的核心理念是在充分挖掘其功能优势的同时，努力降低相关成本。这意味着企业通过提供商业信用、扩大工程承包和产品销售所获得的额外收益，应当超过因应收账款而占用的资金成本、管理费用以及潜在的坏账损失。

（2）应收账款日常管理

①应收账款追踪分析

应收账款追踪分析是指在商品售出后，对相应的应收账款流转情况进行持续监控和评估，尤其是对于那些金额较大或在信用方面存在疑虑的客户所进行的赊销。企业在收款前应考虑实施对应收账款的深入跟踪分析，包括对其信用状况和偿债能力的持续调查和分析。

②应收账款账龄分析

应收账款账龄分析是日常财务管理的关键工具。通常而言，账款拖欠的时间越久，回收的机会越小，转化为坏账的风险也越高。因此，企业可以通过制作账龄分析表来审视应收账款的年龄分布，密切监控各类应收账款的详细情况，实施严格的监管，并采取适当的催收措施，制定有效的收账策略，从而提升应收账款的现金回收效率。

③应收账款收现保证率分析

鉴于企业在当期面临的现金支付需求与其应收账款的现金收入之间存在不对等的情况，且表现出预先支付和延迟收入的特性，这要求企业必须为应收账款的现金收入设定一个必要的管理指标，也就是应收账款收现保证率。其计算公式如下：

$$\frac{\text{应收账款}}{\text{收现保证率}} = \frac{\text{当期必要现金支付金额} - \text{当期其他稳定可靠的现金流入总额}}{\text{当期应收账款总计金额}}$$

应收账款收现保证率这一指标揭示了在特定会计周期内，企业必须依靠有效收回应收账款来补充的最低现金支出额度。它同样表明了未来实际收回的款项是否足以覆盖同期的必要现金支出，尤其是那些有硬性约束的税务义务以及无法延期或更换的到期债务。

企业应定期核算实际的应收账款现金收入比率，以确认其是否达到了既定的管理目标。若发现实际现金收入比率低于设定的应收账款收现保证率，企业须调查原因并采取相应对策，以确保拥有足够的流动资金来满足同期的现金支付需求。

④应收账款坏账准备制度

尽管企业可能会实施严格的信用控制措施，但在商业信用交易中，不可避免地会面临坏账风险。为此，企业需要建立一个完善的坏账准备金体系，这是应收账款管理工作的重要组成部分。企业计提坏账准备，并不等同于放弃了向欠款方追索的权利，企业依然保有依法追回款项的权利。同时，企业对于这类应收账款的管理不能因此而松懈。

11.2.3　存货管理

在建筑施工行业，存货涵盖了企业日常运营中持有并预备销售或使用的各类资产。这些资产可能正处于生产阶段，或是作为原材料、构件或成品存在。有效进行存货管理的宗旨在于调控存货的数量，力求在充分利用存货作用的同时，减少存货带来的相关成本。

（1）存货管理目标

在理想状况下，如果建筑施工企业能够即时购买所需原材料或在销售物料时立即补充存货，那么就不需要保持库存。然而，在现实中，建筑施工企业总是需要一定量的存货储备，这自然会占用一定资金。在使用货币资金订购材料到材料出库的过程中，所占用的流动资金被称为存货储备资金。在建筑施工企业的流动资产中，存货储备资金通常占据相当大的比例。由于施工生产本质上是对建筑材料的持续消耗，而企业的存货储备资金量大且周转频繁，如何高效利用这部分资金成为提升企业资产流动性、加快资金周转速度、提高资金使用效率的关键所在。因此，加强对储备资金的管理是建筑施工企业财务管理的重点，也是提高企业经济效益的重要手段。

当库存数量增加时，其所需的储备资源也随之提高，导致相关的库存、保证、维修和管理成本上升。反之，如果库存数量不足，出现短缺，将导致生产中断，甚至错失优质的销售机遇。因此，库存管理的核心任务就是在各种库存成本和库存收益之间寻求均衡，以实现二者的完美融合，这便是库存管理的宗旨。

（2）存货管理常用方法

①经济批量与最佳订货周期的确定

一项关键的存货管理任务，便是确定在存货成本达到最小值时的采购数量，称为经济批量或经济订货量。经济批量的确定可以借助存货基本数学模型，而存货基本数学模型的建立和使用一般都有前提条件。因此，经济批量的确定方法不止一种，常见的有经济批量基本模型和改进模型、图示法、公式法等。

在确定了某个特定时间段的库存总需求之后，建筑施工企业可以进一步确定最佳订货次数和订货周期。

②归口分级管理

实行归口分级管理，主要包含以下三个方面的内容：

首先，财务部门负责对企业的存货资金实施统一的监管，具体职责涉及计算存货资金的使用额度，拟定资金使用规划，将规划指标逐级分配到具体的执行单位及个人；同时，还需对资金的使用效率进行监督、分析以及绩效评估。

其次，基于存货的实际流动、存储及应用状况，遵循资金运用、实物控制与资金管理相结合的原则，明确界定供应、生产和销售等不同阶段的存货管理责任部门。

最后，负责部门需进一步将存货管理职责细化，确保每一层级的下属单位或个人都能明确自己的任务与责任，旨在实现对企业存货资金的有效监控与优化使用。

③存货质量管理

存货质量管理的内容包括存货的实物质量、收益性和流动性。

④存货ABC分类管理

存货ABC分类管理是根据存货的重要性和价值将其分为A、B、C三类，实施不同的管理方法。在建筑行业中，这种方法被用来管理工程施工所需的材料，即根据材料的用途、用量和资金占用情况以及重要性将其分为A、B、C三类，并实施差异化的管理措施。具体来说：

A类材料通常是那些用量大、资金占用高且难以替代的材料，如特殊定制或关键结构组件，需要严格依照设计图纸进行审核，确保规格、型号和数量的准确性。

B类材料包括一些常规的主材料和辅助材料，其资金占用量介于A类和C类之间，通常按照行业标准和预算定额进行估算。

C类材料是用量小、资金占用低、不太重要的通用材料，可以通过简化计算方法进行估算。

⑤零库存管理

零库存管理的核心原则包括：构建一个无缝对接的采购、生产与销售流程，以保证业务的流畅运转；根除企业内部的任何形式的延误和准备工作，减少资源浪费；制订一套全面且高效协同的物资需求与供应计划；与供应商建立牢固的合作关系，仅在需求发生时才通知供应商进行配送；实施严格的供应链管理，选择有限数量的优质供应商进行合作；利用电子数据交换技术，确保信息的即时共享和处理。

11.3　建筑施工企业固定资产管理

建筑施工企业从事施工生产经营活动，离不开劳动资料。有些劳动资料投入生产经营活动后，其实物形态随着一个生产经营循环的终结而消亡，其价值也相应地一次性转移到企业成本、费用当中，如架料、板料等，而有些劳动资料经历若干个生产经营循环后，其实物形态仍保持完整，价值逐渐分次转移到企业成本、费用当中，如建筑施工企业的房屋建筑物、施工机械、运输设备等，这就是固定资产。固定资产是企业生产经营必不可少的物质资源，在建设公司的运营过程中，它扮演了极其关键的角色。因此，建筑施工企业必须加强对固定资产的核算和管理。

建筑施工企业的固定资产定义为在进行施工、提供服务、租赁或进行日常管理等活动过程中所持有的、具有高单项价值、使用寿命较长的有形资产。这些资产通常包括建筑物、机械设备和交通工具等。值得注意的是，即使某些资产的单价低于规定的固定资产门槛，但若它们是企业的主要生产工具，则仍应记入固定资产范畴。反之，单价超过标准但更换频率高且易损的资产，可能不被视为固定资产。此外，对于那些并非核心生产设备的物品，如果其单价超过 2 000 元并且预计使用寿命超过两年，通常也需要作为固定资产来进行管理。

11.3.1　固定资产日常管理

（1）固定资产取得时的管理

建筑施工企业可通过多种途径获取所需固定资产，以确保基建施工和生产经营活动的顺利进行。根据现行财务制度的规定，企业必须及时依据确切的取得成本计算并记录固定资产的入账价值。取得成本涵盖了固定资产从获取到达到可用状态之前所产生的所有合理必要费用，如购买价格、进口关税、运输及保险费、仓储和包装费用以及安装和调试费用等。对于企业新增的固定资产，管理部门需与相关部门协作，深入实地进行验收工作，认真审核相关凭证，核对数量、检验质量、确认价格和购买成本，从而确保发现的问题能够得到及时妥善的处理。

（2）固定资产使用中的管理

①编制固定资产目录

依照国家财务规定及企业实际情况，企业应采用合适的方法编制固定资产目录，并获得相应管理层级的批准后，依法向有关部门报备，以界定固定资产的核算与管理边界。

②建立固定资产账目、卡片

为确保企业固定资产变动、使用和流转情况的详尽、精确和时效性反映，财务部门及各使用单位须设立并定期校验各自的账簿。固定资产卡片针对每一项固定资产独立制作，详尽记录其分类、编码、名称、型号、预期寿命、购置成本以及相关的维护、内部调拨、停用等信息。在固定资产被调配或报废时，应依据相关凭证更新卡片信息，并废止卡片存档。固定资产卡片通常有多个副本，由财务部门、资产管理部门、使用部门及其他相关部门分别管理和保存。

③实行固定资产归口分级管理制度

为确保固定资产的采购、建设、验收、使用、保养、调配、盘点和报废等流程得到严格执行，从而避免资产的流失、损坏或技术性能下降，建筑施工企业应执行固定资产归口分级管理制度。通过合理划分权责，将资产管理与生产技术管理相融合，鼓励各级职能部门和员工积极参与。一方面是固定资产的归口管理，在企业领导及财务负责人的指导下，由财务部门统筹协调，根据资产类型分配给相应的职能管理部门。另一方面是固定资产的分级管理，遵循"使用者即管理者"的原则，将管理责任具体化至工程项目组、施工队伍、班组乃至个人，实施分级责任制，并对归口管理部门负责。

④定期检查盘点固定资产

建筑施工企业须定期执行固定资产的审查和清查程序。对于盘点中出现盈余、亏损或损坏的固定资产，必须调查清楚原因，并出具书面说明。

⑤实行固定资产更新年限的经济性原则

固定资产更新需要企业投入一大笔资金，而且存在更新的经济寿命和技术寿命的问题，因此，在固定资产更新时需要进行相应的决策分析，根据经济合理的原则确定何时进行更新。

⑥确保固定资产的充分使用和坚持固定资产生产最大可能性原则

固定资产在一定程度上的闲置和浪费会给建筑施工企业造成不必要的支出，因此要将建筑施工企业固定资产全部投入使用，尽量避免闲置和浪费。对于未使用的固定资产，应将其尽快投入使用。对于不需要的固定资产，若有一定经济价值，应将其出租或者进行其他产品的生产加工；否则就应将其立即出售或处理，以及时收回资金，使生产经营和服务领域固定资产所占比重最大。

⑦计提减值准备

根据现行财务制度的规定，企业在会计期末须比较固定资产的账面价值与其可回收价值。若发现账面价值超过可回收价值，企业应基于两者之间的差额来计算固定资产减值准备金，并据此确认减值损失。

（3）固定资产处置的管理

①固定资产调出与报废管理

企业应建立相应的固定资产变动、转移和报废等手续制度。在调出固定资产时，企业须核实相关的调拨手续，对实物进行质量评估和计价，并办理完备的报批手续。报废的固定资产也须按照规定程序办理报废手续。一旦固定资产被批准报废并清理，财务部门须与其他相关部门共同前往现场参与鉴定和核实，并妥善完成残料的入库及变价收入入账等工作。

②固定资产出售管理

企业应将不用的固定资产进行及时处理，如出售。出售固定资产时应对固定资产的价值进行考察，并办理相关的会计手续。

11.3.2　固定资产折旧

固定资产折旧涉及固定资产在使用寿命内因磨损而减少的价值。因而固定资产成本需要在其有效使用期限内逐期摊销，计入相应的成本中，并通过各期的营业收入得到相应补偿。这一过程，即将固定资产成本分摊到各个会计期间的做法，被称为计提固定资产折旧。

（1）固定资产折旧需考虑的因素

企业进行固定资产折旧计提，实质是将固定资产的折旧总额——原始价值减去预计净残值后的金额——在预计使用年限内均匀分配。因此，在计算特定会计期间的折旧额时，企业需考虑以下关键要素：固定资产原值、预计净残值、预计使用年限和折旧方法。

根据固定资产的相关会计准则，企业每年年底都应重新评估固定资产的使用寿命、预计净残值以及折旧方法。这种复核的必要性源自两个方面：首先，固定资产在运行期间可能会受到经济和技术环境变化的影响，这些变化可能缩短其预期的使用寿命，降低其预计的净残值。其次，随着经济和技术环境的变化，固定资产带来的经济效益的实现方式也可能发生变化，这可能导致企业需要调整其折旧方法以更准确地反映资产的经济效益。

（2）固定资产折旧的计算方法

建筑施工企业在选择折旧方法时，应考虑与其固定资产相关的经济利益预期实现的模式，并据此做出合理决策。常见折旧方法包括年限平均法（直线法）、工作量法（单位产量法）、双倍余额递减法和年限总和法等。一旦选择了折旧方法，通常情况下不应随意更改，以确保会计信息的连贯性和比较性。

①年限平均法（直线法）

年限平均法将固定资产的总折旧额平均分摊至每个会计期间，计算过程简便，适用于那些在各个会计期间损耗程度大致持平的资产。计算公式如下：

$$固定资产年折旧额 = \frac{固定资产原值 - 预计净残值}{预计使用年限}$$

在具体操作中，折旧额的确定通常是通过固定资产的原值乘以相应的折旧比例来实现的。所谓折旧率，实际指在一个特定时间段内，固定资产的折旧费用与其原始购置成本的比值。计算公式如下：

$$固定资产年折旧率 = \frac{固定资产年折旧额}{固定资产原值} \times 100\%$$

$$固定资产年折旧率 = \frac{1 - 预计净残值率}{预计使用年限}$$

$$月折旧率 = \frac{固定资产年折旧率}{12}$$

$$月折旧额 = 固定资产原值 \times 月折旧率$$

②工作量法（单位产量法）

工作量法基于固定资产在生产和施工活动中实际执行的工作量来确

定每期的折旧额，适用于那些在不同会计周期使用强度波动较大且难以均匀分配折旧成本的大型设备和机械。用于计提折旧的工作量有机器设备的工作小时、运输车辆的行驶里程、大型施工机械的工作台班等。计算公式如下：

$$单位工作量应提折旧额 = \frac{固定资产原值 \times (1 - 预计净残值率)}{预计总工作量}$$

$$\frac{某项固定资产}{月折旧额} = \frac{该固定资产单位}{工作量应提折旧额} \times \frac{本月该固定资产}{实际完成的工作量}$$

③双倍余额递减法

双倍余额递减法假设不考虑固定资产残值，将年初固定资产账面价值乘以两倍的直线折旧率来确定折旧额。随着时间推移，固定资产的账面价值会逐年减少，因此折旧额也会相应递减。计算公式如下：

$$年折旧率 = \frac{2}{折旧年限} \times 100\%$$

$$年折旧额 = 年初固定资产账面价值 \times 年折旧率$$

当采用双倍余额递减法对固定资产计提折旧时，通常会在固定资产预计使用寿命的最后两年内，对其账面价值进行调整。具体做法是将固定资产账面价值减去预计净残值后，将剩余价值平均分摊至最后两年，并按照直线法计算这两年的折旧额。这样做的目的在于确保该固定资产在其预计的使用寿命内累计的折旧总额达到或超过其原始购置成本。这种做法有助于避免固定资产在使用寿命的最后阶段出现过大的折旧费用，从而保持财务报表的稳定性和可预测性。

④年数总和法

年数总和法首先从固定资产原始价值中扣除预计净残值，然后将剩余金额与一个逐年减少的分数（折旧率）相乘以确定每年折旧额。该分数由两个部分组成：分子表示剩余的使用年份，分母是从资产开始使用起至预计报废年份止所有年份数字的总和。随着资产使用年份的增加，每年适用的折旧率逐渐降低，从而使得折旧额逐年递减。计算公式为：

$$年折旧率 = \frac{尚可使用年数}{预计使用年限的年数总和} \times 100\%$$

$$= \frac{预计使用年限 - 已使用年数}{预计使用年限 \times (预计使用年限 + 1) \div 2} \times 100\%$$

双倍余额递减法和年数总和法被称为加速折旧法，特点是在固定资产使用初期提取较多的折旧费用，而在后期提取较少的折旧费用，目的是确保固定资产的成本能够在预估的使用期限内尽快得到充分补偿。通过这种方式，企业可以在资产的使用早期阶段充分利用其生产能力，同时，在资产接近报废时，减少每年的折旧支出，使财务报表更加稳健。

（3）计提折旧的范围

对于建筑施工企业而言，固定资产业务的折旧计提应按月进行，并以月初固定资产账面价值为基础计算。新增加的固定资产在当月不计提折旧，而是从次月开始计提；当月减少的固定资产，仍然需要计提折旧，但从次月起停止计提。一旦固定资产折旧完成，即使继续使用，也不再进行折旧计提；若固定资产提前报废，之前未计提的折旧也不得补充计提，相应的净损失应计入企业的营业外支出。

11.4 建筑施工企业无形资产管理

无形资产虽无实物形态，但在企业运营和发展中扮演着不可或缺的角色。然而，传统上建筑施工企业更多关注有形资产管理，对无形资产的利用和管理不够重视。常见情况是，一些建筑施工企业不了解无形资产的价值，允许他方以低廉的价格挂靠或无偿合作，从而共享企业的无形资产。特别是在建筑企业集团中，资质共享现象较为普遍，即集团母公司资质被多个子公司共用。由于子公司间的利益差异，一旦某子公司出现问题，可能会影响整个集团声誉。鉴于此，现代建筑施工企业亟需更新管理理念，强化对企业无形资产的重视。

11.4.1 无形资产概述

无形资产指由特定主体所拥有，非实体性质，能够为企业长期带来经济效益的资源。建筑行业的无形资产包括企业资质等级、过往经营成果、获得的优质工程奖项、内部定额标准、掌握的新工艺和技术、新材料应用知识，以及经验丰富的施工管理和专业技术人才等。

11.4.2 无形资产经营

建筑施工企业无形资产的经营方式大致可分为五种：

（1）转让

建筑施工企业持有无形资产，有权依法将其全部或部分财产权利进行转让。根据转让权利的性质，转让主要分为两种情形：一是转让无形资产的所有权，通常出现在企业预计从自身资产获得的收益低于直接出售无形资产时；二是仅转让某些权利，即在法律允许范围内转让使用权、收益权等特定权利。转让完成后，企业还需妥善处理技术支持服务的资金回收工作以及可能产生的侵权责任追索等后续管理事项。

（2）租赁

建筑施工企业有权依法出租其无形资产，例如土地使用权，并将其提供给其他企业以换取租金。这种做法实际上涉及转让无形资产的收益权。

（3）质押

依据《中华人民共和国民法典》的相关规定，建筑施工企业可以将依法可转让的商标权、专利权、著作权中的财产权用作权利质押。进行此类操作前，企业必须与对方签订书面合同，并且需要向负责管理相应无形资产的官方机构提交出质登记手续。

（4）特许经营

建筑施工企业可通过授权许可的方式，将其依法获得的各种专有权，包括商标、商号、专利、专有技术、产品配方和经营管理模式等，赋予被授权方使用，并从中获取授权费用。这种行为本质上涉及的是无形资产使用权的转让。

（5）对外投资

在进行无形资产的对外投资活动时，建筑施工企业应当按照常规的对外投资管理规范执行。这包括开展必要的前期可行性研究，遵循既定的授权审批流程，并对投资协议中的相关条款进行仔细审查。这些措施旨在确保双方的权利和责任得到清晰界定，同时也要确立收益分配的具体方式。

第12章　内部控制与风险管理体系

12.1　建筑施工企业内部控制与风险管理体系构建

内部控制体系对于建筑施工企业来说，是其经济活动尤其是财务管理的基础，有助于制度化和规范化。因此，企业需要根据相关政策和法规，结合自身经营情况，制定内控与风险管理手册，以此作为建立、实施、评估和维护内控与风险管理体系的重要依据。在此基础上，企业应增强管理层和员工的危机意识和管理能力，推进业务的标准化和规范化，并建立内审机制，以便及时发现并纠正问题。通过不断的改进和完善，构建一个动态的内控与风险管理体系。企业还需制定一套完整的方法论和指导原则，针对风险识别、评估、控制和内控评价等日常工作，提供具体的操作指南和模板，以确保内控与风险管理的实用性。在现有管理体系的基础上，企业应利用现有的管理优势，持续改进，并与其他规章制度保持一致；对于不再适用的管理制度，应及时更新和完善。在构建和运行内控与风险管理体系的过程中，企业应以满足外部监管和内部管理为目标，既要为战略目标的实现提供支持，又要满足国资委、行业协会等监管机构的要求。手册的编制应以满足内部监管需求为核心，以提高企业的内控和风险管理能力为重点，并综合考虑内外部环境的需求。

　　建筑施工企业的内部控制与风险管理体系由五大要素组成（如图12-1所示）：内部环境、风险评估、控制活动、信息沟通、内部监督。这些要素相互作用，共同构成完整的内部控制与风险管理架构。其中，内部环境是整个体系的基础，风险评估是关键环节，控制活动是实施手段，信息沟通是必要条件，而内部监督则提供了必要的保障。

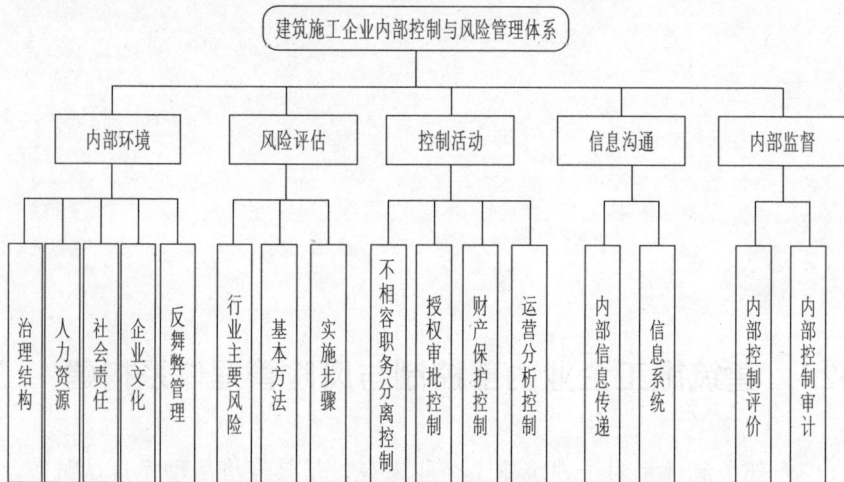

图12-1　建筑施工企业内部控制与风险管理体系

　　此外，企业的核心业务流程也是内部控制与风险管理体系的重要组成部分，它涵盖了流程目标、控制目标、业务风险、关键控制点、流程图及其详细说明等内容。通过有效的风险管理，企业可以确保风险处于可控范围内，从而实现既定的控制目标。

12.2　确定内部环境

　　内部环境是企业文化的体现，对员工的工作态度和积极性有直接影响。它是内部控制体系的核心，为其他内控要素奠定基础，并保障内控的有效执行，对企业经营和战略目标的实现起着关键作用。内部环境包含治理结构、人力资源、社会责任、企业文化和反舞弊管理等方面。作为国民经济支柱的建筑施工行业，不仅劳动力密集，而且其发展能带动运输、采矿、机械制造、建材、冶金以及科研等众多领域的发展。因此，建筑施工企业在运营中必须严格遵守国家的安全生产法律法规，追求规范化行为、先进设备、安全环境、精细管理和高效安全的管理目标。

12.2.1　治理结构

治理结构是建筑施工企业内部控制环境的关键，一个健全的治理结构能够为企业提供一个清晰的内部控制环境。企业应依照国家法律法规和自身章程，构建规范的治理结构和决策规则，界定决策、执行、监督等各方面的权责，形成有效的职责分工和相互制衡机制。若治理结构设计不当，不仅缺乏科学的决策和运行机制，还可能导致企业经营不善，无法实现长远战略。同时，不合理的内部结构设置还可能造成组织重叠、职能混乱、效率低下等问题。

在具备条件的情况下，建筑施工企业应依法设立包括股东大会、董事会、监事会、管理层在内的法人治理结构，实现所有权与经营权的分离，以及决策、执行、监督的分立，同时，应明确各机构的职责权限、任职资格、议事规则和工作流程。董事会需对自身权责有清晰认识，并具备足够的时间和经验，勤勉尽责。独立董事要符合规定并有效履行职责。监事会需保持独立性，具备监督能力，确保董事会和管理层正确行使职权，防止损害企业利益的行为发生。管理层的工作应受到监督，并建立必要的监督约束和绩效考核机制。

在构建组织机构时，企业必须确保与控股股东相关的信息披露遵循规定，及时且完整，以避免监管处罚。具体措施如下：第一，企业应遵循"科学、精简、高效、透明、制衡"的原则，结合建筑施工企业的特性、发展战略、文化理念和管理需求，合理安排内部职能部门，明确各自职责和权限，防止职能重叠、缺失或权力过度集中，形成各尽其职、各担其责、相互监督、相互协作的工作模式。第二，在组织架构设计时，企业应遵循不相容岗位分离的原则，识别这些岗位，并根据评估结果建立内部控制机制。特别是在处理重大或高风险业务时，企业必须考虑在不同层级、部门和岗位之间设立隔离和强制措施。对于那些因人手不足或业务简单而难以实现岗位分离的情况，企业可以采用专项审计来降低风险。第三，企业应制定组织架构图、业务流程图、岗位说明书和权限指引等内部管理文件，让员工清楚组织架构和权责分配，正确完成工作任务。第四，企业应建立定期或不定期的培训体系，根据业务发展和技术变化的需要制订培训计划，包括新员工入职培训、岗位变动培训、晋升培训和各类岗位技能培训等，以确保员工具备相应的胜任能力。第五，企业的重大决策、重要事项、关键人事任命和大额资金支付业务等，都应按照既定权限和程序进行集体决策或联签制度，任何个人均不可单独做出决策或擅自更改集体决策。总之，为了满足企业内部控制和风险管理要求，企业一方面要建立完善的法人治理结构，科学决策、良性运行、有效执行、相互制衡，确保企业战略目标的实现；另一方面要确保组织架构设置综合考虑发展战略、管理要求、企业文化等因素，组织结构设置科学合理、机构运行顺畅、控制监督有力。

12.2.2　人力资源

由于建筑施工企业缺乏固定生产场所和部门，人力资源管理面临挑战。这类企业的特点通常有：人员结构复杂，大量依赖体力劳动者，整体素质相对较低，人员协调性差，流动性高，培训机制不完善，以及人力资源评价信息收集困难。在人才管理方面存在诸多问题，如激励机制不完善导致员工积极性不高，长期施工导致家庭分离，人力资源投资不足，人才素质有待提升，优化配置不到位，企业文化过时且凝聚力弱，以及对新员工的支持和培养不足。

为优化建筑施工企业人力资源配置和布局，形成科学的人力资源管理机制，全面提升核心竞争力。企业应强化激励机制，充分调动员工的积极性，发挥员工的潜能和创造力，持续不断地为企业创造价值，确保企业战略目标的实现；合理引进人才，储备人才队伍，留住人才，切实做到人尽其用。建筑施工企业应从以下几方面着手：

（1）人力资源政策与程序：完善人力资源管理相关的规章制度；构建人力资源组织结构；科学设定职位；优化职务责任；实行灵活管理方

式；签订劳动协议等。

（2）人员招聘、晋升、使用与退出：制定人力资源规划；明确聘任条件；明确晋升路径；建立关键岗位定期轮岗机制；建立合理的人力资源退出标准等。

（3）人力资源培训：制订并实施年度培训方案；提供前置培训；进行职位培训等。

（4）薪酬福利：发放公平公正；构建有效的薪资管理体系；合理规划薪酬结构；运用多样化的薪酬形式等。

（5）绩效考核：建立科学合理的绩效考核体系；签订绩效合同；考核结果与薪酬福利紧密相连等。

12.2.3　社会责任

企业在其成长过程中有承担社会义务的责任。对于建筑施工企业来说，这主要体现在确保生产安全、保证工程及服务质量、推动技术创新和科技进步、实施节能减排和环境保护措施、促进就业机会以及维护员工的合法权益等方面。安全措施不到位或责任未得到履行，可能引发安全事故。工程质量不合格，可能会侵犯消费者的利益，导致企业面临巨额赔偿和声誉损害，从而影响其持续发展。环保投资不足和资源过度消耗可能导致环境污染和资源枯竭，企业也可能因此面临巨额赔偿和未来发展的困难。企业未能充分促进就业和保护员工权益，可能会降低员工的工作热情，从而影响企业发展和社会稳定。

企业履行社会责任，促进社会稳定，提升企业形象，促进企业可持续发展，具体措施如下：

（1）安全生产：优化机构防护架构；设置专门的安全监督者；遵循法律法规；完善管理制度、操作流程及应急响应方案；增加对安全的投入和定期的维护管理；构建工程项目的风险识别和层次分类的控制机制；设立所有层次的紧急处理方案；进行周期性训练；进行安全生产教学等。

（2）工程和服务质量：构建品质管理框架；设立建筑质量管理责任制度；进行深入的教育与评估；设立健全的奖惩措施；强化对建筑用材

的质量监管；增强对建筑材料的审查和管理工作；妥善执行材料的采购程序；加强工程现场施工管理工作等。

（3）资源节约和环境保护：宣传并执行国家和地方的环保法律法规和政策；建立和完善环境保护管理体系；执行环保技术的监管、对污染源的监控、环境数据的统计以及排污费的支付等任务；构建全面的评估考核系统，加强常规监控；完善激励约束机制，责任落实到岗位责任制，定期开展监督检查；持续提升自主创新能力和减少污染物排放等。

（4）促进就业和维护员工合法权益：改革过时且功利的雇佣理念；构建科学的薪资管理系统；为员工全额支付社会保险费；持续提升员工能力；维护员工身心健康；加强职代会和工会组织的建设；加强对工作场所疾病的预防、管理以及清理；定时为员工实施健康检查，构建职业健康记录；严格遵守《中华人民共和国劳动法》的相关条款等。

（5）增强企业履行社会责任意识：将社会责任作为核心议题，将其纳入企业战略规划中；加强全体员工的社会责任培训和普及教育；构建并优化执行社会职责的架构和操作流程；构建和优化企业社会责任的统计和评估系统；定期发布社会责任报告等。

12.2.4　企业文化

建筑施工企业的文化可以理解为在生产和经营活动中，以及企业变革实践中逐步构建的共识思想、工作风格、价值观和行为准则。这种文化体现了建筑施工企业的独特个性，涵盖了价值观、道德观、传统习惯、规章制度和精神面貌等多方面内容。企业文化是一个复杂且持续演变的体系，它渗透到企业内部和外部的各个方面，并贯穿于企业的整个生产过程。若企业文化不健全，企业可能会缺乏长远的发展视角，丧失竞争优势，甚至面临被市场淘汰的风险。如果企业文化未能得到定期的评估和更新，也可能导致企业无法适应新的发展需求，错失重要的发展机遇。

因此，建筑施工企业需要深入分析内外部的各种因素，并据此确定价值导向。这些价值标准是企业文化的核心要素，需要根据企业的特性、功能和市场需求来制定和推广。以人为本是最基础的价值标准，在企业文化建设过程中，应重视对施工团队的价值认可，投入情感，培养员工归属感,并加强职业精神与职业道德的建设,以确保员工从根本上接受和认同企业文化。同时,企业文化的建设需要具有针对性和时效性,并能够预测和反馈强化效果,不断深化和丰富企业文化的内涵。

为了营造积极向上、真实诚信、团结协作、公平公正、鼓励创新、以人为本、以客户为中心的优秀的企业文化,为企业发展提供精神支柱,提升企业核心竞争力,建筑施工企业应当采取以下措施:

(1)企业文化的建立:遵循"以人为本""以信誉为基础"的原则;聚焦于塑造以主营业务为中心的品牌价值;紧密结合企业实际情况;与企业物质文明和精神文明建设相结合等。

(2)企业文化的宣传贯彻:强化企业文化的传播与实践,将其贯穿于生产经营活动的每个环节;强化领导责任;注重"高层管理基调"的建立;编制员工手册等。

(3)企业文化的创新:制定企业文化建设评价指标体系,明确评级指标、分值、评价程序与方法;根据综合评估的结果,积极推动企业文化的创新发展。

12.2.5 反舞弊管理

建筑施工企业在舞弊行为方面存在较高的风险,包括但不限于:财务报表造假、资产不当占用、收入和支出的不合理处理、不当的关联交易、税务诈骗、贪污、接受贿赂和回扣等问题。构建一个高效的反舞弊体系对企业来说至关重要,它有助于预防、识别和应对舞弊事件,同时也是优化内部管理和完善内部控制的关键组成部分。为此,企业需要建立一套符合反舞弊标准的文化、政策和架构,明确反舞弊管理的关键领域、环节和责任权限。同时,企业还需要制定规范的程序来处理舞弊行为的举报、调查、处罚和后续的报告及补救措施。

为了防治舞弊,加强企业治理和内部控制,降低公司运营的风险,确保经营目标的实现和企业持续健康、稳定发展,新时代建筑施工企业可以采取以下措施:

(1)营造守法氛围,培育法律意识:重视对员工的法治宣传教育工作;制订法治宣传教育计划;加强以总法律顾问制度为核心的法律风险防范体制、机制、制度的建设；制定法律事务管理的操作规程，设立总法律顾问职位和独立的法律事务部门；设立并基于对实践的总结不断完善法律纠纷案件管理的办法；定期对法治建设情况进行督促检查。

（2）建立反舞弊机制：高度重视并强化相关制度的构建；明确举报、调查、处理、报告和补救的流程；建立举报投诉通报制度；定期举办反舞弊工作进展通报会议；完善员工及利益相关者的投诉举报机制等。

（3）反舞弊风险评估：对于内部审计，企业需要全面地思考所有的风险元素，并采取一系列的策略；构建反舞弊数据库，追踪企业可能存在的舞弊风险和发生的舞弊问题，并定期对舞弊风险、舞弊问题进行更新。

12.3　操作风险评估

建筑业作为国家经济的支撑性产业，其重要性随着社会发展而日益凸显。然而，由于该行业劳动力密集的特点，企业的利润边际逐渐缩小。业主对于预付款项的要求愈发严苛，价格竞争激烈，同时对工期和质量的标准不断提高，使得建筑施工企业在风险管理方面面临着更大的压力。目前，建筑行业主要面临以下风险：政策变动带来的不确定性、工程款支付过程中的潜在风险、投标报价过程中可能出现的问题、工程质量不符合标准的风险、业主信用不足的风险以及分包商可能产生的连带责任风险。

12.3.1　风险评估的基本方法

（1）确定风险度量标准

企业需依据自身特性来界定风险类别，并确立相应的风险衡量准则。这些准则既可以是定性的，也可以是定量的。所设定的风险容忍度标准通常以风险矩阵的形式体现，该矩阵基于关键业务指标，通过风险发生的概率和潜在影响这两个维度来构建。一旦风险矩阵确立，企业应根据自身的发展态势和外部环境的变化对其进行周期性调整。在评估风险发生的可能性时，可以综合运用定性与定量分析方法，将可能性划分为"低""较低""中等""高""极高"五个等级，分别对应1至5分的评分体系，见表12-1。

表12-1　　　　　　　　风险发生可能性评估表

		低	较低	中等	高	极高
定量方法	分值	1	2	3	4	5
定性方法	文字	未来5年内可能不发生	未来3~5年内，可能出现1次	未来1~2年内，可能出现1次	未来1年内，极可能出现1次	未来1年内，会出现至少1次

在评估风险发生后对企业目标影响的严重程度时，结合定性分析和定量测量的手段是一种有效的方法。企业可以针对其重点关注的项目，比如产出、资金流动、健康与安全、环境保护、成本控制以及储量等因素，将风险的影响程度划分为"不重要""较小""中等""较大""重大"五个等级，每个等级分别对应1到5分。对于每一个级别的指标，都需要设定具体的量化标准。表12-2表明了不同影响程度指标与其对应的分数的匹配关系。

表12-2　　　　　　　　风险影响程度定量标准示例表

		产出	资金流动	健康与安全	环境保护
		1	2	3	4
1	未来5年内可能不发生	对当年收入影响在1%以下	当年自有现金流量/当年资本支出额>0.1	对员工健康有轻微损害；在环保上极少部分没有达到国家和企业要求	对当年总成本影响在1%以下
2	未来3~5年内，可能出现1次	对当年收入影响在1%~5%之间	0<当年自有现金流量/当年资本支出额≤0.1	对员工健康已造成一定程度的伤害，如职业病，但未形成事故；在环保上没有达到国家环保要求，但不会对环境造成显著影响	对当年总成本影响在1%~5%之间

续表

		产出	资金流动	健康与安全	环境保护
		1	2	3	4
3	未来 1~2 年内，可能出现 1 次	—	—	—	—
4	未来 1 年内，极可能出现 1 次	—	—	—	—
5	未来 1 年内，会出现至少 1 次	—	—	—	—

（2）定性与定量评估

企业在进行风险评估时，可采用定量或定性的方法。这两种方法都需要明确风险发生的可能性和潜在损失。定量评估方法通常具有较高的准确性，但其复杂性也较高，往往需要构建数学模型。相对地，定性评估方法更简单易行，但它要求评估人员具备丰富的知识、经验和深刻理解风险事件的相关背景。企业可同时选择一种或多种风险评估方法。常用的方法有：事件库构建、深度访谈策略、集体创意激发、专家背对背咨询、风险阈值监控、圆桌讨论、流程效能评估、逆向因果推理、风险指标追踪、损失数据分析和调研问卷。

12.3.2 风险评估实施步骤

（1）风险评估流程图（如图 12-2 所示）

（2）风险评估主要步骤

①组建风险评估专项团队

由公司风险管理部门负责统筹，各相关部门指派风险联络专员，协同成立评估小组。

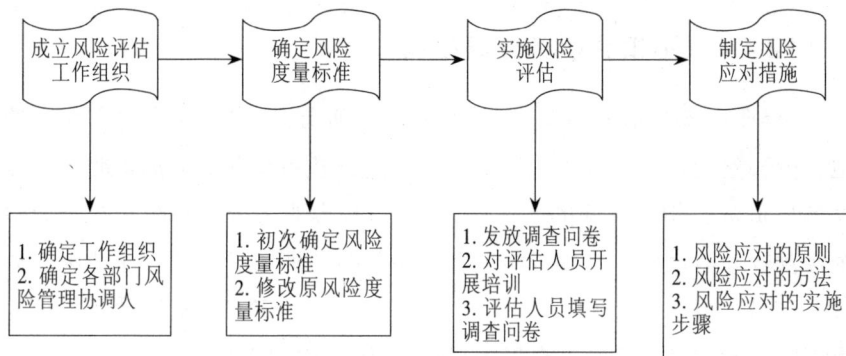

图 12-2　风险评估流程图

②设定风险评估基准

在企业首次实施风险评估且尚未建立风险评估标准的情况下，可通过向部门负责人及以上职位发放问卷（或通过访谈）的方式征集意见，制定初步的风险评估矩阵，并提交给高级管理层进行审批。在后续的风险评估过程中，风险管理部门需要对现有的风险矩阵进行复审，并根据实际情况提出改进建议。

③实施风险评估

风险管理部门向各业务单元分发"风险评估问卷"，并负责组织对各部门风险评估专员的培训；各部门的风险评估专员完成"风险评估问卷"，对识别出的风险源进行分析，并制定初步的应对措施。

④开发风险缓解方案

基于风险评估的成果，挑选合适的风险缓解策略与实施手段。

12.4　开展控制活动

建筑施工企业通过风险评估，确定相应的控制措施，以将风险维持在可接受的阈值内。这些控制活动是管理层风险应对策略执行的保证，贯穿于企业的各个分支机构和职能部门，是内部控制和风险管理体系的核心部分，也是防范风险的重要保障。

12.4.1　不相容职务分离控制

《企业内部控制基本规范》第29条明确指出："企业需要全面系统地分析和整理业务流程中的不兼容职务，并执行相应的分离策略，以建立各自负责、相互制衡的工作模式。"不相容职务分离控制是在企业整个经营管理活动中，在内部牵制条件下进行的职务分离。在企业中，如果一名员工可以通过某一职务弄虚作假、舞弊，又可以通过他所担任的另一职务掩盖，那么这两个职务就被称为不相容职务。

制定不相容职务分离控制制度时应注意以下几个方面：

（1）可行性研究与授权审批应当分离

可行性研究要求员工从宏观角度对企业进行全方位分析，涵盖技术、经济、财务及商业模式等诸多层面，旨在评估项目的可行性并为投资决策提供依据。当执行可行性研究的员工同时也担负着对项目授权审批的责任时，这种情形便构成了角色冲突，类似于运动员同时担任裁判员的职务。

（2）授权审批与业务经办应当分离

项目经过授权审批后，进入业务经办阶段。比如公司销售部门的主要任务是创造销售业绩，所以该部门希望产品卖得越多越好。现实中，企业销售产品的结算方式较多，其中赊销是较为常见的一种，但并非所有客户都可以选择赊销方式，需要考虑客户的信用情况等，客户是否属于可以赊销的对象应当由授权审批部门决定，不能由销售部门决定。

（3）业务经办与审核监督应当分离

业务经办过程中可能会出现问题，包括业务实施的进度、业务执行的情况，此时需要外部积极采取措施，严格开展审核监督工作，保证业务活动有序推进。这就要求审核监督人员必须站在客观的立场，才能实现客观的高质量的监督。

（4）业务经办与财产保管应当分离

业务经办职务与财产保管职务的分离，不仅能够有效防止可能存在的财务风险，而且能够实现两者的相互制约、相互监督，防止相关人员依托职务之便以权谋私，有效保证财务经济的可靠性。如果材料的采购与仓库的保管由同一个人负责，在缺乏监督的情况下，此人可能会虚报数量、价格等。

（5）业务经办与会计记录应当分离

以企业业务经办职务中最常见的采购人员为例，采购人员不能兼任单位的会计记录人员，主要是考虑到相关联的岗位极容易产生徇私舞弊现象，例如虚开发票、虚假报销等。为了保证财务工作科学、合理开展，相关联的部门职务应予以分离，防止因为工作便利而促使工作人员产生思想上的松懈，进而造成企业财务损失。

（6）财产保管与会计记录应当分离

会计与出纳相分离是企业中最典型的财产保管与会计记录分离控制的体现。尽管这是最基本的职务分离制度，但在现实中部分企业并未真正贯彻落实，使得企业内控失效，造成经济损失。

12.4.2　授权审批控制

依据中国《企业内部控制基本规范》，企业须遵循授权审批的规定，清晰界定各岗位的业务权限、审批流程和责任。所有管理层成员应在授权限度内履行职责并承担相应责任，业务人员同样应在授权范围内开展工作。授权审批应涵盖企业的全部经营活动，且根据活动的关键程度和涉及的金额大小，设置不同级别的审批权限。授权者执行审批职责时，须明确自身权限与职责范围，防止职责重叠或权责不清，以免影响企业运营效率。

（1）授权控制

恰当的授权可以减少管理者的工作负担，提高工作效率。适当的授权可以帮助管理层发现人才、培养人才。适当的授权是对下属信任的体现，有利于调动下属工作的积极性，更能避免出现"一言堂"的情况，能够减少企业在经营管理中的决策错误。

①基本原则

a. 授权明确

当授权人员向下属授予权力时，必须清楚地告知下属被授予的任务目标、权力的大小、权力的边界，以及权力的开始和结束时间。在设定授权的事项时，授权人员需要清楚地指出哪些是可以被授予的，哪些是不能被授予的，同时制定相应的授权管理办法，明确工作职责，防范经营风险，提高工作效率，避免出现互相"踢皮球"、工作推诿的情况。

b. 适当授权

授权的目的是更好地实现企业目标，应当通过程序进行一定限度内的授权，不得越级授权。在授权的过程中，对适当性的把握是关键。授权过多，可能导致滥用职权的情况，尤其对于"三重一大"的事项，应当实施集体决策、审批或者联签制度。而授权太少，难以提高员工的工作效率和积极性。

c. 权责对等

授权的同时，要明确被授权者的责任，也就是带责授权。被授权者拥有的权力应当与其承担的责任一致。不能只赋予其权力而不让其履行职责。同样的，也不应当只要求被授权者承担责任，而不赋予其实际权力。适当授权是落实权责对等原则的重要举措。

②类型

a. 常规授权

它是指企业在其日常经营和管理活动中，依据既定职责和程序进行的授权。这种授权通常具有较长的时效性，并需要企业编制常规授权的权限指引。一般情况下，员工可根据企业制定的常规授权权限指引开展日常工作。例如，采购部门有权制订采购计划，生产部门有权安排员工执行生产计划。然而，在设定常规授权的权限范围时，企业应保持合理性，避免授权过于宽泛或过于狭窄。

b. 特别授权

它是指企业面临特殊情况或特定条件时，所实施的临时性授权。通过特别授权，企业能够在紧急情况下迅速做出决策，避免因流程繁琐而延误时机。

c. 充分授权

它是指管理者在授权重大而复杂的创新性任务时，给予下属较大的自主权。这种授权使下属拥有更广阔的发展空间和灵活的工作方式，能够自行决定行动方案并进行创造性工作。充分授权通常应用于重要性较高的工作。

d. 不充分授权

它是指管理者对工作范围、内容、应达成的绩效目标以及完成工作的具体途径都有明确要求。下属在接受这种授权后，必须严格按照要求执行任务。不充分授权通常适用于全局性工作。

（2）审批控制

审批控制需要遵循以下原则：

①审批有据

赋予相关人员审批权的目的在于提高企业经营效率，实现企业目标。审批人在行使审批权时，不得随意审批，每一个待审批的事项都与企业经营目标实现有着密切关联，务必做到每一项审批都有理有据。

②审批有界

由于业务性质以及管理层级的不同，审批权有明确的量化层级划分。审批人在进行审批时，应当严格按照审批权限履行审批职责，不得超越权限对事项进行审批，尤其表现为下级不得违规行使上级的审批权。对于"三重一大"的事项，应当实行集体决策或者联签制度，任何人不得单独进行决策以及擅自改变决策。

12.4.3　财产保护控制

企业需设立财产的日常管理和定期审查机制，以限制未经授权人员对财产的接触和处理。通过实施财产记录、妥善保存实物、周期性清点库存、账目与实物的对照检查以及购买财产保险等措施，企业能够保障财产的安全性和完整性。

（1）财产保护控制的对象

财产保护控制包括财产账务保护控制和财产实物保护控制。前者的对象不仅包括财务部门的会计账簿、备查账，也包括行政部门相关的房屋、设备等相关资产的管理台账，生产部门相应的机器设备的管理台账，同时还涉及相应资产的出库入库单等资料。后者的对象主要包括存货、库存现金、有价证券、固定资产等各类有形资产。

（2）财产保护控制的方法

结合财产账务和实物的特点，财产保护控制主要有如下方法：

①全面清查与抽查

全面清查涉及对所有财产和资金的彻底盘点和核实，范围广泛且工作量巨大，因此，全面清查仅在年底结账时等定期发生，或者是企业解散、合并、更改隶属关系等特殊情况时才会实施。

抽查是一种选择性的检查，即有针对性地选择一部分财产和资金进行检查。抽查可以根据企业需要随时进行，通常是不定期的。

清查财产时将全面清查与定期清查结合、抽查与不定期清查结合，能够将盘点清查的结果和相应的会计记录进行比较，及时发现资产在管理过程中出现的损失浪费、毁损以及其他账实不符的情况，能够及时查明原因、追究责任，完善相应的资产管理制度，保护企业资产的安全完整。

②限制未经授权的接触和处置

《企业内部控制基本规范》规定，企业应当严格限制未经授权的人员接触和处置企业财产，特别是变现能力较强的资产，必须对人员的接触进行严格的限制，只有经过授权批准的人才可以接触相应的资产，防止未经授权的人员直接将相关资产进行变卖。

③财产档案的保管

企业应当建立相应的财产档案，反映企业相关资产的动态变化。财产档案不仅与财务部门有关，行政部门、生产部门也有相关的资料需要建立财产档案。随着电子化、信息化的普及，很多档案资料都采用数字化的形式保存，所以企业应当及时对相应的信息档案进行备份，以防数据的不慎丢失以及病毒入侵导致数据毁损。

④财产监控制度

企业应当对相关资产进行监控，利用先进的信息技术手段加强监控的力度，安装监视系统，采取防盗措施，尤其对各项资产的出入，除了进行详细的记录外，更应当进行相应的监控。对于监控视频，企业可以选择不定期抽查的形式进行检查，视频的保存期限应当符合企业的基本要求。

12.5　共享信息沟通

12.5.1　内部信息传递

在企业运营中，内部信息传递是至关重要的环节，它涉及组织内部各部门及各层管理者之间的通信与协作。特别是对于建筑施工企业而言，强化内部信息传递的管理显得尤为重要。企业需要对现有的内部信息流通渠道进行彻底的审查，识别并强化那些薄弱的环节。为此，企业必须构建一个科学的内部信息传递系统，确保信息内容的准确性、保密性，并对信息的敏感度进行分级。同时，企业要明确信息传递的方式、覆盖的范围，以及各级管理人员在信息处理中的责任和权限。这些措施可以提高内部报告的使用效率，使其在企业决策和运营中发挥更大的价值。

（1）信息传递管理业务流程图（如图12-3所示）

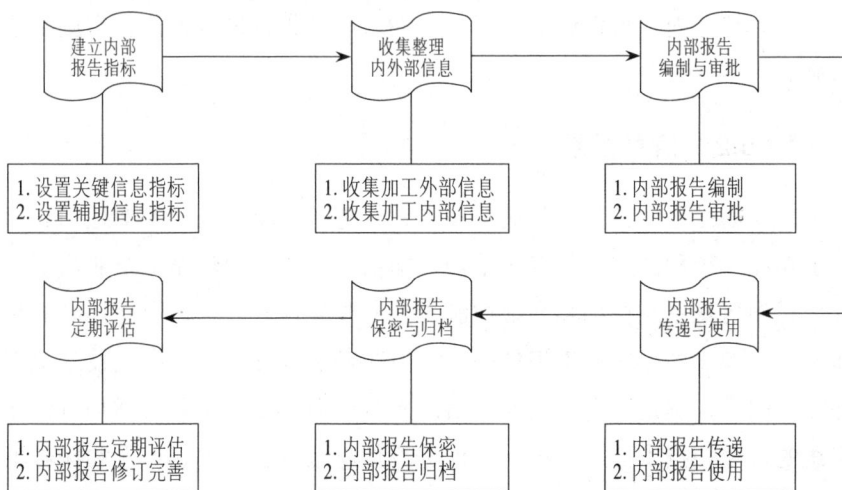

图 12-3　内部信息传递管理业务流程图

（2）关键节点及控制方法

①建立内部报告指标

深入分析发展蓝图、风控需求及业绩评价体系；细化内部报告指标；定期向管理层提供预算执行和控制情况的反馈。

②收集整理内外部信息

实时跟踪市场趋势、竞争动态、政策法规变动以及环境因素的变化；针对不同需求选择性地聚焦于某些特定类型的信息；严格核实信息的准确性、时效性和逻辑性；考虑信息获取的便捷性和成本效益。

③内部报告编制与审批

紧密关注信息使用者的需求；优化内部报告的编制流程；建立审核制度，明确审核权限；扩展内部报告的接收渠道。

④内部报告传递与使用

明确内部报告的传达标准；明晰每个等级的任务及其权力；建立详细的内部报告流转程序；借助信息技术增强内部报告的信息整合和共享能力。

⑤内部报告保密与归档

设立内部报告管理制度；制定内部报告的保密管理办法。

⑥内部报告定期评估

建立健全内部报告评估体系；定期对内部报告进行评估；实施奖惩措施。

12.5.2　信息系统

企业通过运用计算机与通信技术，构建了一个集成了内部控制、实现了功能升级和转型的信息化平台，即信息系统。建筑施工企业需要充分认识到信息系统在加强内部控制方面的重要性，并根据内部控制的具体要求，考虑到公司的组织结构、业务范畴、地理位置分布、技术实力等多重因素，制定出一套全面的信息系统发展规划。企业应增加对信息系统的资金和技术投入，有计划地进行信息系统的开发、运作和保养工作，以此来简化和改善管理流程，降低经营风险，从而全面提升企业的现代化管理能力。

（1）信息系统管理业务流程图（如图12-4所示）

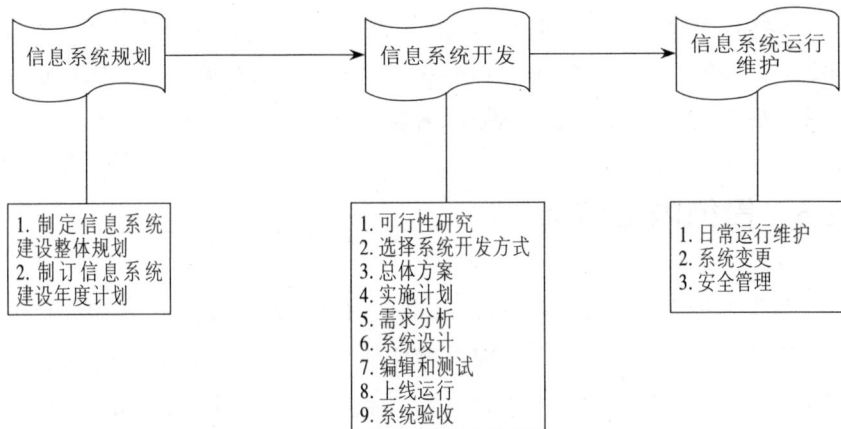

```
┌─────────────┐      ┌─────────────┐      ┌─────────────┐
│  信息系统规划  │ ───→ │  信息系统开发  │ ───→ │ 信息系统运行  │
│             │      │             │      │    维护      │
└─────────────┘      └─────────────┘      └─────────────┘

┌─────────────┐      ┌─────────────┐      ┌─────────────┐
│1.制定信息系统  │      │1.可行性研究   │      │1.日常运行维护 │
│  建设整体规划  │      │2.选择系统开发方式│     │2.系统变更    │
│2.制订信息系统  │      │3.总体方案    │      │3.安全管理    │
│  建设年度计划  │      │4.实施计划    │      └─────────────┘
└─────────────┘      │5.需求分析    │
                     │6.系统设计    │
                     │7.编辑和测试   │
                     │8.上线运行    │
                     │9.系统验收    │
                     └─────────────┘
```

图12-4　信息系统管理业务流程图

（2）关键节点及控制方法

①信息系统规划

依据发展蓝图，制定全面且面向未来的信息化建设规划；规划必须与企业现有的组织结构、业务覆盖区域、技术实力等方面保持一致性；每年同步规划年度信息系统的发展计划。

②信息系统开发

指派专门的信息系统管理部门或聘请具备相应资格的专业机构，负责开展信息化项目的可行性评估；依据自身的具体状况，适当地选择系统开发的策略；全面评估外包服务提供者的市场声誉、资格认证、经济状况等各项因素；制定完善的外包服务评估流程；合理选择软件产品的模块配置和版本；构建完善的需求审查和需求调整管理流程；建立设计审查机制和设计变动管理流程；在信息系统中添加操作日志功能，以保证操作的可追踪性；建立并落实严谨的代码重新检验与评估体系等。

③信息系统运行维护

制定信息系统使用操作程序、信息管理制度及具体操作规范制度；建立信息系统的定期检查机制；制订相关的紧急应对方案；设立一套系统变更的申请、批准、执行和测试流程；设立专用的系统开发（或改动）环境、系统检验环境以及系统生产环境；构建与信息系统相关的资产管理体系；设立专门的信息系统安全管理部门；设定信息系统安全的执行规则；设立系统数据的周期性备份机制；设立信息系统开发、运行和维护等环节的职责分配制度和不兼容职务的分离制度；设立用户管理体系；积极进行信息系统的风险评估等。

12.6 贯彻内部监督

企业须设立内部监督机制，以审查内部控制系统的建立和执行情况，并评估其有效性，一旦发现内部控制存在缺陷，必须立即采取行动进行改进。建筑施工企业应建立内部控制监督体系，明确内部审计机构及其他监督机构的角色和权限，规范监督流程和方法。内部监督分为日常监督和专项监督两种类型。日常监督是对内部控制执行状况的日常审查；而专项监督则是针对公司战略、组织架构、运营活动、业务流程以及关键职位人员等重大变动，进行特定领域的内部控制审查。

12.6.1 内部控制评价

企业董事会或其他具有决策权的机构须进行内部控制评价，这是一个全面评估内部控制有效性、形成评价结论并出具报告的过程。内部控制的有效性涉及企业内部控制体系的构建和实施，旨在为达到控制目标提供合理的保证，这包括内部控制设计的效果和内部控制执行的效率。进行内部控制评价时，必须遵循以下基本原则：全面性原则要求评价过程覆盖所有相关的内部控制活动；重要性原则强调对关键控制活动的特别关注；客观性原则要求评价者保持中立，不受主观偏见影响；公正性原则要求评价过程和结果公平无私；一致性原则要求评价标准和方法的一致运用；及时性原则要求评价能够反映最新的内部控制状况。遵循这些原则有助于确保内部控制评价的准确性和可靠性。

（1）内部控制评价的内容

建筑施工企业应依据《企业内部控制基本规范》及相应配套指导文件，结合自身的内部控制系统，围绕内部环境、风险评估、控制活动、信息传递及内部监督等核心要素，来界定内部控制评价的内容。这包括对内部控制的设计和执行进行综合评估，或者针对特定领域进行专门的评价工作。

①在进行内部环境评价时，企业应基于组织结构、发展策略、人力资源管理、企业文化和履行社会责任等指导原则，结合自身制定的内部控制政策，对内部环境的设计和实施效果进行评估和确认。

②在执行风险评估的流程中，企业应依据《企业内部控制基本规范》的相关风险评估条款，借鉴各项应用指南提到的重大风险因素，同时配合《中央企业全面风险管理指引》以及公司法等相关法律法规，来评估和验证在日常运营中的风险辨识、风险剖析与处置方案。

③在对控制行为进行评估的过程中，企业需要根据《企业内部控制基本规范》以及相关的应用指南来确定控制方法，并且结合企业的内部管理政策，来评估相关的管理方法的构建和实施状态。

④对于进行信息交互的评估，企业需要根据公司的内部信息交换、财务报表的撰写、信息系统的构建等相关的使用准则，并参照企业的内部管理条例，来衡量信息的收集、处理和分享的效能，检查反欺诈手段的健全性，确保财务报表的准确无误，保障信息系统的稳固，同时也要考察利用信息系统执行内部管理的成功率。

⑤在进行内部监督评估时，企业应遵循《企业内部控制基本规范》中的内部监督规定以及各项应用指南中的日常管理规定，并结合企业内部控制规定，对内部监督机制的效能进行评估，特别是监督机构在内部控制设计和执行过程中的表现。

（2）内部控制评价的程序

通常，建筑施工企业的内部管理评估流程包括：设计评估任务计划、构建评估团队、执行现场检验、整理评估数据、撰写评估报告等。简单来说，这些步骤大致可划分为以下几个环节：

①准备阶段

考虑企业监督现状和管理需求，并识别出经营管理中的高风险环节和关键业务；确定合适的评价方法和工具，制订出既系统又符合实际的评价计划；组建评价工作组等。

②实施阶段

与评估机构进行深入交流；精确划定评价的区域，确定检查的关键点和样本规模，并根据评价人员的专业知识合理分配任务；开展现场检查测试等。

③汇总评价结果、编制评价报告阶段

根据总结的评估结果和对内部控制缺陷的判断，评估机构将结合内部控制工作的全局状况，编写一份全方位、公平、完备的内部控制评估报告。

④报告反馈和跟踪阶段

企业一旦识别出内部控制缺陷，必须迅速实施整改措施，确保风险处于可控范围内。

12.6.2 内部控制审计

依据《企业内部控制基本规范》及其配套指南的规定，内部控制审计是由会计师事务所承担，旨在评估特定日期内部控制设计和运作有效性的审计服务。在整合审计模式中，内部控制审计报告应与财务审计报告一并提交或公告。而在非整合审计的情形下，内部控制审计报告的出具日期不应早于财务审计报告，并且两者应尽可能保持同步。执行内部控制审计任务的注册会计师需要搜集充分且恰当的证据，以确保内部控制审计意见的可靠性。注册会计师有责任对财务报告中的内部控制有效性提供审查建议，并在审查过程中识别出非财务报告中的关键缺陷。这些关键缺陷应在内部控制审计报告中特别指出，以便公开。

（1）企业在注册会计师内部控制审计过程中的工作内容

①签订业务约定书，确定会计师事务所

企业须与选定的会计师事务所签订专门的内部控制审计服务协议。

②确定年度内控审计计划

企业须与注册会计师共同制订年度内控审计计划，明确审计报告的目标，规划审计时间表和沟通事宜。

③实施审计工作

企业在进行审计活动时，应积极配合注册会计师的工作，及时安排面谈和提交所需文件等事宜。

④落实年度内控审计结果

公司的内部控制评估部门需要密切关注审计的进展，并与注册会计师就发现的问题进行深入交流，分析问题的根源，确定缺陷并提出改进建议，将其纳入内部控制的优化机制和评估体系。对于重大和关键的内部控制问题，注册会计师在提交内部控制审计报告之前，应当以书面方式与管理层和治理层进行交流。同时，注册会计师在完成书面交流后，应当向管理层报告审计过程中发现的其他内部控制问题。

⑤审计报告提交

除了确认审计报告之外，企业还须向注册会计师提交一份书面确认函。

（2）注册会计师在内部控制审计过程中的工作内容

①计划审计工作

注册会计师在进行内部控制审计工作时，需要合理规划，并配置具备专业能力的人员，同时对辅助人员进行适当的指导监督。

②实施审计工作

在进行审计工作时，注册会计师通常采取自上而下的审计方式，将企业级控制测试与业务级控制测试相结合。

③评价控制缺陷

注册会计师需要评估所识别的内部控制缺陷的严重性，以此判断这些缺陷是否单独或共同构成重大缺陷。

④完成审计工作

在审计工作结束后，注册会计师须获得企业签字的书面确认函。

⑤审计报告提交

执行完内部控制审计之后，注册会计师须提交一份内部控制审计报告。

第13章 财务监督与控制体系

13.1 建筑施工企业实施财务监督与控制的必要性

13.1.1 规避信息不对称，降低代理成本

信息传递理论强调信息的适时披露、迅速搜集以及精确解读，以避免因信息不对称造成的孤立效应，减少委托-代理成本。由于所有权与经营权分离，企业内部存在不同利益相关者间的代理冲突，如大股东与管理层的利益摩擦，以及大股东与小股东的权益矛盾，这增加了内部信息不对称的风险，可能导致大股东的资源掠夺和管理层的私人消费行为。加强财务监管和控制是降低这些成本的有效手段。财务监管和控制的加强有助于加快财务报表的审核和审批流程的改进，对大股东和管理层产生预防作用，促使他们规范行为，合理分配企业利益，提升企业效率。此外，高效的财务监管和控制能够提高财务信息的透明度和准确性，并确保其在企业内部的顺畅流通，使各职能部门能基于信息做出恰

当决策，并帮助管理层依据汇总的信息做出精准的管理决策，从而提高财务决策的质量和效率。

13.1.2　强化社会责任意识，合理配置资源

社会网络理论指出，网络内的企业通过增强联系能够更有效地配置资源和共享信息。为了确保资源的快速且有效配置，企业需要提高对过剩资源的利用，减少资源浪费。加强财务监督与控制不仅提升了资源利用和转换的效率，而且促进了企业的可持续发展。一方面，良好的财务监管与控制增强了企业的社会责任感，减少了管理者的短视行为和不当的个人消费，提升了资源流转效率和企业文化的正面影响，培养了员工的社会责任感和合作精神，促进了成员间资源的交流和利益的共享。另一方面，财务监管与控制的提升也增强了企业在社会网络中的信誉和公众信任，加强了企业在其所在网络中的认知和结构的嵌入性。这种认知嵌入性促进成员间形成共识、共同应对挑战，加强了集体的认同感，推动了更深层次的合作。而结构嵌入性的提高则有助于企业在网络中占据有利地位，便于获取和利用高质量的资源，从而增强了企业的核心竞争力。

13.1.3　响应政府政策，获取优质社会资本

2023年2月中共中央办公厅、国务院办公厅发布了《关于进一步加强财会监督工作的意见》，并督促各级政府和部门根据实际情况切实执行。这些政策举措反映出国家对企业财务监督和会计信息准确性的高度重视。作为国民经济发展的关键力量，企业在维护经济稳定、促进就业以及作为行业标杆等方面扮演着极其重要的角色。为了响应政府政策，推动企业发展，企业需要根据政策导向进行内部改革，改变传统财务监督和控制的理念和方法，实施全面、高效、覆盖全产业链的财务监督和控制体系。这可以减少财务风险，推动财务信息的流通，提高管理层的决策效率和管理能力，进而吸引更多的高质量资本投入和政府的支持，从而提升公司的核心竞争力。具体到获取优质资本和政府支持的途径，一方面，企业可以通过加强财务监督和控制来驱动产业链的技术融合和

资源集中，有效利用社会资源；另一方面，借助有效的财务管理和监控，以及及时且精确的财务信息公开，企业在社交媒体上塑造了积极的形象，成为其他企业的典范。同时，企业也可以与政府进一步深度合作，在税收优惠等领域发挥积极的影响力，从而吸引优质的投资者，促使企业的业务水平提高和利润增长。

13.2 建筑施工企业财务审计监督

13.2.1 资产类审计

在进行被审计单位的资产审计时，需要对以下项目进行细致的审计和监督工作，确保各项资产得到正确的评估和管理。具体来说，审计人员应该设定明确的目标，遵循一系列的步骤，并采用恰当的方法来完成审计任务。这些项目包括现金、银行存款、有价证券、应收账款、预付账款、其他应收款、应收票据、库存材料、产成品、对外投资、固定资产以及无形资产等。审计人员需要对这些资产类别进行全面的检查，以确保它们的真实性和合法性，并防止任何可能的财务欺诈或错误。

（1）货币资金审计

审计货币资金的目标是验证其真实性、合法性、记录完整性以及余额的准确性，并确保核算和披露的适当性。

①现金审计主要通过审查现金账簿和实际现金的突击盘点来进行。审计人员可以先进行盘点，再核对账目，或者先检查账目，然后进行盘点。审查的重点是现金核算的规范性、收付款的合规性以及账款是否相符。

②银行存款审计主要包括检查被审计单位的银行存款账簿和与银行提供的对账单进行核对。审计过程中需要对照相关规定，重点审查银行存款核算的规范性、账户开设的合理性以及银行存款收付的合规性。

③有价证券的审计通过账簿与有价证券本身的核对来进行。审计的目的是确认有价证券的真实性、保管的安全性以及兑付的及时性。

（2）应收账款审计

应收账款审计旨在验证各项应收及暂付款项的真实性、变动记录的合法性、完整性和回收可能性，以及余额的准确性，并确保审计报表的适当披露。

审计方法包括账簿间的核对、账证对比以及与债权人的对账检查，采用的方法有逆查法、抽样检验和函证等。

（3）对外投资审计

对外投资审计的目标是验证投资的存在性、所有权归属、投资增减变动的记录完整性、收益（或损失）的准确性、余额的正确性以及审计报表的适当披露。

审计方法包括审查相关的会计记录、协议合同等资料，以及检查、询问和现场调查等方式。

（4）存货审计

存货（包括原材料和产成品）审计的目标是验证存货的存在性、收支的合法性、记录的完整性、存货的品质状况、余额的正确性以及审计报表的适当披露。

在执行审计工作时，审计人员通常采用一系列方法来评估企业的存货情况。这包括对财务部门维护的总账、明细账和相关凭证进行详细审查，同时也要检查与存货采购和销售相关的合同及其他文档。为了全面了解存货状况，审计人员还会结合账目记录与实物盘点的结果。

（5）固定资产和无形资产审计

在审计固定资产和无形资产时，主要目标是验证它们的存在性、所有权、增减变动的记录完整性、余额的正确性。

在进行固定资产审计时，审计人员需要细致地检查与固定资产的取得和处理相关的文件、验收报告、预算批准文档，以及资产的资金来源和支出途径。此外，审计人员还要对管理部门和使用部门的固定资产明细账和登记账进行审查，并对购置费、修缮费、业务费、公务费等科目的支出明细进行详细的审计计算。审计方法包括样本检验、现场视察，以及对资产进行清点和核对。

在进行无形资产审计时，审计人员必须详尽地检查与无形资产的购置和取得有关的所有账务凭证和文件，包括合同协议、审批文件、转让文件以及授权批准文件。此外，审计人员还需要收集无形资产的所有权证据，或向相关部门如土地管理局和市场监督管理局查询，以验证资产信息的真实性。这一系列审计活动旨在确认无形资产的实际存在和所有权归属；检验无形资产的初始计量是否正确合理；以及评估无形资产转让过程是否遵守了相关法律法规，并确保转让产生的收益已经得到妥善的会计处理。

13.2.2 负债类审计

在审计被审计单位的负债类项目，如应缴预算款、应缴财政专户款、暂存款、应付账款、预收账款、其他应付款、应付票据、应交税费和借入款项时，审计人员应遵循以下审计目标、内容和方法：

（1）确定应缴预算款和应缴财政专户款记录的完整性、核算划分的准确性、上缴的及时性、余额的正确性和审计报表披露的充分性

审计工作开始时，审计人员需要明确被审计单位的各项收入来源，区分哪些收入属于应上缴的预算款，哪些属于应存入财政专户款。

（2）对被审计单位净资产类的固定基金、事业基金、专用基金、结余（包括事业结余、经营结余、结余分配）审计项目，应按照下列内容、步骤和方式进行审计

①审计过程中，审计人员应确保各种基金（包括固定资产基金、运营基金、特定用途基金）的增减变化遵循相关法律法规、会计记录完整无缺、资金余额正确无误，并在审计报告中予以恰当反映。

根据政府机构和非营利组织的财务管理规则、审计准则以及财政和审计的相关规定，审计工作将重点关注以下两个方面：第一，核实固定资产基金的变动是否与固定资产的实际增减一致；第二，审查专项基金是否按规定比例提取、设置，并确保其仅用于既定的特定目的。审计旨在保障基金管理的合规性、透明度和效率。

②审计过程中，审计人员需要核实各项结余记录的完整性、核算的准确性以及余额的正确性。

通过对被审计单位期末的转账和结账情况进行细致审查，确认被审

计单位的事业结余和经营结余在本期的变动是否计算得当，以及累计结余的余额是否完全准确，保证结余分配的过程和结果均符合相应的规定。

（3）确定各项应付（存）款项（包括暂存款、应付账款、预收账款、其他应付款、应付票据）发生及偿还记录的完整性、核算的合规性、余额的正确性及审计报表披露的充分性

在审计中，审计人员需要对各类应付款项的明细账进行彻底的检查，并与采购合同等文件对照验证其真实性。同时，审计人员应对比应付款项记录与现金及银行存款日记账，确保它们之间的一致性。通过运用分析性复核、抽样调查、函证、审阅、计算以及逆查等多元化审计方法，审计的主要目标是：首先，验证不同账目中的应付（暂存）款项是否保持一致；其次，确保应付（暂存）款项核算的准确性；最后，深入分析大额应付债务的结构，评估这些债务可能对被审计单位的常规收支预算执行造成的潜在影响。

（4）确定应交税费、借入款项发生及记录的完整性、余额的正确性及审计报表披露的充分性

审计时，审计人员应检查被审计单位进行的业务活动是否涉及税收义务，以确定其是否遵守了相关税法的缴税规定。同时，通过审查借款合同、借款审批流程、资金筹措计划等文件，审计人员可验证被审计单位借入资金的记录是否完备，是否及时入账，借款条件是否合理，业务往来是否真实。此外，审计人员还需要调查相关人员的还款情况是否及时、资金使用是否符合专款专用的原则，以及支付的利息是否合理。

13.3　建筑施工企业经济责任审计监督

经济责任审计是由独立审计机构和审计人员执行的审计活动，它基于党和国家的政策导向、经济法律法规以及计划、预算和经济合同等内容，旨在对担负经济责任的主体在履行经济职责方面的表现进行监督、审查、评估和证实。

13.3.1　经济责任审计监督程序

经济责任审计监督程序按干部经济责任审计程序进行，由组织部门委托审计部门实施。经济责任审计监督程序如下：

①由组织部门提出书面委托，经管理层分管领导批准，由审计部门对被审计人员进行任期、任中授权审批等经济责任审计。

②审计部门接到委托书后，办理审计立项，制订审计实施方案，在实施审计的前三日向被审计人员及其所在单位送达审计通知书。

③审计通知书送达后，被审计人员及其所在单位应当按照审计要求，及时提供有关资料。被审计人员应根据经济责任审计内容，准备书面述职报告。

④审计组进场实施审计时，被审计人员应向审计组提交述职报告并进行述职，同时审计部门在其所在单位进行审计公示，并听取有关职工的意见。

⑤审计组现场审计结束，整理审计工作底稿，出具审计报告初稿。

⑥征求被审计人员及其所在单位对审计报告的意见，被审计人员及其所在单位对审计报告提出书面意见。经审计组核实意见后，审计部门将审计报告及所在单位的书面意见，报送管理层主管领导审批。

⑦审计报告批准后，审计部门将其提交给委托审计的组织部门，并送达被审计人员及其所在单位。审计报告由建筑施工企业有关部门归入被审计人员（干部）档案。

13.3.2　经济责任审计监督内容

经济责任审计监督的重点是审计人员的审批行为及经济活动的合法性、合理性。合法性即审批事项及经济活动是否符合法律、法规和相关规章制度；合理性即审批行为及经济活动是否遵循效率和效益原则。

合法性情况，主要内容包括：被审计人员的审批行为及经济活动过程是否遵守国家财经法律、法规和财务规章制度，有无违规审批等问题。

经济决策情况，主要内容包括：被审计人员经济决策是否符合规定程序，重大经济活动事项是否实行了集体讨论决策，效果如何，有无重大失误，经济目标的完成情况等问题。

　　经济合同签订情况，主要内容包括：各部门对外签订的经济合同审批手续是否完整；合同条款是否符合企业利益、是否存在合同条款损害企业利益等情况；债权、债务是否清楚，有无纠纷和遗留问题。

　　被审计人员财务审批的真实性和有效性情况，主要内容包括：审批事项是否符合职权范围，授权委托手续是否完善，有无越权审批、不按计划审批或不符合制度规定的审批行为。

　　审计单位财务收支执行的重点内容涵盖：审计对象管理的单位资金收入的真实性和合法性，是否存在非法收费，所有收入是否已纳入单位统一的财务核算体系，以及是否有隐瞒、截留或私自设置额外账户的情况；检查各项支出和补贴的发放是否符合相关规定且真实无误，是否有过高标准的支出、超出范围的支出，以及是否存在虚构支出和不当发放金钱或物品的问题。

　　资产管理情况，主要内容包括：固定资产的购置、使用、处置和管理是否符合程序；建筑施工企业的财产是否存在私自出租、出借、无偿转让等情况；设备购置、基建工程项目是否按照有关规定进行招标，投资项目是否经过充分论证和严格的审批程序。

13.4　建筑施工企业工程项目审计监督

　　在当今社会发展的背景下，建筑施工企业的审计结果不仅关系到企业的经营效果，还直接影响公众的生命财产安全。为此，国务院出台了《关于加强审计工作的意见》，并且中共中央办公厅、国务院办公厅也印发了《关于完善审计制度若干重大问题的框架意见》，强调了在企业经营中重视审计工作的必要性。在进行建筑施工企业工程项目审计时，审计人员应按照项目审查程序，通过评估项目是否达到预定目标以及是否遵守公司管理规范，来判断工程项目审计目标是否得到有效落实，以此提高企业的经济效益和管理水平。

13.4.1 概述

工程项目审计是由具备相应资质和职能的独立审计机构及其派遣的审计人员，依照特定审计标准和评价指标体系，对整个工程项目投资过程进行监督管理、评估认证的工作。

（1）特点

作为一种专业审计，工程项目审计的特点与其审查的目标、领域、内容、任务以及其本质等都有紧密的联系。通常，工程项目审计有以下特点：

①内容多、客体广、审计方法多样

工程项目审计不仅涵盖对项目计划、预算、资金来源和使用的审查，还包括对竣工结算、投资效益以及社会效益等方面的评估。这使得审计内容显得相当复杂。审计的对象广泛，包括所有利用国家资金进行项目投资的政府部门、企业、事业单位、社会团体等。此外，审计范围还扩展到了相关的规划管理部门、设计勘探机构、建设单位的主管部门、项目法人、施工单位、城市开发企业、监理公司和相关的银行金融机构等。由于工程项目各不相同，审计时须采用多种方法，结合传统的审计手段与现代技术，融合宏观与微观的审计策略，借鉴国内外的审计方法，促进了审计方法的多样性。

②工程项目审计贯穿于项目建设的全过程

在项目建设过程中，存在几条关键线索。从项目建议书的提交开始，就要求编制总体的投资估算，并开始筹划资金的来源，此时管理活动便已启动。接下来，企业通过可行性研究进一步确认估算，明确投资总额，并成立项目法人组织。当资金筹集完成，项目建设进入施工图设计、建筑安装施工、设备材料采购等环节，将货币资金转变为实际的工程量。在项目建成并投入生产之后，企业进行竣工结算，以测算投资的经济效益。对工程项目进行的审计不应局限于项目的某个特定阶段，而是要全面审视项目的投资、财务和管理等各个环节，因此，工程项目审计是伴随项目建设全过程的一项重要工作。

③工程项目审计一般分为三个阶段

工程项目审计分为三个主要阶段：准备阶段的资金运用审计、建设阶段的在建项目审计、竣工阶段的竣工决算审计。准备阶段的审计旨在评估工程项目的前期准备工作，包括资金落实情况以及开工条件的完备性，避免因资金不足或条件不具备而导致项目匆忙开工，避免不必要的经济损失。建设阶段的审计关注的是施工过程中概（预）算的执行情况，包括财务收支管理和其他方面，其目的是及时发现并纠正建设过程中的问题，提高经济效益，确保工程按时保质完成。竣工阶段的审计则针对项目竣工后的决算进行，重点是决算的真实性、完整性、合规性以及经济效益的评价，旨在确保建设资金的合法合理使用，准确评价项目的经济效益，总结建设经验，进而提升工程项目的管理质量。

（2）职能

审计职能是审计的内在特性，不由个人意志所左右，是审计固有且本质的功能。随着经济社会进步，人们对审计职能的理解不断加深，因此审计职能不是固定不变的。作为审计领域的一部分，工程项目审计同样承载着审计的基本职能，这些职能不可能与之分离。

①经济监督职能

为了适应社会进步的要求，中国在经济活动中构建了一套综合的国民经济监督体系，该体系涵盖了计划、财政、税收、银行、价格监管、证券市场、保险业务、会计准则以及审计等多个方面。随着经济体制改革的深入推进，市场经济的活力持续增强。然而，这也导致经济领域中出现了更多的欺诈、腐败、违规行为以及对国家和消费者权益的侵害。在工程项目管理中，审计监督是一项极其关键且必不可少的工作，而在国家审计机关的基本职能范畴中，审计的经济监督功能尤其重要。

②经济公证职能

在工程项目审计中，审计机构和专业人员负责审查被审计单位的财务报表及相关资料，旨在确认其财务状况和业绩报告的真实性、精确度、合法性、规范性和效益性。完成审计后，审计机构会提供一份正式的证明报告，为委托方或指定方提供可信赖的信息支持，并增强外界对该审计结果的信心。尽管这种经济公证服务与传统的法律公证有所区别，但它同样是一种重要的经济公证职能。

③经济评价职能

在工程项目审计过程中，经济评价职能体现为审计机构或审计人员对被审计单位或工程项目经济活动的全面审查。审计机构或审计人员依据相关审计依据和标准，检查财务收支和预算执行的实际效果，并评估这些活动是否实现了预定的决策目标。同时，审计机构或审计人员还会对工程项目的经济效益以及相关经营管理活动的有效性进行深入的分析、判断和评价。特别是在国家审计机关授权的工程项目竣工决算审计以及社会民间组织委托的业务审计中，这一经济评价职能显得尤为重要。

13.4.2　工程项目的收入审计

（1）内部控制制度的建设、优化与执行情况

在建筑施工企业的项目施工阶段，建立一个科学高效的评审机制，并保证其执行，对于减少工程管理成本和提升管理质量至关重要。首先，审计人员应密切监控评审流程是否满足企业标准，并确保项目执行符合要求，以防经营部门或管理人员因追求业绩而参与低价竞争。其次，项目中标后，企业应选择有资质的团队来执行工程，建立公正的内部竞聘机制，并监督竞聘过程和团队的施工能力，确保工程质量达标。再次，企业须构建合理的经营机制并确保其在日常运营中得到实施，包括准确界定项目部的职能和制定科学的管理措施，以提高员工的积极性。最后，企业应建立高效的项目结算机制并确保其有效执行，通过在项目统筹期间制定完善结算制度和与施工团队协商，增加企业的盈利空间。

（2）判断项目投资报价的合理性

在建筑施工行业，项目的投资报价与其基础收入密切相关。在全球化经济环境中，企业在制定报价时须基于成本估算，同时考虑施工过程中的潜在利润。为此，企业内部的审计人员可通过与项目经营团队沟通，评估投标价格的合理性，并采取抽查、复查或重新定价的措施，以提高审核质量并确保企业能够在施工中获得适当的利润。举例来说，一

家建筑公司的审计人员在审计阜阳北路高架工程的财务和管理情况时，为确保审计的科学性和可靠性，遵循公司领导的指导和审计部门的年度规划，并依照《中华人民共和国审计法》对发现的问题提出改进建议，旨在帮助项目优化后期管理并提升经济效益。

（3）项目组织的实施情况

在进行项目施工审计时，审计人员应从两个关键维度评估项目的实施情况：一是项目实施阶段是否及时进行了清单核算，二是施工过程中的计量工作的时效性和完整性，以及鉴证工作的积极性和主动性。具体而言，由于工程清单中的收入构成了项目施工收入的主要部分，审计人员要核查工程量的计量是否全面，确保项目经营人员能按时完成计量任务，并与业主及第三方审计人员合作，确保款项支付的时效性。鉴于建筑施工行业的入门门槛不高，为了确保建筑施工企业能够获得充足的利润，审计人员还需在审核中主动处理清单外的项目签证，保存相关证据，并努力获取监理和业主的确认，以确保项目施工的顺利进行。

（4）项目最终结算组织应对

项目施工完毕后，便进入了结算环节，这一过程要求经营人员必须全面了解项目的整体状况，并且要对与施工相关的所有政策法规、定额价格等结算标准有透彻的认识，从而确保结算工作的周密性和全面性。

13.4.3　工程项目的成本审计

（1）成本管理的审计

建筑施工企业的成本控制水平不仅直接关系到其盈利能力，还可能影响其报价的市场竞争力。目前，建筑施工企业可以通过建立成本控制体系、成本预测系统和质量检验制度等一系列管理机制，提高成本审计的质量，进而增强企业的市场竞争力。

（2）预算管理质量的审计

实施预算管理是加强成本控制的必要手段。一个优质的预算管理体系有助于增强成本的稳定性。具体做法包括：在项目中标后立即启动施工预算的编制工作，并建立相应的审查流程，为项目顺利推进提供稳固的基础；项目组应迅速完成初步、中期和最终三轮预算制定，以此来有效地控制现场施工的成本；此外，为了避免因预算失误而引发的成本激增问题，建筑施工企业应在施工期间建立预算差异分析机制，一旦发现问题，就要立即调整成本控制策略，确保成本目标的实现。

（3）材料采购的审计

在建筑工程施工期间，所消耗的材料涵盖了建筑原材料、基础部件、辅助物资、建筑半成品及组件等多个类别。在建筑工程中，材料费用通常占到了整个工程成本的60%以上。为了增强建筑工程成本管理的效能，建筑公司需要设计合理的采购模式和供应商选择机制。在成本核算的过程中，通过对原材料的价格、数量以及工程施工中对材料的需求量等方面的严格控制，确保材料的成本控制能够达到预期的效果。目前，许多建筑公司已经意识到材料成本审计在招投标过程中的重要性，并在实践中通过检查材料价格是否与政府发布的价格信息一致、供应商是否擅自提高价格、采购流程是否高效、采购计划是否得到妥善执行、材料的入库和出库管理是否到位等措施，来加强对采购活动的管理，旨在提升材料成本的可控性。举例来说，建筑公司可以在采购过程中采用公开招标、集中大规模采购以及建立有效的管理制度等方法。

（4）设备管理的审计

在建筑工程施工领域，为了提高工程效率并降低人力成本，设备的投入和管理已成为成本审计的关键环节。为了增强设备管理的实效性，首先，审计人员应确定施工前所需设备的类型、数量及使用周期；其次，要统计现有设备的数量和运行状况，根据施工需求合理调配设备资源，提高设备利用率，如遇设备短缺或损耗过大的问题，企业应基于自身运营需求，通过购置或租赁来确保施工的顺利进行。在审计过程中，审计人员应依据施工所需的设备台班数和租赁价格，按月结算租赁费，同时避免因设备空置导致成本上升，应根据施工实际需求合理规划设备使用，以增强对设备成本支出的控制效果。

（5）劳务分包专项审计

在当前的建筑施工实践中，劳务分包是常见的劳动力管理方式。它有助于集中管理和培养高技能工人，保障施工质量，并统一管理外来务工人员，维护城市经济的稳定发展。然而，这种管理方式也带来了成本控制的挑战，尤其是当按完成工程量来支付工资时，这不仅增加了成本管理的复杂性，还提高了资金管理风险。为了减轻这些问题的影响，建筑施工企业应当采取以下措施：实施劳务公司和作业队伍的双重入库和双重考核制度，建立作业队伍名录；在招标阶段，对名录中的队伍进行竞标或比较价格，以增强施工的可靠性；及时处理过程中的结算事宜，避免在工程末期统一结算时处于谈判的劣势，提高审计的有效性；这些措施将有助于降低工程施工成本，为企业经济效益的增长提供支持。

（6）项目安全成本审计

在现代建筑工程施工中，由于工作地点的变动性和一些恶劣的施工环境，工程施工与管理的复杂性显著增加。因此，在成本审计中安全成本的核算变得尤为重要。具体措施包括聘请专业安全人员对施工团队进行培训、在现场设置安全警示标识、为工作人员提供必要的个人防护装备等，这些都有助于防范安全事故的发生。专业安全人员的费用、安全标识的制作与安装、个人防护装备的采购等均属于建筑工程的安全成本范畴。加强对这些成本的审计和控制，不仅可以降低整体施工成本，还有利于保障工程的顺利进行。

第二部分　实践篇

第14章　战略规划与管理

14.1　战略概述

14.1.1　战略的定义

对于企业来说，战略是为了应对内部外部环境的影响，设定并执行的长远计划，包括整体布局、全面规划、体系构建以及指导原则等各个方面。战略是全体员工共同思考的结果，不是描绘一个共同的答案，是寻找未来的过程，是面向未来而不是基于现在的。

战略洞察必须是敏锐和深刻的，必须指明方向、简单清晰，必须采取统一连贯的行动、执行和监控。战略设置的目的和意义在于明确公司方向和目标，明确实现目标的途径，识别重大风险，优化组合资源配置，增强执行力，营造企业文化。整体战略应当作为一个组织的导向，为整个组织明确目标、业务优先级和业务焦点。

14.1.2　战略的要素

战略有如下几个要素：

（1）战略谋划的主体是"组织"（政府、军队、企业、学校等）。

（2）战略谋划的对象是组织的预期成果及其达成这些成果的方法、战略与工具等。

（3）战略谋划的依据是组织所处的内外部环境。

14.1.3　战略的层级

战略层级划分为目标阐述、公司/经营战略、创新战略、职能战略。

（1）目标阐述

目标是构成组织的关键因素，聚焦能力和资源。

（2）公司/经营战略

公司/经营战略是指旨在实现目标的行动方案，例如提升市场份额 10%，开辟 1 000 万美元的新市场，并使收入增长 25%。

（3）创新战略

创新战略是指明确全体组织的创新目标、业务优先级和方向，例如：强调技术能力，重视与外部的合作程度。

（4）职能战略

职能战略是指支持经营战略的各职能部门战略，如 IT 战略、HR 战略、销售战略。

14.1.4　战略的特征

（1）全局性

无论何种团体，探索并构建总体规划方案时，所思考的问题必然涉及整个组织的整体利益和社会发展方向等重大议题。

（2）长远性

战略不是解决今天做什么、怎么做，战略主要是解决明天、后天以至长远要做什么、怎么做。

（3）纲领性

战略不可能考虑细枝末节，战略谋划的是一个组织的纲领，纲举才能目张。

（4）系统性

所有组织都是以系统的形式存在，无论是大型的还是小型的、母系统还是子系统，都面临着战略性的挑战。

（5）独特性

任何一个组织的战略都有自己独特的个性。完全雷同的、没有差异的战略是没有生命力的。

14.2　企业战略

14.2.1　经营战略

为了应对复杂多变且充满挑战的市场环境，公司需要对其未来发展的整体规划做出全面考虑。现代商业管理课程如MBA、EMBA都主张把经营战略分为广义和狭义两种理解方式：其中，广义上的经营战略指的是使用战略管理技术来掌控公司的全部运营过程，并按照经营战略的要求执行，以达到其设定的目标；而在狭义上，经营战略则是对企业的经营战略设计、实行和监管全过程的管理工作。

企业的经营战略主要有以下作用：

（1）经过策划经营战略，对公司的外部环境和内部条件进行深入研究和分析，确定公司在市场竞争中的位置，这为提升公司的经营实力提供了明确的路径。

（2）一旦企业制定了经营战略，就能确立其经营发展的大纲，从而充分利用公司的全面效益，进而激发员工的积极性。

（3）有利于国家及相关机构对公司的引导，也有助于实现宏观经济与微观经济的融合和平衡发展。

（4）有助于促进企业管理的现代化进程。

14.2.2　职能战略

职能战略指的是公司各个执行单位设定的引导其工作行为的战略。这种战略可以被细分为销售战略、人力资源战略、财务战略、制造战略、研发战略及公共关系战略等。这些职能战略旨在支持公司的总体战略和具体业务战略，因此需要与其保持一致。

职能战略是为了实现并支撑公司整体战略而设定的特定业务领域的专门战略，主要目的是提升对企业资源的使用效率，以达到最大的使用效益。职能战略需要与公司的总战略（即公司战略）相互配合才能发挥效果。具体来说，职能战略具备如下功能：

（1）阐述、明确并检验公司战略，而不仅仅是受其限制。

（2）精心策划职能战略，可以使公司战略更加明确，从而指导各种具体的运营活动。

（3）将公司战略具体化，并将各战略目标和任务付诸实践。

（4）将公司战略应用于行动中，以验证其是否实施且正确。

换句话说，只有精炼出符合实际的职能战略，公司战略才具备真正的应用价值。否则，企业战略就难以发挥作用。职能战略是公司战略与实现预期战略目标之间的桥梁。

14.2.3　财务战略

财务战略，是指为了平衡公司的资本流转并且达成整个公司的目标，通过研究外部及内部的环境要素对于资金流通产生的作用，制订全面且长远的计划以优化企业的资金管理，同时保证其实施过程。公司财务战略的核心在于关注公司的资金流动状况，这也是它区别于其他各类战略的关键特性；公司财务战略需要考虑公司内外部环境如何影响资金流动，这正是它的环境评估特点，也是公司财务战略的目的——维持公司资金的稳定高效运转，从而达到总公司的大致规划；公司财务战略应该具有常规战略的一般特质，如强调大局观、远见性和创新力。

财务战略有如下功能：

（1）经过对公司内外环境的深入研究并结合公司总体战略需求，提升公司财务实力，增强公司财务系统适应环境的能力。

（2）财务战略强调全面的分析，这有助于增强企业的协同效用。

（3）财务战略的重心是长期收益和整体表现，这有助于塑造并保持公司的财务优势，从而形成并维护公司的竞争优势。

14.3 建筑施工企业战略分析与选择

14.3.1 战略分析的方法与工具

作为战略规划的第一步且关键步骤之一的战略评估过程，直接决定我们能否找准定位。随着战略评估研究的发展，不断涌现的研究者们及顾问公司已经开始深入探讨这一领域的相关内容和技术手段，并且创造出了许多有效的评价方式，如SWOT分析法（优势-劣势对比）、PEST分析法（政治、经济、社会、科技环境因素综合考虑）、波特五力模型和波士顿矩阵等。

（1）SWOT分析法

SWOT分析法是通过整合企业的内外部条件来识别其所面临的外界机遇与挑战及自身的优缺点后，系统地评判各个潜在商业决策，并从中挑选最合适的竞争力计划的方式。其中"S"代表公司内在的有利因素（"Strength"），"W"则指代公司的不足之处（"Weakness"），"O"表示外部有利的市场趋势或发展方向（"Opportunity"），而"T"则是描述可能影响到该组织的风险或者不利的环境变化（"Threat"）。

公司内的优缺点通常是从竞争者的角度来看的，主要体现在公司的财务状况、科技装备、雇员能力、商品质量、销售业绩、经营技巧等方面。衡量公司内部的优缺点通常采用两个指标：一个是单独的优势或劣势，另一个是整体性的优缺点。要全面评判公司的优缺点，需要选择若干关键要素来进行评分，并按照它们的重要性赋予相应的权重，从而得出结果。公司外部的机会包括政府的支持、减少进入市场的阻碍、强烈的市场需求增加等。

公司外部的威胁指的是那些可能损害公司的负面条件，例如新的竞争对手涌现、市场的成长速度减缓、消费者与供应商谈判能力的提升、人口结构的不利变化等，这些都是降低公司目前竞争力或是预期的未来竞争力的重要挑战。利用SWOT分析法，可以协助公司识别其战略优势并据此决定应采取何种战略，如图14-1所示。

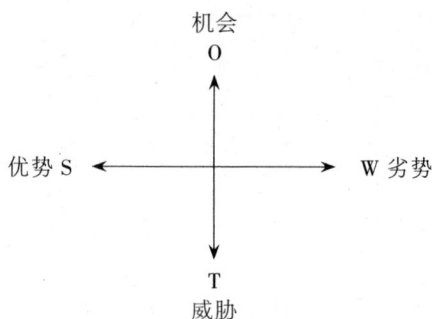

图14-1　SWOT分析模型

（2）PEST分析法

根据安索夫的观点，公司战略行为主要涉及如何应对外部的环境变化及其引发的公司内部结构化进程。所以，首要任务就是评估公司的外部环境。PEST方法作为基本的外部环境分析工具（参见图14-2），可以全面地理解整体的环境状况，并对影响公司战略目标和战略制定的相关因素做出判断，识别出驱动公司未来发展的核心变量以及各个环境因素对于公司的不同作用，进而明确重要的环境因素，并据此优化公司的战略，以更好地适应环境。

①政治法律环境

政治法律环境指的是那些可能直接或间接地影响公司运营活动的政治势力及与此相关的法律法规等要素。一旦政治体系及其管理方式或者政府对于公司的业务态度有所变动，又或者是有约束力的新法律法规发布，那么公司的战略就需要做出相应更改。其中，法律环境主要是由政府发布的适用于公司营运的有强制性的法律法规，如反不正当竞争法、税收条例、环保法及对外贸易规定等。而从本质上来说，政治法律环境其实就是紧密联系着经济发展状况的一个综合体。因此，参与市场竞争的企业需要深入理解某个国家关于商务的相关政策和理念，并进一步掌握与其自身关联的外交贸易准则、专利权规章、劳动保障和社会保险等相关法律和政策。它们可以切实影响到各行各业的运行情况和盈利能力。

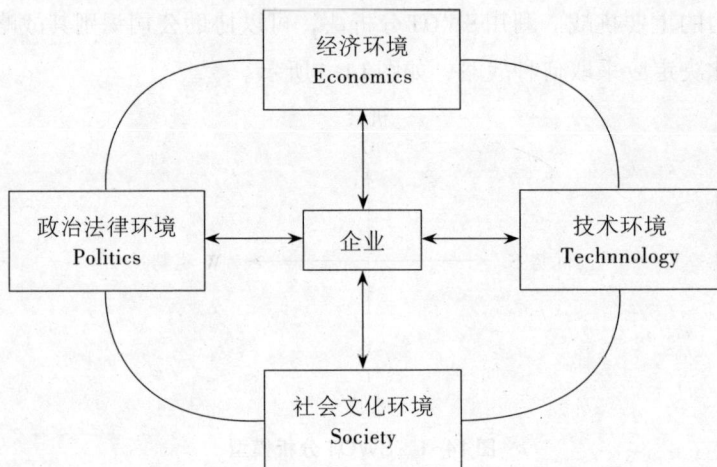

图 14-2　PEST 分析

②经济环境

经济环境的关键要素包括：国家的财务制度、贸易结构、生产分布模式、自然资源条件和未来的经济发展趋势等诸多因素；而这些关键要素包含了国内生产总值（GDP）的变化路径、利率水平及增减速度、通货膨胀率或者通货紧缩率、劳动力参与率、消费需求等情况。公司作为社会中的一员并置身于广阔的大背景之下，它的经营战略必然受到所在地的整体财务条件的影响并且被其制约；同时还要考虑到国际贸易关系对公司经营产生的影响。因此，建筑施工企业在做出新的政策选择时，需要考虑到其他国家和地区的财经形势并对之加以跟踪观察分析、预估评价，以便选出最佳的方案来应对可能出现的挑战或者抓住有利的机遇。

③社会文化环境

社会文化环境指的是公司所属社会的群体特性、文化和道德观、宗教信仰、受教育程度及生活习俗等元素。组成社会环境的主要成分有：人口数量、年龄层划分、种族比例、经济分配模式、消费模式与等级等。每个社群都拥有自己的核心理念，通常具备强大的持久力，这些信念和文化传承由历史积累而成，并经由家族传递和社会教化得以流传下去，所以其稳定性很高，公司的成长需要符合其所处的社群文化。

④技术环境

技术环境不仅涵盖引发颠覆式变革的技术创新，也包含对公司制造过程产生影响的新科技、新工序、新物质的发展动态及其潜在应用可能。过去五十年中，科技创新是其中速度最为迅猛的部分，例如微软、苹果、谷歌等高科技企业的兴起正在深刻地改变人们的生活方式。此外，拥有前沿科技优势的医疗机构或高等教育机构相比其他未使用先进技术的类似单位，往往具有更为强大的竞争力。

面对日益复杂的世界格局及经济发展趋势，现代公司所处的外部环境的挑战已远超出过去任何时期，除前面提到的关键环境要素之外，如生态系统、伦理观念、国际关系等方面也在被逐步纳入对外部环境的评价体系之中。总而言之，为实现公司的长远进步，管理者需要全方位地审视各类外部环境因素，并确保战略规划能适应这些变化。

（3）波特五力模型

相较整体的环境因素，行业环境对于公司的影响更为明显。通过观察五大竞争力要素，我们可以评估出行业的竞争激烈度及潜在盈利空间。这五大要素构成了哈佛商学院教授迈克尔·波特的著名五力模型，该模型被广泛应用于产业分析和商业战略的研究中。

基于产业组织经济学的五力模型揭示了影响行业竞争力与市场吸引力的五大要素，如图14-3所示。

①新进入者的威胁

某领域需要应对来自新对手的竞争压力，这就必然会导致自身资源的部分耗费，从而影响到盈利能力。从整体来看，行业的潜在风险大小与其面临的新挑战有关联，同时还受到现有企业的防御战略的影响。若存在较高的障碍或者新加入者预期面对强硬抵抗，那么这个威胁就相对较低。新参与者能够顺利进入某一领域的难度主要受制于规模效益、品牌忠实度、资金实力和预计的对抗手段等要素。一旦发现新进入者能轻松渗透，那么此种市场竞争将会非常激烈。

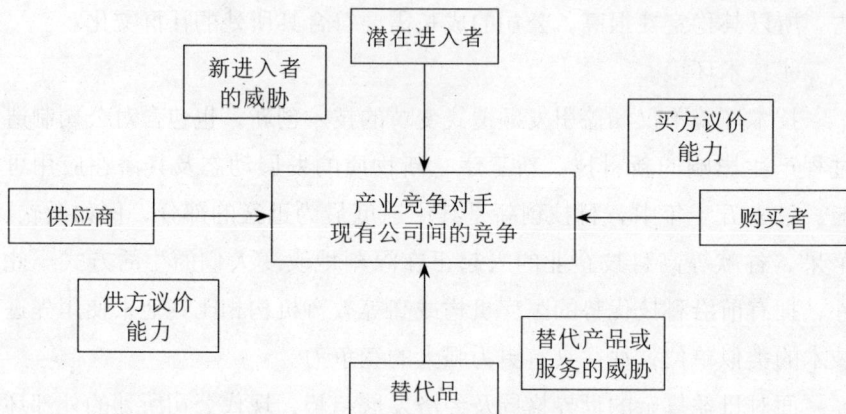

图14-3　产业竞争驱动力量

②替代产品或服务的威胁

替代产品通常来自其他行业的同类或者相似的服务，其主要目的是满足消费者的需求并达到类似的功能。而这种转变的过程中的费用、售价、品质以及客户的忠实度等都是影响着消费者是否会去选择使用替代品的关键因素。从更广泛的角度来看，所有这个领域的公司都在与制造替代品的企业展开激烈的竞争。替代品为整个行业设定了一条可以获取盈利的最高价位线，这也就意味着它能有效地控制住某个行业的最大可能收益。同时，替代品提供的低价高质的选择也使得行业内的企业面临更大的压力。当市场上出现有效的替代品时，企业的销售额将会受此影响，进而导致利润下降。

③买方议价能力

买方主要通过削减成本、提高商品品质和增加附加服务来增强其竞争力，并从中获取利益，这都需以付出行业盈利为代价。买方在业界的地位会因客户量、信息掌控度和替代产品的易得性等多种要素而变化。若买方具备强大的谈判力，便可能要求低价格、高质标准或者提供更多额外服务，从而导致行业收益率下降。

④供方议价能力

供方议价能力可能被用来提升商品的价格或者降低其品质，以此向同业竞争者展示其优势。

这种影响力取决于供应商在市场上的集聚程度和替代资源的可用性

等因素。供方压力可以使一个产业因无法使价格跟上成本的增长而失去利润。供应方的实际权力和买方的购买意愿会互相抵消。当供应方的实力增强时，供应方有更大的机会抬高售价、降低服务或商品的质量，从而使得该行业的产品定价不能跟随成本上升并因此损失收益。

⑤现有公司间的竞争

当行业的现有公司之间展开激烈的市场份额之争时，为了争取更高的市占率和品牌知名度的提升，各家都会采用各类战略以求胜出。这些常见的竞争策略，如降低价格销售，可能会引起商品价格下滑，从而对整体盈利产生影响。然而，另一些常用的策略，例如广告战、新产品发布和客户体验升级，则有可能扩大需求或提升产品的差异化程度，进而使整个行业受益。

管理者需要评估这五个关键要素，并且考虑包括工会等其他外在环境的影响力，以便找出可能存在的威胁和机会，确定适当的竞争策略。依据波特的观点，管理者应该选择那些可以给公司提供竞争力的方案，并进一步指出，这种竞争优势可能是通过降低生产成本实现的，也可能是通过与同业形成明显区别来达到的。

（4）波士顿矩阵模型

波士顿矩阵模型（BCG Matrix）是一种广泛应用于评估公司投资组合效果的方法。该方法通过测算每个市场的增长率及现有的市场占有率，从而为公司提供了一个有效的工具去衡量其各种业务的表现。它的核心观点在于：那些拥有更大市场份额和更快增长速率的业务往往带来更多的盈利并且更加值得发展。

根据"波士顿矩阵"，其垂直方向代表了产品的年度销量或者收入增速（以百分比的形式从 0 到 20），并且当这个数值大于 10 时被视为快速成长的产品；而水平方向则反映出企业的现有市场份额，这有助于评估其在特定市场的竞争力程度。公司的产品可以归纳为四种类型：现金牛产品、瘦狗产品、问题产品和明星产品，如图 14-4 所示。

①现金牛产品（Cashcow），也就是市场份额较大但增长速度较慢的产品。它能够创造出大量的现金流，以便制造商开发新产品并培养出未来的明星产品，可以说是制造商的金库。

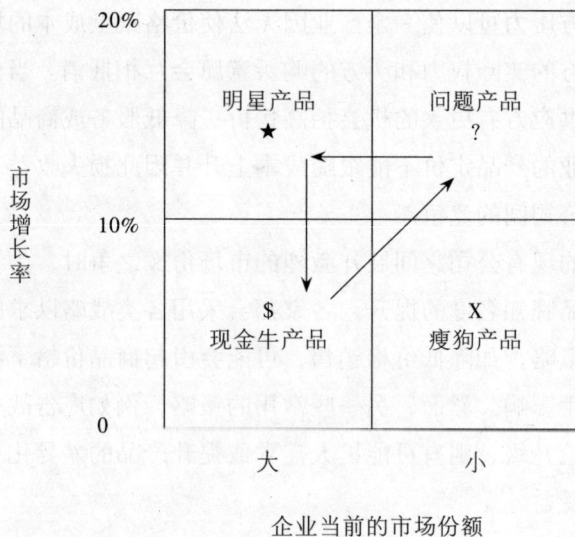

图 14-4 波士顿矩阵

②瘦狗产品（Dogs）或称为衰退类产品，指的是那些市场占有率较低且增速缓慢的产品。尽管这类产品的财务报表显示出盈利能力，但为了保持其市场地位，需要将其收益重新投入到这些产品中。销售团队应理性看待事实，避免因情感原因导致资源被持续消耗于无望的项目上，只有当项目还有潜力时才应该这样做。

③问题产品（Questionmarks），是指那些虽然市场份额较小但是增速极快的产品。为了维持这些产品的竞争优势并防止其衰退或消亡，它们所需的投资量远大于它们的产出。所以，企业领导人必须权衡利弊：是选择加大对市场的投入以创造更好的未来，还是降低运营成本甚至彻底放弃这个领域？

④明星产品（Stars），指的是那些拥有极高市占率和强劲成长性的产品，它们能够吸引更多的资本投入来推动快速扩张。这些明星产品最后也会演变为现金牛产品，即具有高销售量与丰厚收益的产品，具备稳定的性能和安全的保障，并可产出大量资金用于进一步投资其他的项目。

"波士顿矩阵"能为建筑施工企业提供关于如何配置资源及服务的建议，使企业以未来视角审视问题，深入洞察各业务环节间的关联，从而迅速普及。大多数优秀的 CEO 都能熟练运用"现金牛""瘦狗""问题""明星"等概念对自身的产品进行分门别类，并做出相应的决策。

14.3.2　战略的选择

战略的核心在于选择。公司需要制定战略的原因主要在于其拥有的资源与技能相对有限，无法满足所有需求。公司的战略决策应以市场为导向，而技术的演进则由科技创新主导。对技术来说，只要自身不断创新就足以实现目标；然而，从商业角度来看，仅有技术上的提升是不够的，还需要全面评估各种市场竞争力要素，才能获得胜利。

建筑施工企业的总体战略有三种：增长型战略、稳定型战略和缩减型战略。

（1）增长型战略

增长型战略是一种旨在提升公司现有战略层次并朝着更高的目标前进的战略。其主要驱动力在于进步和扩张，推动公司持续创新产品，拓展市场，引入全新的管理方法与生产模式，从而增加公司的销售量及竞争力。

相较于其他种类的战略形态，增长型战略有以下特性：

①虽然执行增长型战略的公司未必能超越整体经济的发展步伐，但是它们的进步通常会超过所处的产品市场的增速。

②实行增长型战略的公司通常能够获得远超社会平均收益率的利润。

③采取增长型战略的公司往往会利用非价格方式来对抗竞争者。

④企业发展的增长战略鼓励其创新。

⑤相较于简单地顺应外界因素，实施增长型战略的企业更愿意主动塑造和激发新的元素或者满足未被满足的需求，以此来调整外部的状况，以符合自身的需要。

（2）稳定型战略

稳定型战略是公司计划在内部与外部条件限制下，让公司的资产配置及运营情况维持现有的状态和水准的一种战略。根据这种战略，公司现在执行的管理方式、产品线以及服务的目标客户群等都不会发生重大变化，或者只有微小幅度的提升或下降。

稳定型战略具备以下特性：

①对于过去的商业表现，公司感到满意，决定追求既定或者与过去类似的商业目标。

②公司在其战略计划期间寻求的目标效益按照大致的比例提升。

③企业打算用与过去相似或基本一致的产品或服务来服务社会，这表明企业在产品创新方面的投入较少。

根据上述特性可知，稳定型战略主要是基于前期的决策。该战略坚守了之前选择的产品与市场的方向，并以之前的目标为基础，设定本阶段期望实现的目标。因此，实施这种稳定型战略需要公司过往的决定已经成功。对于许多公司而言，采用稳定型战略可能是最有效的方法。

（3）缩减型战略

缩减型战略指的是公司通过缩减现有的业务范围及基本水准来实现一种远离初始目标的大规模调整，这是一种相对负面的发展计划。通常来说，执行缩减型战略往往是暂时性的，主要目的在于让公司度过危机并转而探索其他领域。有时候，企业唯有采用收缩和退出的方式，才能够抵抗竞争者的攻击、避免环境的风险并且快速地优化自身的资源分配。因此，可以认为缩减型战略是一个以退为进的战略。

相应地，缩减型战略具有以下特点：

①公司有能力通过缩减、调整和退出策略来处理现有产品及市场的状况，比如放弃某些市场和产品系列。

②对于企业资源的使用，采取严格的管理和尽量降低各项费用支出的措施，并且通常只投入最基本的管理资源，所以在执行缩减型战略的过程中，往往会进行大量的人员裁减，以及停止购买一些奢侈品和高额资产等。

③缩减型战略的短期性相对于稳定型和增长型战略而言更为明显，它的过渡特性使其主要目标不是在短期内节省开支或停止发展，而是为未来的发展储备能量。

14.4　建筑施工企业战略实施

战略实施，即战略执行，其目的在于达成公司的战略目标。一旦公司确定了自己的战略目标，那么公司必须专注于如何将这个目标转化为具体的行动并保证它能够实现。

14.4.1　战略实施的影响因素

建筑施工企业战略实施的影响因素众多，主要集中在以下六个方面：

（1）组织形态

在执行战略之前，企业需要评估现有的组织架构和运作模式是否能与战略实施相匹配，以确保战略目标的实现。

（2）公司文化

公司内部形成的明确的（如公司理念、愿景和政策等）与不明确的（如习惯和风格等）公司文化是否能满足战略执行的需求？

（3）信息沟通

是否全体员工都能理解和掌握企业的战略？各级管理人员是否有能力获取与其战略目标相关的信息，以及在他们职责范围内必须要知道的战略信息？

（4）管理系统

管理系统是否能够及时、准确地提供反馈信息？薪酬制度是否能够激励员工去推动企业战略的实施？

（5）资源配置

企业各部门间的资源配置是否能够相互协作并为战略执行提供充足的支持？能否在不同领域找出各自的核心问题并寻求解决方案？

（6）管理层级

管理者的能力和领导风格是否与战略执行所需要的角色相匹配？尤其是高级管理人员，他们是否具备控制其他各种因素的才能？

14.4.2　战略实施的原则

在战略执行过程中，存在三个基本原则，这些原则可以作为公司执行商业战略的主要依据。

（1）适度合理性原则

尽管在设定公司运营的目标与战略的过程中，会因为信息的局限性、决定的时间约束以及理解力的影响而无法达到最优的结果，然而如果关键性的业务已经大致实现了预期设定的目标，那么我们应该认定这个公司的运营计划及其执行过程是有效的。

（2）统一指挥原则

战略的实施需要由公司的高层管理人员统筹和指导，这有助于确保各项资源如人力、财务、结构变化、文化塑造、信息传递与监控以及激励机制能够协同并保持平衡，从而使得公司的运作能有效地朝着达成战略目标的方向前进。

（3）权变原则

当公司的内部和外部环境出现重大变化，导致无法达成原有战略时，显然需要对原先设定的战略进行大幅度的调整，这就是战略执行权的转移问题。

14.4.3　战略实施的阶段

建筑施工企业战略的实施是战略管理过程的行动阶段，因此它比制定战略更为关键。在将企业战略转化为特性战略的过程中，有四个相互关联的阶段。

（1）战略发动

在这个阶段，公司的主管需要探索怎样把公司战略的目标转化为大部分员工的具体行动，激发他们的热情去执行新的战略。这意味着必须对公司的高层及基层工作人员进行教育，让他们理解并吸收全新的思维方式、理念，提倡新的标语与定义，去除那些阻碍战略实行的老观点和老想法，以便让多数人逐渐适应一项新的战略。

（2）战略计划

在此期间内，我们需要把商业计划拆解成若干个执行步骤，每一个步骤都设定了明确的目标，比如每一阶段的具体行动方案、各部门的战略和相关的指导原则等。同时，我们也必须设定好每个阶段的目标完成时间表，并且全盘考虑所有阶段的目标，确保它们之间有良好的连贯性和过渡。至于长期阶段的目标指南，我们可以简化一些，但短期阶段的目标指南应尽可能详尽。

（3）战略运作

公司战略执行的关键环节涉及以下几个方面：高级管理层的能力、价值观，公司的架构，企业精神，资产配置方式，资讯交流，监督机制和奖励政策。这些要素能确保战略有效地融入公司的日常运营中，并转化为固定的管理任务。

（4）战略的控制与评估

为了适应不断变化的环境，并完成既定的战略任务，企业需要增强对战略执行过程的控制和评估。在这个阶段，主要的工作包括建立控制系统、监测绩效并评估差异，以及控制并修正偏离。

14.4.4　战略实施的模式

（1）指挥型

指挥型的运作方式强调公司总裁思考怎样构建最优战略问题。比如，规划者需要给总裁提供关于公司运营战略的汇报，由他审查并给出决定，一旦明确了战略后，就对高层的管理团队公布公司的战略，接着要求基层的管理者去实施它。

（2）变革型

变革型的战略类型强调公司领导者思考怎样执行公司的计划。在实行这些方案的过程中，他们可能必须经历一些重大转变，例如构建全新的管理结构、引入新颖的信息技术、调整员工队伍，甚至可能是扩大或者缩小业务范围，通常使用奖励机制和监管体系来推动战略的实现。

（3）合作型

合作型方法的核心在于利用团队的力量来解决问题，因此公司总裁需要与公司的同级领导共同深入探讨企业的战略难题，达成统一的观点并制订相应的计划，然后逐步执行和实现这些战略，让每位高级经理都能在战略规划和实践过程中做出自己的努力。

（4）文化型

以文化为导向的企业管理方式的核心在于激发全员对战略执行活动的积极投入，也就是通过利用企业的文化和理念，持续地向全公司人员传递战略观念，塑造统一的价值取向与行动规范，让所有的团队成员都能基于共享的文化基础来参与到战略的实践中去。

（5）增长型

企业的增长型战略使得公司高层领导更注重激发中层经理执行计划的热情和自主性，他们致力于推动公司的盈利提升。这意味着公司高管需要对所有有利于公司成长的建议给予充分重视，如果该提议具有合理性和适应公司长期规划，并且能够解决其中存在的问题，那么应该迅速采纳并赞赏这种创新思维。

14.4.5 战略实施中应注意的事项

（1）注意平衡配置企业的各种资源。

（2）在实施战略的过程中应根据企业各种环境的变化而适当地做出调整。

（3）在执行过程中，需要注意各个部门的配合和协作，以公司的总体战略目标为基础。各部门之间的协同策划涉及许多问题。

14.5 建筑施工企业战略评价与控制

14.5.1 战略评价

战略评价构成了战略管理的根本。这个过程涵盖了对战略执行进度的监控、对战略实施效果的评价以及修正战略决定，目标是达到预期的结果。

（1）评价的时机

及时、公正且有效地审查现行的战略并且根据反馈做出调整，是确保公司达到预期成果的关键要素。这是企业高层管理人员首要的任务，也是重要的责任。

（2）评价的内容

评价的内容按性质可以分为：企业战略基础和企业战略绩效。

企业战略基础是企业战略得以成立的理由，这些理由是在分析企业内外部关键战略因素的基础上，按照抓住战略机遇、避免威胁、扬长避短的原则得到的。然而，执行过程中，公司内外部的状况并不稳定。这种变动对企业的核心战略构成了影响，因此需要立即评估公司的战略以做出相应的改动。

14.5.2　战略控制

基于战略评价，我们需要有针对性地提出适当的调整方案，以保证战略能够有效执行。这就是战略控制，它是一种手段，使战略执行的结果能够基本满足预设计划的目标。

（1）战略控制的类型

①避免控制

在许多情况下，管理人员可以采取适当的手段避免不合适的情况发生，从而达到避免控制的目的。具体手段包括：高效的信息和自动化、管理适当集中化、风险共担、转移或放弃某些经营活动等。

②活动控制

活动控制是一种确保员工按照公司的预期行动的方法，其具体实施步骤是：行动约束；实行岗位职责制度；预先审核。

③业绩管理

这种管理模式是以公司的业绩为核心，借助业绩管理来实现有效管控。通常的做法是设定期望的业绩标准，然后依据这些标准评估收益，并据此执行奖励或惩罚措施。

④员工控制

员工控制系统是依靠所涉及的人员为企业做出最大贡献，同时为员工提供帮助。其手段有：制订全面的教育方案来提升全体员工的专业技能；加强上下的交流与互动；根据公司文化的导向，构建以内部团结力量为中心的高效协作团体。

（2）战略控制的流程

战略控制的流程，总共包括五个环节：确定目标、制定战略评价标准、衡量战略实施效果、评价战略实效差异、采取纠正措施。

①确定目标

确定企业的战略总目标以及具体的阶段目标，将目标拆解开来，分配到各责任人的头上，做好协调和坚持。

②制定战略评价标准

在战略目标确定之后，就要根据各时间段、各部门、各责任人，制定出战略评价标准。

③衡量战略实施效果

在战略的实施过程中，用绩效管理衡量战略实施的效果。

④评价战略实效差异

评价战略实施绩效，是将实际的成果和预定的目标或指标进行比较。

⑤采取纠正措施

如果无法达到预期的目标和需求，我们必须采用适当的方式进行修正。

第15章 全面预算管理

15.1 全面预算管理概述

全面预算是公司战略实行的关键手段,它能把公司的战略拆分成各个层次的目标并分配到各业务部门及负责单位,通过设定目标规划、操作监控与评估评级等方式构建出一套系统化、完整且科学的企业内控体系及其管理理念。全面预算是深度落实公司战略的重要方式,它基于全年的营运目标和计划来制定,它的起始点就是公司的总体目标,最终目标为这些目标的达成,因此全面预算是确保战略实现的关键因素。

15.1.1 全面预算管理的主要特征

(1)全员参与

全员参与是指"预算目标"被逐级拆分并分配给各部门及个人,每个人都承担着相应的职责,从而培养出全体成员对"成本"与"效益"

的认识。

（2）全过程控制

全过程控制包括预算编制，制定目标和计划，严格执行预算，定期分析执行差异，发现问题拿出整改措施，以及对于实际执行的结果进行评估。

（3）全方位管理

全面预算的实施可以协调和统一公司内部各个部门、职能和项目，并对人员、财务和物资进行合理配置。同时，它也能适应企业外在环境的变化，使得内部资源与外部环境达到有机融合，从而实现全方位的管理。

15.1.2　全面预算管理的核心作用

（1）加强部门之间的协同

全面预算管理可以统一目标和方向，加强各部门、各项目的协同一致，减少部门摩擦，形成共同的目标和努力方向，最终形成合力而不是各自为政，分散力量。

（2）绩效考核的依据

提供制度支持以实施绩效管理，通过整合全面预算管理与绩效管理，推动部门和员工行为满足公司的战略目标和年度运营目标，达成责任、权力和利益的一致性，增强部门和员工的积极性和责任感。

（3）降低企业经营风险

"凡事预则立，不预则废"，提前进行谋划，对外部经营环境的变化提前做好应对战略，有效地降低企业的经营风险，"多算胜，少算不胜，先胜而后战"，不打无准备之仗。

15.1.3　全面预算管理的基本框架（如图15-1所示）

全面预算管理的首要任务是确定公司的总体方针，然后对其进行解析，将其拆分为财务指标、顾客需求、业务流程及学习进步的目标，构建出一组能达成公司总方针的逻辑关联，接着依据关键战略目的来设定商业战略和具体执行方案，并合理分配资源以确保年度运营规划和战略目标得以有效实行。

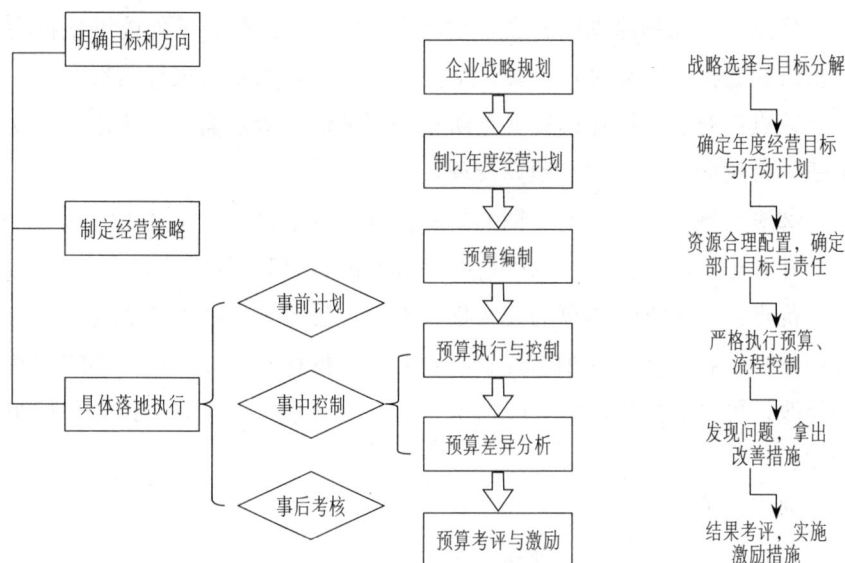

图 15-1　全面预算管理基本框架

通过预算编制确定目标和计划，预算编制后必须严格执行。同时，企业也需要定期地检查预算实施中的偏差，以发现其背后的问题所在，从而提出改善方案，确保预算目标得以达成。最后对预算实施的效果进行评估，以此提升团队成员的热情及责任意识。通过全面预算管理做到事前计划、事中控制、事后考核，做到全过程管控，保障年度经营计划和战略目标的实现。

15.2　建筑施工企业预算编制

建筑施工企业编制全面预算是一个复杂的任务，要求各个部门的参与和协作。在编制预算之前，必须先制定预算指标草案，并根据该草案确定的财务指标和标准，正式开始各项预算编制工作。

15.2.1　编制方法

（1）定期预算与滚动预算

①定期预算是一种以固定的会计周期（例如年度、季度或月份）为

基础来制定预算的战略。

优点：确保预算期间和会计期间在时间上相匹配，以便能够根据会计报告的数据与预算进行比较，从而考核和评价预算的执行结果。

缺点：对于预算在前后各个阶段的连续性有所影响，无法适应持续不断的商业活动过程中的预算管理。

②滚动预算是依据前一期的预算执行状况来调整和制定下一期的预算，并且逐步向后推进，以维持预算期间的特定时间段。

优点：能够维持预算的连续性，有助于思考未来的商业活动，并与公司的短期和长期目标相结合；随着时间的推移对预算进行持续的调整和修改，可以更好地适应实际情况，有利于允分发挥预算的指导和控制功能。

缺点：编制工作量大。

（2）增量预算与零基预算

①增量预算（调整预算）：基于历史期实际经济活动和相关预算，考虑预算期经济活动和相关影响因素的变化情况，通过修改历史期经济活动项目和金额来编制预算。

优点：编制工作量小。

缺点：一旦预算期的状况发生变动，基准期的不合理因素可能会影响预算数值，这有可能导致预算的不精确性，对于激励各部门实现预算目标并无益处。

②零基预算：企业在编制预算时不再根据以往的经济活动和预算，而是从零开始，根据实际需求对预算期的经济活动进行合理性分析，并经过综合平衡得出预算的一种方法。

优点：不受初期花费项目和花费水平的限制，能激发各部门减少开支的积极性。

缺点：编制工作量大。

（3）固定预算与弹性预算

①固定预算（静态预算）：是一种制定预算的方式，其基础是预算期内可以正常达成的特定业务量（例如生产和销售等）。

特点：适应性差、可比性差。

适用对象：该方法适用于经营业务稳定、生产产品产销量稳定、能够准确预测产品需求和产品成本的企业，也可用于制定固定费用预算。

②弹性预算（动态预算）：是依据业务活动、开销与收益间的关联度，通过对成本特性研究得出的结果来制定的预算。它是一种方法，能够按照相关业务活动的规模（例如产量、销量或工作时间等）去估算所需资源。

特点：预算范围宽、可比性强。

适用范围：该方法适合编制所有与业务量相关的预算，并且在实际操作中主要应用于成本费用预算和利润预算，特别是成本费用预算。

15.2.2　编制流程

（1）发布预算编制的指导建议，涵盖预算的总体目标、编制关键点、表格填写说明以及管理规定等。

（2）报告年度预算计划时，下级的预算执行部门需要根据集团设定的总体目标和预算编制关键点等因素，结合本单位的业务战略和经营特性以及内外部环境的变化等实际状况来制订年度预算计划，并在指定的时间段内提交给集团。

（3）经过预算管理委员会办公室初步审查汇总后，根据预算管理委员会的要求，对各预算执行单位上报的预算草案进行审查和平衡。

（4）经过审核和批准的程序，由预算管理委员会办公室整理出的集团级别的预算首先被送交到预算管理委员会进行评估，该委员会随后召集一次特别会议来讨论所有预算计划，并对这些预算方案进行深入的研究和探讨，从而生成完整的预算草稿，再将其呈递给董事会进行审批。一旦董事会对此进行了确认，这个预算草稿就必须上报至股东大会以获得最后的核准与批准。

（5）在审查并执行了集团级别的年度预算草案后，相关决策部门应当将正式文件下发并实施。

15.3　建筑施工企业预算执行与控制

预算执行是指以预算为标准实施生产经营活动的行为，预算控制是指通过过程监督、信息反馈、预算调整等方法促进预算执行不偏离预算标准的手段。因此，预算执行是全面预算管理的核心环节，预算控制是保障建筑施工企业实现预算目标的关键。

15.3.1　预算执行主体与权责

（1）预算执行责任主体

执行预算是公司所有职能部门的共同责任，包括各责任中心负责人、财务部门、预算管理办公室、预算管理委员会。

（2）预算执行权责安排

为了提高管理效率，大部分实施预算管理的公司会将预算管理和授权程度结合起来，形成一个统一的预算授权管理机制，即重新整合授权规则和预算管理权限，以明确两者的权力边界。

①预算内审批权实际上指的是对预算的执行权力。

②超预算审批权实际上指的是一种超过预算的决策权。

预算是指公司各部门及负责人按照规定的规则与限制来决定并实施相关业务活动的能力，比如花费成本或是在规定范围内使用资金的项目规划等。而超出这个框架之外的管理事务则需更高层级的人员参与其中并对之做出决断——这就是所谓的"额外批准权力"，这些事项往往是个别的、特殊的，并没有固定的标准可以参考或依循，因此必须结合实际情况去做出相应的判断和处理。比如，对于公司的整体发展战略做出的重大调整或者未获得许可的产品价格下调等情况就是这类例子中的典型代表。

15.3.2　编制内容

（1）经营预算

经营预算是针对未来一年内的经济交易活动的预期与计划编制的预

算，包括产品销售预算、生产预算、制造费用预算、产品成本预算、期间费用预算及其他业务预算等。

①销售预算

销售预算是公司根据年度目标利润、市场销量或劳务需求、产品结构以及市场价格等因素来编制的，用以预测可能实现的销售量或业务量以及相应的收入。

②生产预算

生产预算是对公司在计划期内所需要实现的生产规模和商品构成的预测，其基础是销售预算。这个预算是根据各类产品的生产能力、原材料和人工消耗的定额，以及物价水平和末期库存状况来编制的。

③制造费用预算

制造费用预算是公司在规划期间为了实现生产预算所需的各类间接开销，主要基于生产预算，根据费用项目和上一年度预算执行状况，按照规划期内降低成本和费用的需求来编制。

④产品成本预算

产品成本预算是一种公司在预算周期内编制的预算，用于预测生产产品所需的成本、单位成本以及销售成本。该预算主要是通过整合生产预算、直接材料预算、直接人工预算和制造费用预算等来编制的。

⑤采购预算

采购预算是公司为了满足生产或运营的需求，计划购买各类商品、材料以及价格较低且易于消耗的存货。制定购买预算主要参考销售预算、生产预算、初始存货和最终存货的经济数量。

⑥期间费用预算

期间费用预算是公司在预算期内组织经营活动必要的管理费用、财务费用、销售费用等预算，在区分变动费用与固定费用、可控费用与不可控费用的基础上，根据上年实际费用水平和预算期内的变化因素，结合费用开支标准和降低成本、费用的要求，分项目、分责任单位进行编制。

⑦其他业务预算

其他业务预算如收支、税费缴纳、政府补贴、对外捐赠以及其他非营业性开销等，都是根据实际状况和国家相关法规来制定的。

（2）资本预算

资本预算是公司在预算期内计划进行的资本性投资活动的预算，包括固定资产投资预算、权益性资本投资预算和债券投资预算等多个方面。

①固定资产投资预算

固定资产投资预算是公司在预算期内对各类固定资产进行购建、改建、扩建和更新等资本投资的预算，是根据公司有关投资决策资料和年度固定资产投资计划进行编制的。同时，固定资产的处置所带来的现金流入也纳入固定资产投资预算范畴。

②权益性资本投资预算

权益性资本投资预算是在预算期内为获得其他企业单位的股权及收益分配权而进行资本投资的预算，根据有关投资决策资料和年度权益性资本投资计划编制。公司出售其持有的权益型股票或收到被投资企业的分红产生的现金收入也会纳入权益性资本投资预算中。

③债券投资预算

债券投资预算是企业在规划期间为购买国家、公司和金融债券等所制订的计划，应依据企业相关的投资决策信息以及证券市场动态进行编制。同时，企业转让债务获取利润而产生的现金流入也需要纳入债券投资预算中。

（3）财务预算

财务预算主要以预计资金流量表、预计现金流量表、预计资产负债表和预计损益表等形式反映。

①预计现金流量表

预计现金流量表是通过编制现金流量表的主要项目的内容来反映公司预算期内所有现金收支及其结果的预算。该报表以经营计划、投资规划以及融资方案等为基本框架，汇集了各类预算中涉及的现金流动信息，主要用于指导企业的财务资源调度和管理决策。

②预计资产负债表

预计资产负债表是根据公司期末财务状况的内容和格式编制的一个

综合预算报表，旨在通过对预算期初实际的资产负债表以及销售预算、生产预算、采购预算、资本预算、筹资预算等相关资料的分析和编制来反映公司的财务状况。

③预计损益表

预计损益表是按照损益表的内容和格式编制的反映公司在预算期内利润目标的预算报表，根据销售预算、生产预算、产品成本预算、期间费用预算、其他预算等有关资料分析编制。

15.3.3　预算控制

预算控制的方法包括总量控制和结构控制。总量控制是指根据预算额度对预算指标的发生进行控制，确保实际执行总额控制在合理的偏差范围之内。结构控制是指通过对预算指标进行结构分析，找出影响其总额变化的相关因素，针对这些可控要素采取相应的控制方法。总量控制和结构控制必须组合运用，才能取得较好的效果。

（1）总量控制

总量控制根据预算控制权限不同，可分为以下几种情况：

①预算内控制

预算内事项是指已纳入各业务部门的业务计划和预算范围内的事项，财务部门在年度预算执行环节充当管理单位，负责追踪和监督预算的执行，并根据预算执行审批权限进行审批控制。

②预算外控制

预算之外的事务，是指那些在预算中没有涉及的、由于内部或者外部原因引起的，需要经过预算管理委员会的批准才能进行的事项。

一旦年终预算经过审核通过，就应该严格实施。为了确保公司目标得以达成且公司的长期运营不受影响，当各个部门需要处理预算外的任务或项目时，都应当遵循预算外事件的管理程序来提交请求。

（2）结构控制

适用结构控制的指标很多，本书仅就成本费用控制举例说明。

成本费用控制的范围是一些可控性的成本费用，不包括累计折旧、相关税费等。可控费用又可以被划分为变动性费用和固定性费用两种，对于变动性费用的管理，一方面是确认与该成本费用相关的元素，另一方面则是设定控制单位标准。对固定性费用的控制主要就是额度的控制，也就是控制费用的总额。

①生产成本预算控制

生产成本包括直接材料、直接人工和制造费用，对直接材料主要是从领料环节进行控制，生产计划下达后车间根据生产计划和在产品库存制订相关的领料计划，仓储部门根据领料计划严格把控领料环节。对直接人工的控制主要是控制单位产品的人工工时，因为单位人工工资的标准已经在年度工资方案中确定了，变动的可能性很小，只需要控制单位产品的人工工时就可以了。对制造费用的控制要分为两部分，一部分是跟产量有关的费用，即变动性费用，比如机物料消耗、维修费等，这部分主要是靠定额进行控制。另一部分是固定性的费用，主要是从额度上控制费用。

②费用预算控制

费用可以分为变动性费用和固定性费用，变动性费用主要控制变动费用率，比如业务兑现费，主要是根据兑现政策中的兑现比率来控制。运输费主要是根据费用比率来控制。固定性费用主要是靠额度进行控制，控制的依据是各项费用的管理制度及费用标准。

15.3.4 预算控制政策

预算控制政策是企业对预算控制对象、控制标准、控制方法等预算控制要素的具体安排，通常包括额度控制、标准控制、其他控制等。

（1）额度控制

额度控制采用总量控制方法，适用于对固定费用、部门费用或项目费用等进行控制。采取额度控制政策需要明确以下几项控制要素：

①控制对象

明确受控制的预算责任单位。

②控制科目

对哪些预算科目采取控制。

③控制方式

当期控制指以当月或当季预算目标作为当期预算控制总额，前期的预算结余不做结转；全年控制指以全年预算额度作为当期预算控制总额；累计控制指以累计预算额作为当期控制总额，上一期间的预算结余可向下期结转。

④控制额度

根据上述控制要素，从预算方案中计算出控制额度，作为控制标准。

（2）标准控制

通过制定预算定额标准对成本费用项目进行控制。如差旅费按交通、住宿、差旅补助等定额标准进行控制，材料按产品工序材料消耗定额控制领用等。

实施标准控制需要注意的事项：

①成本费用定额标准的制定。构建公司成本和开销的标准需要参考各种法律法规、政府发布的政策以及公司的内部管理规则等。

②建立一个以成本费用为基础的定额标准体系。公司的成本与费用可以以各种形式表示。公司应该基于其业务运营状况逐渐构建预算定额标准体系，涵盖实物消耗、能源消耗、人力资源投入、费用开支以及资源占有等各个方面，从而提高全方位的预算管理水平。

③构建健全的数据化预算体系。公司应创建一套科学且严谨的预算，并利用数据化的方法来实时监控和分析成本与开支，以便针对性地实施成本及支出标准的管控措施。

（3）其他控制

①业务控制与财务控制

公司的运营主要依赖于其业务流程，预设及财务监控点应该被融入整个价值链的业务循环里，同时为其业务操作提供数据依据。同样地，所有的工作任务、路线选择、进展情况以及相关数据都应当传递至财务体系，从而实时生成报告以满足对外部用户的需求或作为公司内部的管理分析和决策参考。

②单项控制与总额控制

单项控制是指通过设定特定项目或任务来监控其进展情况，总额控制则是按照整体规模进行监管的一种战略。在实践操作中，我们往往会结合这两种方式来制订预算管理方案。

③刚性控制和柔性控制

刚性控制是基于预设的限制条件来确保不超过预算。而柔性控制则是允许超过预算时可以通过设置警戒线和执行流程来达到突破的目的。实践过程中，一般会对大型项目的费用审查其合规性并实施刚性控制。然而，针对那些不在预算内的开销，应按照规定步骤付款；利用刚性控制防止部分项目消费过高，同时使用柔性控制提示有关人士，推动问题解析，达成最后的控管目的。

总之，采取何种预算控制政策，取决于控制目标的特性，要契合企业的实情，本着合理、效益、效率的原则。

15.4　建筑施工企业预算差异分析

预算差异是指实际状况与预期目标之间的差异，主要涵盖收入和支出方面的预算偏差。为了解决这些预算偏差，首先需要对其进行深度分析，找出产生这种偏差的根源，从而为制定改善战略、避免这类偏差再次发生打下坚实的基础。

15.4.1　预算差异分析的定位

确定预算是如何运作并贯穿于其管理的全过程，对于理解它的工作原理至关重要。许多人对此持有不同看法，虽然这并不影响从整体上把握这个概念，但也说明了一个问题：对差异分析的定位还是要以对预算管理流程的分析为基础。

15.4.2　预算差异分析的方法

（1）预算差异数量分析法

我们可以利用各种方式来评估预算是如何被执行的，例如比率计算法、对比法或者因子研究技术等。我们需要全面了解当前状况并预测未来发展的方向以发现问题所在或潜在的机会点。此外，我们也应对产量与产品种类的分布范围、地理位置的影响程度及其对定价战略的选择影响等方面做出深入的研究。观察利润损失产生的过程，我们可以将其划分为两个主要部分：销售收益差距与生产费用差距。进一步分析这些销售收益和生产费用差距的具体组成后，我们发现它们又可被细分为两大部分：价格差异和数量差异。所谓价格差异，指的是由价格变化引起的差异金额；而数量差异则是由数量的变化所引发的差异金额。

（2）预算差异原因分析法

预算差异数量分析法的主要目的是找到差异的原因，预算差异原因的主要分析方法有：召集相关工作人员讨论并解决问题；深入了解工作的具体状况，如任务执行过程中的协作关系、监管成效和外部环境的影响；利用公司内部审计部门的支持，以协助完成这项审查工作等。

15.4.3 预算差异分析的程序

（1）确定分析对象及分解标准

在制定年度预算的过程中，由预算管理委员会确定预算差异分析的对象和分解标准。

首先，确定需要进行差异分析的对象，这些对象应该具备以下特性：它们对预算目标的达成有着重大影响；可以精确获取成本驱动因素的数据；这些费用与其驱动因素之间存在明确的相互关系，例如线性关系。

其次，设定分解标准。预算管理委员会根据公司的具体情况，遵循差异化分解的原则，确定主要成本和费用项目的差异化分解标准。

（2）收集信息

按照差异分解标准的要求，企业在预算执行与控制期间须进行信息收集工作。这些信息包括：预算执行过程中的财务信息、重要的外部市场信息以及公司内部的非财务信息等。

（3）差异计算与分解

当每月预算完成后，预算管理与控制会通过所获得的数据评估每个

项目预算上的偏差，然后按照差异分解标准去分析这些偏差，从而明确
负责这个偏差的责任单位。

（4）判断差异重要程度

基于项目特性的多样化，可以采用如下方式来定义差异的重要性标
准：设立差异比例，即当某个具体的比例被超越时，就认为是重要的差
异；设置差异数额，只要达到这个预设值，就会视作重要的差异；考虑
差异的变化走势，如果一段时间内连续几个月都呈现出不断上升的态
势，那么这种变化就被认定为重要的差异。

（5）对重要差异进行解释

一旦确认了重要差异，各个负责部门应阐述其原因所在。尽管预算
差异的形成可能涉及多种复杂情况，仅仅依赖差异分析并不能解释全部
问题。因此，我们必须让每个相关部门深入挖掘、精确度量自己的工作
方式，同时对其能够掌控的影响范围及接下来一个月有可能产生的结果
做出预测与评价。

（6）差异原因报告与确认

所有责任部门的分析结果都会被整合到预算管理委员会中，并呈报
给公司的高层管理人员。高层管理人员会对差异原因的分析进行审核和
确认。

15.5 建筑施工企业预算考评与激励

15.5.1 预算考评

在全方位的预算管理流程中，预算考评是一个必不可少的步骤。它
对公司内部各个部门的预算制定、执行过程和效果进行了评估与测量，
并且是管理者实施激励和限制员工的有力手段。

预算考评包括两方面，首先，对各部门实现预算目标和与之相关的
预算事务的表现进行评价；其次，预算管理的状况评估涵盖了各部门在
预算制定、执行、监控和调整等方面的行为效率、精确度和合规度的检
查，旨在保证所有责任单位能充分关注到预算管理工作。

（1）预算考评的原则

①目标性原则

预算考评的目的在于保障公司各个预设目标得以实现。所以，预算考评的原则包含以下两点：第一，在设定预算考评标准时应坚持目标导向；第二，预算考评应该基于预算目标来衡量预算执行机构的表现。

②可控性原则

在设计预算评价标准时，我们需要坚持可控性的准则，如果某个责任单位不能掌控某些项目指标，那么这些指标应该被果断地剔除出去。

③分级考评原则

预算是按级别分配并执行的，所以对它的考评也需要按照同样的方式来做。这是一种关键的原则，它体现了权力分散的管理模式并且确保了各个部门及各级别的责任与权益之间的平衡。同时，这也是一种重要的保障措施，使得预算管理的激励和限制功能能够有效地运作。

④客观公正原则

在进行预算考评时，应该根据预算目标、执行情况、考核制度以及激励计划来进行，需要遵守公正客观的原则。虽然预算考评本质上是主观的工作方式，但其实施必须基于客观事实，只有这样才能保证公平和公正。

⑤时效性原则

预算考评应及时进行，并依据奖惩方案及时兑现。只有这样，才能取信于民，才能使预算管理起到激励和约束作用，才能有助于各项预算目标的完成。

⑥利益挂钩原则

利益挂钩是指预算考评的结果应当与预算执行部门以及员工无利益挂钩，不管是薪酬奖惩还是职位升降；同时需要确保预算考评方法和员工薪资结构之间有密切联系。

（2）预算考评的过程

①制定预算考评制度

制定预算考评制度是为了清晰地定义考核标准和评估系统。由财务部门负责建立各机构的具体绩效评价准则；同时，依据每个项目的具体任务需求来设定相应的评分比率。

②确认各责任中心的执行结果

根据预算评估体系的规定，预算管理办公室应对各个单位的预算执行和预算系统的运作状况进行评估，并向集团内部各专业职能部门提交评估报告。

③兑现奖惩

预算管理委员会负责对预算管理办公室出具的预算考评报告进行审批。企业管理层根据审核批准的预算考评报告，将对各单位预算考评的结果纳入整个公司绩效考评体系，进行奖惩。

15.5.2 预算激励

预算激励是一种基于预算考评结果而对执行预算的人员实施奖惩的行为，它是保证全面预算管理系统长期稳定运作的核心驱动力。

（1）预算激励的原则

①目标导向原则

企业执行预算激励的初衷，不仅在于激励和约束员工，也在于奖勤罚懒。更重要的目的是实现预算目标。

②客观公正原则

需要注意的是如何平衡各个部门之间的利益分配，并依据各部门所负责任务的难度及技术复杂度来设定适当的奖惩差异。同时，各部门应避免过于均等或过大的差别化分配。

③全方位原则

预算是所有财务计划的关键部分，因此其奖励机制也应包括整个流程的所有步骤。此外，该制度还须覆盖企业的供应和制造等各阶段，涉及的人力资源、资金及物品等方面都应该被考虑进去。

④奖惩并存原则

奖励是对预算管理及预算执行结果在肯定基础上的激励和倡导；处置是对预算管理及预算执行结果在否定基础上的一种警诫和纠正。企业在设计预算激励方案的时候，应同时考虑奖惩，有奖有罚。

（2）基于预算的激励机制

基于预算的激励机制根据预算考评的结果来给予预算实施方相应的激励。设计出精确且合理的工作激励方案是一个关键因素，有助于保证公司全面预算管理的体系能够持续和稳定地运作。

建筑施工企业在全面预算管理工作中，必须坚持以人为主导的原则，要花心思抓相关激励制度的设计、执行，以全面提高预算工作的效率和效果。对于企业的各部门绩效评估，可以依据它们的进步程度来确定相应的激励比例；在外部条件变得恶劣时，若预算目标未达到，各级机构都需要迅速反馈现实的变化状况，请求上层重新设定预算标准；而在外界环境转好的情况下，基层往往会反对上层修改预算，希望能维持现状或减少变动。企业需要提前做好准备工作，使得激励体系更加合乎逻辑且科学化。

第16章　财务共享

16.1　财务共享概述

16.1.1　财务共享的内涵

财务共享是以信息化手段为主导，基于财务业务操作流程，旨在提升组织的运作效能与减少营运开销，同时满足内外部顾客的专业需求的一种特定的管理策略。自20世纪末开始，随着对外贸易规模的不断扩大，大量外国公司涌入中国市场，推动了财务共享模式的进步。到21世纪初，网络科技的飞速发展让人们得以迅速处理大量的数据，这给财务共享提供了新机遇，让它能在互联环境下实行集中管控。

16.1.2　财务共享的本质

（1）以信息技术为基础

为了实现财务共享，现代企业必须依赖信息技术。一般来说，财务共享服务中心会使用ERP财务模块，并同时运用工作流、票据影像、OCR识别等信息技术。

（2）以业务流程为中心

在创建财务共享服务中心的过程中，我们应更加重视流程相关的因素，强调以业务流程为中心，进行专业化的分工，目标是提升管理效率和质量。

（3）保持市场化的视角

不论是内部财务服务共享中心还是服务运营型的财务共享中心，我们都应当保持市场化的视角，将客户放在首位，为客户提供满意的服务，并在这个过程中体现出其他的运营动机。

16.1.3 财务共享的特征

在新形势下，大型企业正以更快的步伐向前推进，这推动着各部门更加精细化地运作，更迅速地识别并妥善解决突发的挑战。目前来看，若财务管理部门能全面掌控所有责任单位的财务情况，就可以切实提升工作效率，缩短处理问题所需时间，增强公司的业务水平。因此，财务共享方式具有明显的优点，既能不断提升工作效果，又能确保问题的处理与应对。

16.2 建筑施工企业财务共享保障体系

16.2.1 制度保障

财务共享平台应该建立一套完善的管理制度，规范各个子公司和部门的财务工作，确保财务信息的准确和安全。

（1）财务共享平台的权限管理

①设立财务共享平台管理员，并明确其职责和权限；

②其他用户的权限应根据其职责和需求进行划分，实现权限的精细化管理；

③针对敏感信息和重要操作，设立严格的权限控制机制，确保安

全性。

（2）财务共享平台的流程管理

①制定财务共享平台使用流程，并明确相关责任人；

②建立财务共享平台数据录入和审核流程，确保数据准确性和完整性；

③设立财务共享平台数据导出和分发流程，确保信息安全和合规性。

（3）财务共享平台的安全管理

①构建财务共享平台的安全防护系统，使用保密技术避免数据的泄露和篡改；

②设立数据备份和恢复机制，确保财务数据的可靠性和可恢复性；

③定期进行财务共享平台安全审计和漏洞检测，及时修补漏洞，防范风险。

（4）财务共享平台的绩效评估和监督

①设立财务共享平台的绩效评估指标和考核体系，定期评估共享平台的运营情况；

②进行财务共享平台的监督和检查，及时发现和纠正问题；

③建立相关报告和沟通机制，确保财务共享平台管理的透明和及时沟通。

16.2.2　技术保障

随着技术的不断发展，新技术在财务共享中的应用日益广泛。财务共享是指企业及公司之间在财务领域共享经验、资源和信息的一种合作方式。新技术在财务共享中的应用，包括区块链、人工智能、云计算和大数据。

（1）区块链技术

这是一种分散式的资料库系统，用来确保信息的安全传递与操作。在会计业务流程中，大量财会信息的交互处理是不可避免的，运用区块链技术能够更有效地保障这些数据的安全性和精确度。借助此项技术，企业间可建立彼此间的信任关系，实现财务资讯的交流与分享，也能减少中间环节，提升工作效能。

（2）人工智能技术

人工智能技术在财务领域的应用越来越广泛，包括基于机器学习的预测模型和自动化流程等。在财务信息共享领域，人工智能有能力对数据进行解析和处理，从而提升财务信息的精确度和处理效率。同时，人工智能也可以自动化一些财务流程，提高财务操作的效率和准确性。

（3）云计算技术

云计算技术可以提供高效的数据处理和存储服务，解决部分企业因资源不足、技术条件受限等原因无法实现财务共享的问题。云计算技术可以实现多个企业之间的数据共享，从而提高企业之间的合作效率。

（4）大数据技术

在财务共享中，大数据技术可以处理和分析大量的财务数据，提供更准确的财务信息和预测。同时，大数据技术也可以将财务数据与其他领域的数据进行比对和关联，从而发现财务数据与业务的关联性和影响。

新技术在财务共享中的应用可以提高信息的分享和交流效率，同时提高财务数据处理的准确性和安全性。企业和公司需要结合自身情况，积极探索新技术在财务共享中的应用，实现财务共享的效益最大化。

16.3　建筑施工企业财务共享的发展

从全球财务共享服务的实践历程和传统的发展理论中我们可以看到，财务共享服务经过了四种最常见的模式：基本模式、市场模式、高级市场模式、独立经营模式。随着互联网技术和虚拟组织的发展，还出现了虚拟财务共享服务中心等新型建设模式。

16.3.1　基本模式

财务共享服务中心发展初期通常为基本模式，该模式旨在减少开支、优化业务流程并使之标准化，从而实现规模效益。这种模式主要包括对公司各部门的常规任务、交易行为及行政管理的整合，以此去除多余的部分，形成规模效应。尽管这并不被称为共享服务，但在实际操作中已经相当接近共享服务的初级形态。在这个基础上建设起来的财务共享中心更注重选择合适的地点、计算所需的人力资源、确定最佳的工作负荷指标等要素。

16.3.2　市场模式

市场模式的特点主要体现在两个方面：第一，控制权和服务权的分离；第二，咨询服务的专业化程度的提升。二者具有因果关系。

公司内部分工的常规操作和决策权力分离，使得其他部门或子公司的共享服务使用者能够自主选择是否接纳这些服务。换句话说，这种服务方式已从被动转变为主动，而最终的选择权落在了接受服务的客户的手中。因此，财务共享中心必须持续提高其服务品质、精简流程并增强交流，同时遵循既定的服务规范和服务标准来执行服务。此外，其还须利用基本数据，提供专业的咨询建议以协助决策，这就是所谓的附加值服务，并在其中加入了成本补偿机制，通过服务收费的方式抵偿成本。

16.3.3　高级市场模式

与市场模式相比，高级市场模式的不同在于其加入了竞争，旨在为消费者推介最具效率的产品或服务，以使他们在众多可选方案中做出明智的选择。这种模式同时融合了市场模式的特点，赋予了消费者更多的自主选择权，允许他们在现有多个共享服务的供应者之间选择。

16.3.4　独立经营模式

"独立"是独立经营模式的关键特性之一，此种模式下，共享服务中心已转变为一个自主运营的企业单位，除了满足企业内的需求外，也向外界顾客提供商品和服务。借助自身行业的专长、科技和知识，共享服务中心能够同第三方的服务机构，如会计师事务所，直接开展竞争，其服务收费也呈现市场化态势。

16.3.5　虚拟财务共享服务中心

自第三次工业革命以来，互联网信息科技为人们带来了全新的远程协作能力。借助这一通信技术的优越性，公司在招聘员工、构建团队及提升管理技巧等方面均取得了突破性的进展，从而催生出一种名为"虚拟组织"的新模式。从虚拟组织产生的背景来看，技术应用以及技术带来的组织变革是其两大核心特征：

首先，通过网络信息技术，虚拟组织实现了信息交流。

其次，通过创新的交流方式，虚拟组织实现了组织的改革。

在数字化经济发展环境中，随着 ERP 系统的不断优化及互联网技术的进步，为了强化团队协同工作能力以降低运营费用，企业开始尝试把虚拟组织的理念应用于财务共享服务的实施过程中，从而形成了虚拟财务共享中心的运作体系，这已经成为了未来的发展方向。

相较于传统的实体财务共享服务中心，虚拟财务共享服务中心的主要区别在于其并非把所有的共享中心工作人员聚集在一个固定的地方，而是在利用现代化的网络平台、通信设备等工具实现对分散在各处的员工的联系，从而完成财务共享的服务任务，是实体财务共享服务中心的虚拟化。

16.4　建筑施工企业财务共享战略

16.4.1　财务共享中心概述

财务共享服务中心（Finance Shared Service Centre），简称财务共享中心，是一个以 ERP 平台构建的新的财务管理体系。它是一种会计和报告业务管理方式，旨在克服大型企业内财务管理功能重复且效能不足的问题。财务共享中心可以将不同地点的实体会计业务拿到一个地方集中记账和报告，保证了会计记录和报告的规范、结构统一，节省人力成本，精简财务部门，提高效率。此外，该中心还利用集约式、标准的财务结算程序进行企业的总财务事务的管理，向企业提供有用的信息分析和决策支援。

16.4.2 财务共享中心的战略目标

企业战略经营活动所期望达到的主要成果，被称为战略目标。不同企业可以根据自身需求设定独特的目标或关注领域，以实施长期发展计划并满足市场需求。

企业建立财务共享中心的战略目标可以划分为三类：成本降低、风险可控和促进财务转型（如图16-1所示）。在成本降低的战略目标下，财务共享中心通过整合资源，实现成本的降低和效率的提高，从而稳固、加强企业的财务职能；风险可控目标看重通过建立财务共享中心，加强内部控制和风险管理，从而实现对财务强有力的管控；促进财务转型目标希望通过财务共享服务推动更广泛的变化，促进财务人员发展、财务流程改革来提升财务部门的能力，为企业战略发展提供决策支持。

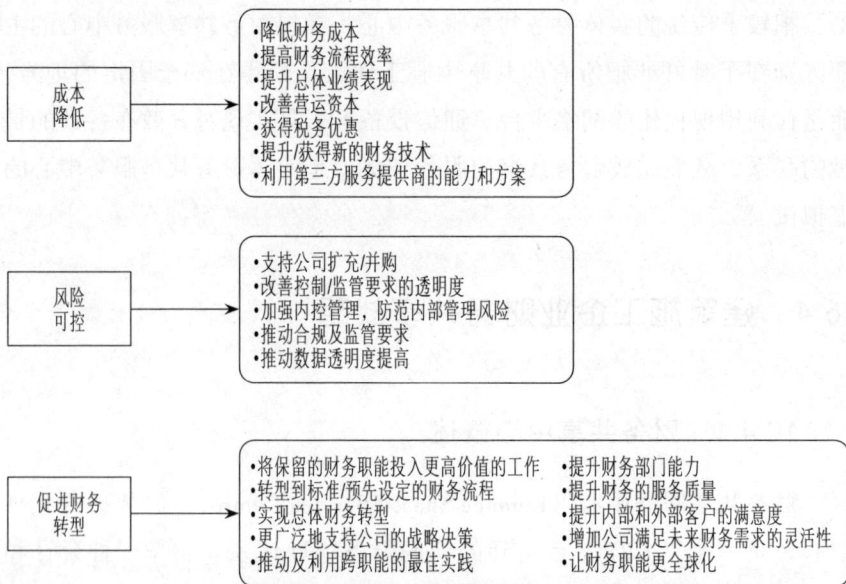

图 16-1　战略目标分类

除了上述三个目标，构建财务共享中心的战略目标可能还包括：增强财务实力、提升财务工作水平、提高内外部客户满意度、加大财务对决策支持的力度、加强公司内部管理等。

16.5　建筑施工企业财务共享中心建设

16.5.1　财务共享中心业务规划

业务流程设计优化是至关重要的一步，其合理性直接影响战略定位能否达成。同时，组织结构和信息平台的建立也依赖于业务流程设计的方向。

在进行业务流程设计时，企业应遵循以下几个方面：

首先，对于分配到财务共享中心的所有业务活动都需要进行全面的思考，确保每个环节都被充分考虑，避免在未来的运营过程中出现意想不到的业务单元，给公司带来损失。

其次，在规划业务流程时，必须确保每个环节的完备性。对于每一个业务流程中的每一个步骤、每个负责人以及每一件涉及的物品都应进行详细的审查，防止因为遗漏某些事项导致公司的业务流程出现异常。

最后，财务共享中心的业务流程设计主要是围绕财务相关的业务活动展开的，因此需要考虑财务业务相互关联的特点，所以在设计时不能从局部出发，而应该保持整体视角，确保业务流程之间的有机结合。

16.5.2　财务共享中心技术规划

财务共享中心完成了流程和组织的变革，实现了财务交易处理业务的集中化、规模化、流程化，为新兴技术的应用提供了天然的场景。这不仅促进了信息科学在财务领域的新发展，还进一步推动了其在财务管理中的智能运用，从业务连接环节的数据采集，到共享服务中心的交易处理，再到数据分析与决策支持，财务共享中心更加自动化、智能化和数字化。

在共享服务中心，财务信息系统与业务系统、外部交易系统实现了更加广泛的互联。交易流程更加自动化，数据采集更加全面。

在交易处理流程中，财务共享中心借助工作流引擎、规则引擎、会计引擎等，实现信息的自动流转，审核及核算工作的自动化。进一步地，机器学习、RPA 等技术的应用让财务共享中心实现了智能审核与核算，为财务共享中心带来了"智慧"的数字化员工，极大提升了财务的处理效率和风险控制水平，推动了财务的智能化。

有了企业内部、外部、结构化、非结构化、经营以及财务数据的沉淀，借助模型与算法，财务共享中心能够充分地采集、加工与展示企业经营管理过程中有价值的数据，将数据转化为信息，以数据指导行为，以洞察辅助决策，为管理层经营决策提供支持。

16.5.3　财务共享中心运营管理

传统的运营管理主要针对制造过程，而财务共享中心作为一种重要的机构改革，为企业的运营管理方式带来了新的活力。为了充分发挥财务共享中心的效用，企业需要对其运营管理架构进行全面更新，制定一套崭新的评估准则。企业可借鉴图 16-2 所示的运营管理体系，并结合自身实际情况进行优化。

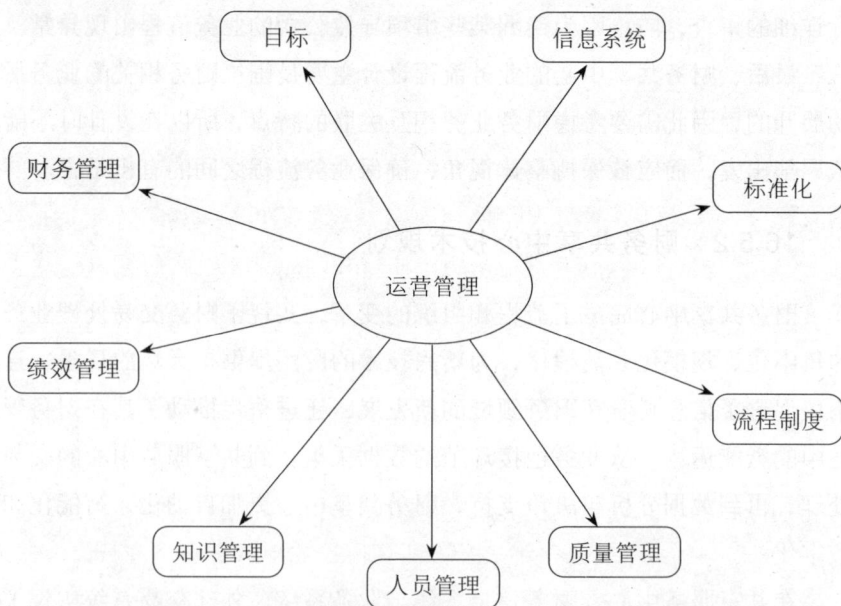

图 16-2　财务共享中心运营管理体系

"目标"作为整体规划的核心部分，明确了企业的管理方针，而其余的管理活动则以此为基础开展。"流程制度"是对企业业务流程的管理，"标准化"的目标在于提升管理的标准化程度，"质量管理"则致力于优化产品或服务的品质水平。近些年来，企业高层更注重组织的构建与人员的管理，通过对人员的教育可加强他们对于财务共享中心的理解，有效的绩效管理能激发财务共享中心团队成员的工作热情，优质的服务管理可以提高他们的职业素养和服务质量，强化知识管理能够显著提升员工利用知识的能力，以便快速响应紧急情况并做出适当反应，从而塑造出独特的"财务共享服务中心文化"。

16.5.4　财务共享中心绩效评价

通常情况下，企业会运用平衡记分卡（Balanced Score Card，BSC）构建财务共享中心的绩效评价体系，BSC结合财务指标与非财务指标对企业财务共享中心进行绩效管理。

（1）基于BSC的绩效评价框架设计

财务共享中心的战略目标是降低成本、提高效率和质量，以实现企业的目标。基于BSC理论，从财务、客户、内部流程和学习与成长四个维度分析如何实现财务共享中心的战略目标，并提出了绩效评价框架，具体内容见表16-1。

表16-1　　　　　　　　**财务共享中心绩效评价的框架**

财务共享中心战略目标：降低成本、提升效率和质量			
财务：降低成本、创造收益	客户：以更低的成本为客户提供更高附加值的服务	内部流程；业务流程标准化，提高业务处理质量和效率	学习与成长：流程的改进、人员的培养激励、技术升级

（2）财务共享中心绩效评价指标体系的建立

依据BSC划分出的四个维度战略目标，设立一套多维度财务共享中心绩效评价指标体系，具体见表16-2。

①财务维度

财务共享中心与传统的机构或者职能部门有所不同，在考虑降低成本的同时，也需要结合其创造收益的特性。所以在选择财务相关指标时，除了使用如利润率这样的财务指标外，还需要考虑成本预算的绩效

表16-2   **财务共享中心绩效评价指标体系**

综合指标	层次指标	具体指标
财务共享中心绩效评价综合指标A	财务维度B1	单位业务成本变动率C1
		利润率C2
		人力成本节约率C3
	客户维度B2	服务满意度C4
		风险控制满意度C5
		服务水平协议达成度C6
		投诉的数量C7
	内部流程维度B3	业务完成率C8
		业务完成的标准度C9
		业务完成的流畅度C10
		业务的差错率C11
		业务处理效率C12
	学习与成长维度B4	培训经费投入C13
		员工满意度C14
		激励培训完成率C15
		新思想和流程改进采纳率C16

评估。因此，应主要从降低成本及增加收益两个方面设定考评指标，具体指标包括：单位业务成本变动率、利润率、人力成本节约率。

②客户维度

唯有顾客满意，财务共享中心才能持续发展，所以，应该高度重视客户，提高其满意程度。这意味着要始终以客户为中心，并根据其需求设定相关的客户导向指标。鉴于财务共享中心的特性，首先要保证满足公司内客户的要求，其次通过扩大业务领域来吸引更多的外部客户。具体指标有：服务满意度、风险控制满意度、服务水平协议达成度、投诉的数量。

③内部流程维度

内部流程维度在四个维度中比较重要，内部流程维度是财务维度和客户维度的有效支撑。内部流程对财务共享中心的管理有着关键性的作用，优化这一要素可以提升企业的工作效能，帮助企业达成战略目标。具体指标有：业务完成率、业务完成的标准度、业务完成的流畅度、业务的差错率、业务处理效率。

④学习与成长维度

学习与成长维度评估了财务共享中心的发展潜力，财务共享中心要想可持续发展，要充分考虑员工与流程改进这两方面，具体指标包括：培训经费投入、员工满意度、激励培训完成率、新思想和流程改进采纳率。

四个主要绩效评估维度并非孤立存在，而是在互相推动中共同发展。例如，激励与培训员工不仅能优化公司内部流程，还能通过提升工作效率及管理水平降低服务成本，进而实现更低价格下的高质量服务，进一步提高消费者的满足感。客户满意度的提高也会带来更大的利润；同时，由于财务共享中心盈利能力增强，企业可能会有更多的培训经费投入。

第 17 章　绩效管理

17.1　绩效管理概述

17.1.1　绩效管理的含义

绩效管理（Performance Management）是指设定员工的绩效目标并搜集与绩效相关的数据信息，对员工是否达到预设的标准或任务进度进行定期评估及反馈，以此来维持员工的行为模式及促进其成果符合公司的需求，从而保障组织实现其预期目的的一种策略方法及相关流程。

17.1.2　绩效管理的内容

完整意义上的绩效管理是由绩效计划、绩效跟进、绩效考核和绩效反馈四个方面组成的一个系统，如图 17-1 所示。

（1）绩效计划

作为整体绩效管理的开端，制订绩效计划是在绩效周期初始阶段，

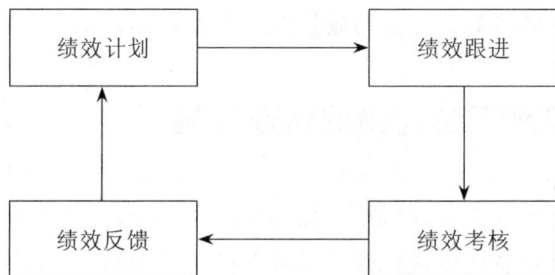

图 17-1　绩效管理系统示意图

通过与主管及员工共同商讨，确定其在该期间内的工作表现目标、工作流程及相关策略。当然，制订绩效计划并不是只在绩效周期开始时才会进行，实际上它会随着绩效周期的推进而不断做出相应的修改。

（2）绩效跟进

绩效跟进是指在整个绩效期间中，通过持续交流，预防或解决上级和员工之间可能出现的各种员工绩效问题的过程。

（3）绩效考核

绩效考核是指设定一个评估对象，运用特定的评估手段，来对员工的职业表现进行评价。

（4）绩效反馈

绩效反馈是指当绩效周期结束时，上级与员工之间进行绩效考核面谈，上级会向员工传达其工作中的缺陷，同时也会和员工一同制定出改善工作的策略。绩效反馈的过程在很大程度上决定了组织实现绩效管理目标的程度。

17.1.3　绩效管理的目标

绩效管理的目标主要呈现在三个方面：战略、管理以及开发。绩效管理的战略目标是将员工的努力与组织的战略目标连接起来，通过提高员工的个人绩效来提升整体的绩效，从而实现组织战略的目标。绩效管理可以对员工的行为和绩效进行评估，适时给予相应的奖惩来激励员工。这些评估的结果是企业执行薪酬管理，做出晋升、保留或解雇员工等重要人力资源管理决策的重要依据。实施绩效管理可以发现员工的不足之处，基于此有针对性地进行改进和培训，以不断提高员工的素质，达到提高绩效的目的，这是绩效管理的开发目标。

17.2 建筑施工企业绩效管理工具

企业做不好绩效管理，往往是因为没有选择适合自己的绩效管理工具。恰当地运用这些绩效管理工具可以推动公司的整体表现得到显著提高，并增强企业的绩效管理水平。常见的绩效管理工具包括：平衡记分卡（BSC）、杜邦分析法（ROI）、目标管理理论（MBO）、目标与关键成果法（OKR）、关键绩效指标（KPI）等。

17.2.1 平衡记分卡

平衡记分卡是一种战略管理系统，也是绩效管理的理论框架，它描述了公司的远景、战略和目标，并将其转换为具体的行动计划、指标和目标价值的四个维度，以便各个级别都能就远景和战略达成共识。通过分解企业的总体目标，管理者可以建立业务部门、个人和企业的平衡记分卡。

优点：

（1）克服了传统绩效评估系统的单一性和滞后性。

（2）强化了目标设定、行为引导以及绩效优化的管理，可以在系统内确保组织的绩效目标。

缺点：平衡记分卡对企业管理基础和战略规范性提出较高的要求，因此企业应考虑到自身的管理基础和管理成本压力。

17.2.2 杜邦分析法

杜邦分析法的核心理念在于把企业的经营效率和财务状况比率相互关联，整合成一体化的评测标准，通过权益回报率进行全面反映。

优点：

（1）对于企业管理层而言，了解权益资本收益率的决定因素以及销售净利润率与总资产周转率和负债率之间的相互关系，是非常有帮助的。

（2）提供了明确的指南，以检查资产管理的效率以及是否实现了股东投资回报的最大化。

缺点：

（1）仅包含财务信息，不能充分反映企业实力。

（2）过度依赖短期财务表现可能导致忽视企业的长期价值创造。

17.2.3　目标管理理论

目标管理理论强调目标驱动、以员工为中心和成果导向的领导方式，从而实现组织与个人的卓越成就。

优点：目标管理作为一种管理思想和技巧，能够帮助组织和员工设定自己的目标和业绩准则，具有很强的激励效果。

缺点：它的设想基于员工愿意承担具有挑战性的目标，对员工的惰性几乎没有考虑，导致目标管理效果大幅度降低。

17.2.4　目标与关键成果法

英特尔创立了目标与关键成果法，随后该方法得到了众多大型公司的应用，如谷歌、Zynga等。目标与关键成果法是一种用于设定组织或团队短期战略及目标的方法。目标与关键成果法可以帮助评估团队目标的实施和完成情况。

优点：

（1）没有过多地限制实现目标的路径，能够更好地激发员工的积极性。

（2）目标更加明确，组织努力方向更加集中。

缺点：

（1）对员工的职业性和自我驱动精神有更高的要求。

（2）对高级管理人员的要求比较高，要求他们实时关注员工并及时与他们沟通。

17.2.5　关键绩效指标

关键绩效指标通过对组织运营过程中的关键成功因素进行细化和总结，采用一系列分解方法，将企业的战略目标分解为可操作的工作目标，从而连接个人目标、部门目标和公司的总体目标。关键绩效指标在内外部都起着牵引和指导的作用。

优点：

（1）目标明确且集中，有助于达成考核目标。

（2）推崇员工的工作价值是为企业内部和外部客户创造价值。

（3）分解战略目标对于实现组织和个人的利益都有积极影响。

缺点：

（1）如果不借助专业工具，很难确定这些量化指标是否会对企业绩效产生重大影响。

（2）过度依赖考核指标，很少考虑人为因素和灵活性的影响，可能在考核中引发争论与反对，过度关注关键绩效指标还可能导致其他管理风险。

17.3 建筑施工企业绩效管理环节

绩效管理是一个持续进行的过程，涵盖了四个阶段，分别是绩效计划、绩效实施与辅导、绩效评估以及绩效反馈和运用。一轮绩效管理循环完成后，根据出现的问题，将会开始新的绩效管理循环。

17.3.1 绩效计划

制订绩效计划是整个绩效管理的首要步骤，也是绩效管理的起点。在此过程中，管理者和被管理者会根据公司的愿景、部门的业务特点以及岗位的职责来讨论并确定员工在考核周期内需要完成的具体工作内容和预期表现水平。

绩效计划为管理绩效提供了明确的方向，所有在绩效管理流程中的步骤都是为了实现这个计划。制订绩效计划应该考虑公司的战略目标和规划、公司的价值观以及公司自身的状况。

17.3.2 绩效实施与辅导

绩效实施与辅导环节，是绩效计划的执行环节。之所以加上"辅导"二字，是因为要强调上级主管对下级工作的辅导。在这个全流程的管理工作中，绩效实施与辅导环节占据了核心位置，也是花费时间最多、最重要的步骤之一，这决定了整体绩效管理的成功或失败。

管理者和被管理者在这个阶段需要建立起互相支持的合作关系，管理者应及时向被管理者提供指引和监督，帮助他们制订更详细的工作计划，并跟踪绩效计划的执行情况。同时，在被管理者制订和实施绩效计划过程中遇到困难时，管理者应提供支持，并在必要时协助修订绩效计划。这可以促进部门和员工的工作方法和技能的不断改进，及时纠正部门和员工偏离绩效目标的问题，指导和纠正企业内部运作中出现的问题，以顺利实现绩效目标，达到企业的战略目标。

17.3.3　绩效评估

绩效评估作为绩效管理的核心部分，其主要任务是依据各部门与个人的绩效指标，利用不同的工具和方式来获取相关信息和数据，然后按照绩效的标准对其所产生的真实业绩及其行为做出评估。

在绩效评估结果公布后，管理者还需要对其进行深入的分析和诊断，这样才能将得出的结论反馈给被评估员工，并且把它应用到人力资源管理决策中，以此形成一个完整的绩效管理循环。

绩效诊断作为绩效管理的核心职能之一，其关键在于识别并解决企业的绩效问题。通过绩效评估，找出对企业绩效起阻碍作用的绩效因素，找出企业经营管理中存在的病因，从而找到根治企业病因的方法。

对以上提及的绩效评估标准进行了深入分析后，管理者需要确定造成部分绩效未达到预期目标的具体原因，接下来，根据这些问题制订相应的解决方案来优化和改善。

绩效管理让员工充分参与绩效目标和绩效计划的制定，融入绩效管理之中，亲身感受和体验到绩效管理，齐心协力提高企业绩效，上级主管不仅是评估者和监督者，更是帮助者和伙伴。

17.3.4　绩效反馈与运用

绩效结果运用是绩效管理的最后一个环节。对绩效优异者进行奖励和绩效较差者进行惩罚，可以鼓励企业内部的正确行为、激励企业员工为达到企业目标而共同努力；同时，管理者应对企业内部运作中出现的问题进行指导和纠正，以达到企业的整体进步。

17.4　关键绩效指标（KPI）

关键绩效指标（Key Performance Indicator，KPI）是通过对组织内部流程的输入端、输出端的关键参数进行设置、取样、计算、分析，衡量流程绩效的一种目标式量化管理指标，是把企业的战略目标分解为可操作的工作目标的工具，是企业绩效管理的基础。

17.4.1　KPI的特点

（1）KPI来自对公司战略目标的分解

从公司的战略目标出发，KPI可以理解为对其深度细化和发展后的结果。一般来说，公司的长远规划、总揽全局的目标往往较为抽象，但对于各职能部门而言，其核心业绩评估标准会更加精确细致，并根据各自职责设定，以期衡量年度的工作成果并且具备可度量的特性。

KPI会随着公司战略目标的发展演变而进行调整。当公司战略的重点发生转变时，管理者需要对KPI进行修改以反映公司战略的新内容。

（2）KPI是衡量绩效结构中可控因素的指标

企业经营活动的效果是由内外因素共同决定的，内部因素包括各个岗位工作人员可控制和影响的部分，也是关键业绩考核的主要对象。KPI应尽量反映员工工作的直接可控效果，剔除他人或环境造成的其他方面影响。

（3）KPI是对主要运营活动的评估，而非对所有操作流程的呈现

每个职位的工作内容都涉及不同的方面，高层管理人员所承担的工作更为复杂，KPI仅对对公司总体战略目标产生重大影响、对战略目标实现起到不可或缺作用的工作进行衡量。

（4）KPI是组织上下认同的

KPI并不是由上级强行设立或发布的，而是在上下级共同参与和执

行过程中形成的统一看法。它并非上级对下级的压迫，而是组织内部相关人员对职位工作表现要求的集体认知。

17.4.2　KPI设立的意义

KPI的特性使其在组织中具有重大影响。

（1）KPI的设立使公司战略目标具体化，有效地促进了各个单位和部门的战略执行。

（2）KPI使得上下级对于职位的工作任务和重要绩效标准有了明确的认识，保证了各层各类员工努力的方向一致。

（3）KPI提供了绩效管理所需的透明、客观和可衡量的基础。

（4）KPI作为关键经营活动绩效的表现，可以帮助不同职位的员工集中注意力处理对公司战略有最大推动作用的方面。

（5）管理人员可以通过定期分析和回顾KPI的执行结果，全面了解经营领域中的关键绩效参数，并及时识别问题、采取措施来进行改进。

17.4.3　建立KPI的要点

构建KPI指标的关键在于流程化、规范化和系统化。

（1）在企业会议上，确定企业业务重点的方法有头脑风暴法和鱼骨分析法。这些方法用于评估企业价值的重点，找出关键业务领域的关键绩效指标（企业级KPI）。

（2）各个业务单位的管理者需要依据公司层面的关键业绩指标来构建各自的子系统关键业绩指标，并对其下属部门的关键业绩指标做进一步细化，明确相关的主要任务和目标，研究影响绩效的因素，从而制定达成目标的具体步骤，对各业务单元的KPI进行细分，以确保评估标准系统的设立。

（3）各个单位的管理员同其负责的KPI团队一起详细分解KPI，把它们进一步细分成更精准的KPI及每个岗位的具体表现评估标准。

（4）建立了指标体系，还须确定评判标准。一般而言，评估工作的方式和程度被称为指标，解答了"如何评定"的疑问；至于每个指标应达成的具体水准则称为标准，回答了"被评估对象需要做到何种地步及完成度"的问题。

（5）管理层需要审查KPI。审核的目标主要是保证这些关键的业绩指标能够全方位、公正地展示被评估者的表现，并且易于实施。

绩效评估是一个过程，它涉及管理层和被管理层对目标设定及其达成的理解，同时也是一种提升员工任务完成率的方法。管理者制定员工的工作指标时，会参考他们所在部门的KPI，部门的KPI来自上级部门的KPI，上级部门的KPI来自企业级KPI。这种方式可以确保所有岗位都朝着公司期望的目标前进。

采用KPI评估企业，有利于实现企业组织结构的整合，增强企业效益，减少不必要的部门、流程和系统。

17.4.4　KPI设计的基本方法

目前常用的方法有鱼骨图分析法和PDCA等，这些方法能够协助我们在实际工作中找出关键问题并解决主要矛盾。

（1）鱼骨图分析法

问题特征通常会受某些因素影响，我们通过头脑风暴来识别和归纳这些因素，同时把它们与特性值放在一起，按相互关联性整理而成的层次分明、条理清楚，并标出重要因素的图形就叫特性要因图。由于它的形态类似鱼骨，因此也常被称作"鱼骨图"或"因果关系图"，这是一种能深入探究表象背后实质的方法。

在KPI构建过程中，鱼骨图的使用说明：

①确定个人或部门的业务焦点，并明确哪些因素对公司业务产生影响。

②确立业务准则。明确成功的核心因素，并实施满足业务重点需求的策略方法。

③确定关键业绩指标，评估某个业绩指标是否满足实际需要。

④将公司级KPI逐步拆分到各个部门，再从部门进一步拆分到每个职位，通过层次化、相互配合的方式，确定各部门和各职位的KPI，并用定量或定性的指标来确认。

（2）PDCA

"PDCA循环"是一个被广泛应用于管理学的模型，也是全面质量管理中必须遵循的科学过程。它包括了四个循环反复的步骤，即计划、执行、检查、处理。

利用PDCA循环逐步优化和实施KPI指标体系，主要的操作步骤包括：

①初步设计关键绩效指标体系。

②上报公司领导审议。

③根据公司领导意见进行修订。

④针对修订稿组织各部门讨论。

⑤将讨论意见集中再修订。

⑥上报批准实施。

其中：①~⑤项工作，通常会反复进行。

17.5　经济增加值（EVA）

绩效考核的价值模式中最重要的一项指标就是经济增加值。这是一个高质量的业绩指标，构成了一个全面的财务管理体系，同时也是一种经理人薪酬的奖励机制。事实证明，按照利润、工龄确定薪酬不太合适，利润多、销售额多的企业，EVA状况未必好，带给股东的财富未必多。EVA计算公式为：

经济增加值（EVA）=税后净经营利润-资本总额*加权平均资本成本

17.5.1　EVA指标的优点

（1）对会计利润进行改进

通过修正基于会计准则所得出的收益，我们能够矫正会计师们在选取会计策略与预估方法上的主观偏好，并解决会计准则自身存在的不足之处，以使得EVA更为贴近实际盈利情况。虽然EVA并非对传统财务报表中所显示的盈余的全盘否认，但它是作为一种改良后的财务指标，能更明确地向企业所有相关的利益方揭示出：一家获利的公司究竟是在创造还是毁灭价值；而对于那些处于亏损状态的公司来说，这个指标也能清楚地反映出它们正在造成或是避免损失。

（2）协调管理者与股东的利益，激励管理者有效行为

为了平衡管理者和所有者利益冲突，企业一般会采用激励机制作为解决方案。对于管理者的激励，EVA就是一个有力的参考值，它是对EVA计算结果的重要应用。所有者的利益在于使公司价值提高。研究表明，那些长期保持EVA为正的企业，其股价也呈现出稳定上涨趋势。EVA能够促使管理者站在所有者的位置进行思考和行动。

17.5.2　EVA指标的缺点

（1）计算上的困难

①计量股权资本成本存在困难

现有的经济状况决定了我们的市场是一个非有效市场，这导致依据有效市场条件得来的资本资产定价模型在当前的经济决策中受到质疑。在非有效市场中获得的β值无法与其根据β值推导出来的股权回报率产生关联，并且在加权平均资本成本中的股权成本并不能真正代表股东要求的必要收益率。

②计算税后净经营利润存在困难

这主要体现在对会计税后净经营利润的调整超过150个项目。如果每一家执行EVA的企业都进行了这样的调整，那么其成本可能会远高于收益。

（2）激励的局限性

EVA指标向下渗透存在问题。根据对EVA实际应用情况的研究发现，大部分实行了EVA管理的企业仅仅把EVA和高层薪酬相联系。所谓EVA激励向下渗透，指的是将EVA激励的覆盖面扩大至决策、执行甚至操作层。EVA向下渗透有两种方法：一是EVA中心分解法，二是EVA驱动因素法。

EVA中心作为一种特殊的利润中心，指的是能够衡量并管理自己所产生的EVA的各种组织的子部门。然而其中也存在一些待解决的问题。首先，共享资源的分配。若缺乏有效的分配策略，将会直接影响各

中心 EVA 的评估结果，这样不仅无法激发员工的工作热情，还可能损害他们的积极态度。其次，关联交易也是个值得关注的问题。因为一旦 EVA 中心之间有关联交易存在，这些交易会极大地影响 EVA 的评估效果。

EVA 驱动因素是那些能够对 EVA 的结果造成影响并易与公司内的各个部分或者个体职责相联系的各项指标。因为其中包含了过去常用的销售利润率、库存周转天数及投资回报率等，在企业不加以宣传的情况下，员工不清楚自身行为和 EVA 的直接关系，不利于员工为提升 EVA 而进行的创新行为产生。

17.5.3　实施 EVA 考核的意义

（1）企业的价值可以通过 EVA 体现

EVA 与利润不同，有利润并不意味着为股东创造了价值。EVA 大于等于 0，表示企业正在增加其价值；EVA 小于 0，则表示企业的价值正在减少。这使得企业更加关注资本成本。

（2）重视资本成本率

当将 EVA 作为绩效衡量标准时，经营者会不得不重视资本成本率，以推动经营者综合考虑收益与风险，谨慎投资。

（3）改进公司业绩考核的体系

以往，国有企业注重对盈利和规模的评估，引入 EVA 评估指标能够鼓励经营者关注公司长期价值的创造。

17.6　平衡记分卡（BSC）

17.6.1　平衡记分卡概述

（1）平衡记分卡的定义

平衡记分卡以企业战略为导向，通过财务、客户、内部流程、学习与成长四个维度及其业绩指标的因果关系，全面管理和评价企业综合业绩，是企业愿景和战略的具体体现，既是一个绩效评价系统，也是一个有效的战略管理系统。

（2）平衡记分卡和关键绩效指标的区别（见表17-1）

表17-1 　　　　　　　　　　KPI与BCS对比表

比较	KPI	BSC
不同点	（1）KPI根据各种方法分析、寻找影响绩效的主要因素（PF），各PF之间不存在明显的逻辑关系，它们一起构成了总目标的组成部分。 （2）不同PF分解出的指标之间并没有逻辑关系	（1）BSC将通向总目标的绩效指标划分为不同的板块，不同的板块之间具有明确的因果支撑关系，形成了一个绩效发展循环。 （2）BSC各个指标之间实际是一个因果关系的链条，它们相互支持、依赖，具有逻辑关系
相同点	都是整体性的绩效管理系统，从企业的战略出发，寻找衡量指标，设定目标，掌控行动	

17.6.2　平衡记分卡的维度

（1）财务维度

其目标是解决"股东如何看待我们"这一类问题。这决定了我们的努力能否为公司的经济效益带来正面影响，因此，财务维度是其他三个维度的出发点和归宿。

（2）客户维度

这一维度回答的是"客户如何看待我们"的问题。客户是公司的核心，是主要的利润来源，因此他们应该被视为公司的重点对象。

（3）内部流程维度

内部流程维度着眼于企业的核心竞争力，回答的是"我们的优势是什么"这一问题。所以，企业需要识别出哪些工作流程对于提升顾客满足感具有最大的影响力，明晰自身的竞争优势，并将这些转化为实际可衡量的评估标准，是公司提高运营绩效的关键所在。

（4）学习与成长维度

其目标是解决"我们是否能持续为客户创造并提高价值"这一类问题。唯有不断增强员工的技术素质和管理素质，才有可能研发出新的产品，从而给消费者带来更多的利益，优化运营效果，这样公司才有机会进入全新的领域，增加红利和股东价值。

17.6.3 平衡记分卡的特点

（1）平衡记分卡的优点

①克服财务评估方法的短期行为；

②保持组织所有资源协调一致，并服务于战略目标；

③能有效地将组织的战略转化为各个层级的绩效指标和行动，解决了企业战略规划执行性差的问题；

④有助于员工对组织目标和战略进行深入的交流与理解，确保了公司的年度规划与其长期发展路径能够有效地融合；

⑤有利于组织和员工的学习进步以及关键技能的培育；

⑥使企业的战略成为一个持续的流程。

（2）平衡记分卡的缺点

①实施难度大

实行平衡记分卡需要公司拥有清晰的组织战略；高层管理人员应具备把战略拆分并传达给员工的能力与动力；中高层管理者需要展现出创造新指标的能力与积极性。所以，对于管理能力较弱的公司来说，直接导入平衡记分卡是不现实的，它们首先需要提升自身的管理素质，然后逐步推进平衡记分卡的使用。

②指标体系的建立较困难

平衡记分卡打破了传统的绩效评估系统，引入了非财务指标，解决了仅依赖财务数据衡量的限制。但是，如何建立非财务指标体系，如何确定非财务指标标准以及如何评价非财务指标仍是企业须重点关注的问题。因此在运用平衡记分卡时，企业的管理层应根据企业的战略、运营的主要业务和外部环境加以仔细斟酌。

③指标数量过多

指标数量过多，指标间的因果关系很难做到真实、明确。平衡记分卡包括四个维度的绩效衡量：财务、客户、内部流程及学习与成长。当多个指标没有呈现出绝对相关性时，应以哪一项为参考来对整体表现做出判断？若排除某些关键指标，是否会造成业绩评估的不全面？这些都是使用平衡记分卡需要解决的关键问题。

④各指标权重的分配比较困难

要对企业业绩进行评价，必须全面考虑到以上提到的四个维度，这便牵涉到了一个权重分配的问题，不仅是在各个层次间设定权重，还要在同一级别的各项指标中设置权重。然而，平衡记分卡并未提供如何根据公司的发展阶段和策略需求来决定指标权重的具体方法，因此，权重的设立没有明确的客观准则，从而导致权重分配存在明显的主观倾向。

⑤部分指标的量化工作难以落实

部分非财务指标较为深奥且难以量化，如客户满意度、客户忠诚度等，还有员工的学习与成长指数和员工对职业满意度的定量分析等。这也导致在评估公司业绩时，不可避免地会包含主观因素。

⑥实施成本高

平衡记分卡规定企业须从财务、客户、内部流程、学习与成长四个维度考虑战略目标的实施，同时设定详尽且明晰的具体目标和标准。除了深入了解战略之外，还必须投入大量时间和人力将其细分到各部门，并确定恰当的指标。而落实到最后，指标可能会多达15～20个，考核与数据收集也是一个不轻的负担。并且平衡记分卡的执行也是一个耗费资源的过程。一份典型的平衡记分卡需要3～6个月去执行，另外还需要几个月去调整结构，使其规范化。从而总的开发时间经常需要一年或更长的时间。

17.6.4 平衡记分卡的实施

（1）制定企业远景目标与发展战略

对于实施平衡记分卡的企业来说，它们需要善于发掘外部环境中的机遇，以创新的方式来调整自身的业务范围、增长路径和竞争策略，有效地配置内部资源，来提升自身在市场上的竞争地位，进而制定合适的长期愿景和发展计划。为了达到这个目的，企业应该追求其战略的适应性、可测量性、满意度、易理解性、激发力和弹性。

（2）将组织经营战略转变为一系列的衡量标准

平衡记分卡要符合SMART原则，即具体的（Specific）、可以衡量的（Measurable）、能够实现的（Attainable）、相关的（Relevant）和有时间限制的（Time-based）。

平衡记分卡是一个战略实施机制，它把组织的战略和一整套的衡量指标相联系，填补了制定战略和实施战略之间的空隙，从而确保企业的战略能够顺利实行。为实现这一目标，我们可以逐渐将公司的战略转变为财务、客户、内部流程、学习与成长四项考核指标。

（3）将战略与企业、部门、个人的短期目标相连接

为了防止企业战略目标、部门规划目标和个人表现评估目标之间的纵向冲突，以及各部门计划之间的横向不协调，我们可以通过战略目标拆分的方式，将战略与各个部门和每位员工的目标相连接。

（4）实施战略、收集反馈以及进行中期调整和修改

当完成对绩效考核指标的设立及明确后，一套基于系统的、严谨的绩效考核内容设定体系就构建完毕了。企业很有必要制定"绩效考核——工作计划表"，将员工绩效考核内容书面记录下来，作为绩效考核的依据。

（5）建立完善的考核体系，依据平衡记分卡的完成状况进行奖惩

建立完善的考核体系，把员工的薪资提升、职位升迁、教育训练等与员工所完成平衡记分卡的情况直接挂钩，通过平衡记分卡来衡量并评估员工的表现和技能，激发他们的积极性和潜力，充分挖掘和运用企业的人力资源，进而提高整体企业的效率和效益，以产生高效的管理循环。

17.7　建筑施工企业绩效考核

绩效考核的实施是绩效管理的关键环节，它对于保证绩效管理的效率起着至关重要的作用。怎样去实行以及需要注意的事项，是所有参加考核的管理者和员工所关注的话题。借助科学的绩效评价，建筑施工企业能更为精确地衡量员工的表现，从而做出合理的决策，确保资源被充分运用，激励员工的工作热情与主动性，促进企业的长期进步。

17.7.1 考核组织结构搭建

（1）组织结构设置应包含决策机构、组织机构和实施机构三个层次

对于决策机构，企业可成立相关的考核领导小组负责考核相关事宜的最终决策；对于组织机构，部分企业会设有经营管理类的部门，要注意与人力资源部门在组织考核中的职能划分，明确经营管理类部门负责整体组织考核还是仅负责组织考核中的关键业绩考核，避免部门之间推诿扯皮。

（2）注意区分考核领导小组与治理主体下设的考核相关专业委员会

考核领导小组主要负责组织、指导和监督公司的绩效考核工作；企业设立的管理绩效相关事项的专门机构通常需要起草高管人员经营业绩考核办法，同时还需要对高管人员的经营业绩进行考核，因此在设计绩效考核制度及考核领导小组职责时需要注意区分。

17.7.2 考核指标体系构建

（1）明确指标分类标准

依据考核的关键点，绩效考核可以划分为关键业绩指标、综合评价类指标和加减分指标，基于考核的不一致性，又可以细分为共性指标、个性指标和加减分指标。建立考核指标体系时需要先确定分类标准，然后为每个分类设置组织或个人的考核指标，同时确保各部分的比重能够准确反映整体的考核导向。

（2）合理设置考核评价细则

考核指标评价细则的设置，尤其是综合评价类指标，须明确评价主体、评价维度以及评分的计算方式，以结果可控为原则设置评分规则。实际操作过程中，面对考核分数差距较小、恶意评价等情况，建议采用强制分布拉开分值，并设置最低分值避免恶意评价。

（3）科学应用组织和个人层面的加减分

百分外加减分主要是对组织和个人具体的突出贡献或失误给予相应的加减分或一票否决，是绩效考核体系中不可或缺的一个维度。在部门层面考核过程中，针对加分事项，虽会设置加分上限，但在其他维度无

法拉开分差的情况下，加分仍会对部门排名起到决定性的作用，进而引导部门追求加分而非提高本职工作质量，导致绩效考核导向出现偏差；此外，能够让各个部门获得同样加分机会的事项非常少，易引起内部的不公平感。针对上述问题，建议在部门层面不再设置固定的加分事项，而是根据每年公司的重难点任务设置加分事项；或在部门层面不应用百分外加分这一维度。

17.7.3　考核周期设置

对于考核周期的设定，需要综合考虑考核成本和激励的及时性，并确定适当的考核周期，包括月度、季度、半年度和年度。

明晰长、短周期考核的关系。建筑施工企业常常采用半年度加年度考核以及季度加年度考核，不同的考核周期分别与不同的绩效奖金挂钩。以季度加年度考核为例，在制定年度目标任务后，将任务分解至四个季度，年终考核时可以有两种方式，一种是将第四季度和年度作为两个考核周期分别计算考核得分后确定考核等级，这种方式须明确部分年度指标的计算规则；另一种是根据季度考核的得分或等级直接确定年度考核得分或等级，年末不再单独考核。

17.7.4　考核结果应用

考核结果的关键应用就是确定绩效考核等级，进而确定绩效考核系数。考核等级的确定主要有考核分数对应等级和考核分数排名对应等级两种方式，具体采用哪一种方式主要与考核对象的数量有关，若考核主体数量较多则往往采用排名对应等级。

部门考核在设置具体对应细则时会面临业务部门和职能部门考核分数波动幅度差别较大的问题，因此针对职能部门和业务部门可以设置差异化的分数等级区间，若部门数量较多，也可采用分类排名，用排名对应等级。个人考核往往采用分数排名结合强制分布比例确定考核等级，需要注意设置部门人数较少和部门人数较多两种情况下的强制规则。

17.7.5　考核申诉

在进行绩效考核时，为了保证结果的公平和精确性，建立考核申诉制度是至关重要的。除了制定明确的申诉流程外，企业还需要特别关注有效申诉期的设定。合理设置有效申诉期，可以有效避免无期限的申诉对绩效考核进程产生延误，确保考核工作能够及时、高效地完成。通过规范化的申诉流程和有限制的申诉期限，企业可以维护考核的公平性，并保证整个绩效考核体系的顺利运作。

17.7.6　制度材料撰写

在制定绩效政策和制度文件时，企业应避免在文件中详细描述绩效跟踪工作台账、绩效面谈表等输出成果。过度的细节规定可能导致实际操作与预期不一致，进而导致无法产生相关成果。为确保绩效管理的有效实施，制度应着重于基本原则、主要流程和关键环节的描述，而非过于具体的操作细节。这样既有利于保持制度的灵活性，也有助于在实际操作中根据企业实际情况进行适当调整，确保绩效管理的效果。

第18章　财务与经营分析

18.1　财务分析与经营分析概述

18.1.1　财务分析概述

财务分析是根据会计记录、报告数据和其他相关的信息资源，并运用一整套特定的评估技巧和手段，对企业的融资行为、投资决策、运营表现、收益分配等方面进行的深入研究和评定。

财务分析的目的在于了解企业盈利或亏损情况及未来发展的方向，以此来提升企业的财务管理效率并优化商业策略。财务分析可以评定企业的资金能力，衡量和检测企业的经营业绩，找出财务活动的不足之处，发掘企业的潜在价值，以期进一步提高企业的经营管理水平。

18.1.2　经营分析概述

经营分析是利用数据和统计学技术来理解公司的经营状况和运营绩

效的一种方法。它包括收集、整理和清洗公司内部和外部的数据（例如财务、销售、运营等），然后使用各种统计学和机器学习技术对这些数据进行分析。最终，数据分析师将分析结果转化为易于理解的可视化图表和报告，以供管理层参考。

企业经营分析的目的是挖掘机会和明确问题，找到原因和对策，通过经营策略的调整，提升管理水平，以持续改善经营效益和经营质量。

18.1.3　财务分析和经营分析的关系

（1）经营分析与财务分析深度融合

财务分析和经营分析是深度捆绑的，在分析的时候，既要分析业务问题，又要分析财务结果。利用企业的财务报告等信息资料，结合相关的指标分析技术，可以进行财务分析，从而识别出企业所面临的问题。经营分析区别于财务分析，又建立在财务分析的基础上，把财务数据与业务活动相结合，来定位问题、深挖问题、讨论问题并形成改善计划与行动方案。

（2）经营分析是财务分析的专项分析

财务分析是通过指标发现异常，而经营分析是对异常进行深入的专项分析，为实现业务目标，提供最佳的解决方案。财务分析侧重于数据解读，经营分析则是通过拆解的数据，具体问题具体分析，找出原因和对策。

（3）财务分析定位问题，经营分析解决问题

财务分析一般是发现问题，并得出直接且简单的结论，报告产出格式较为固定，如"实际运费超预期"等。经营分析更注重寻找问题的原因，提供相应的解决方法，更像是财务分析的升华。实际在做经营分析时，首先需要获取相关信息并对异常的数据进行交流和讨论，然后核实沟通结果是否准确且完整，以此找出业务问题的根本原因，最终给出切实有效的建议。这些事情做完，才能形成经营分析报告，才算完成经营分析。

18.2 建筑施工企业财务与经营分析指标

18.2.1 流动性指标

（1）流动比率

财务分析中，流动比率是一个重要的指标，它用于评估建筑施工企业在短期内偿还债务的能力。通过计算流动比率，即将流动资产除以流动负债，可以获知企业是否具备足够的流动资产来偿还短期债务。

流动比率大于 1 表示企业具备一定的偿债能力，而流动比率小于 1 则可能面临偿债风险。在财务管理中，流动比率可用于评估短期偿债能力、预测流动性风险、指导财务规划和比较行业竞争力。

公式为：流动比率=流动资产/流动负债

（2）速动比率

速动比率是企业短期偿债能力和流动性的衡量指标之一。速动比率越高，表示企业更容易偿还短期债务，具有更强的流动性和偿债能力。

对于建筑施工企业而言，速动比率的计算和分析意义重大。它可以帮助企业评估自身的财务状况，制定有效的经营策略，并提升整体的偿债能力和流动性。

公式为：速动比率=（流动资产–存货）/流动负债

18.2.2 盈利能力指标

（1）毛利率

毛利率是评估建筑施工企业盈利能力和效率的重要指标，通过计算毛利率，企业可以了解自身盈利情况、优化产品定价策略、提高供应链管理水平、提高效率等。

在计算毛利率时需要注意确定销售成本和销售收入、统一货币单位、选择合适的时间周期等因素，以保证计算的准确性。企业应该重视毛利率的分析和控制，以实现可持续的经营发展。

公式为：毛利率=（营业收入–销售成本）/营业收入

（2）净利率

净利率是建筑施工企业财务分析中的重要指标之一，它反映了企业在销售收入中实际获得的净利润比例。

通过计算净利率，企业可以评估自身的盈利能力、业绩表现和风险状况，并帮助企业进行资金安排、财务规划和绩效评估。

公式为：净利率=净利润/营业收入

（3）ROA（总资产回报率）

ROA（Return on Assets）是一项重要的财务分析指标，通过计算公司净利润与总资产之间的比率来评估企业的经营状况和资源利用效率。

较高的ROA表示企业能够以较少的资产创造较多的利润，展示出优越的经营能力。ROA可以帮助投资者了解一家公司是否能有效地利用其资产实现盈利，并与同行业公司进行比较。此外，ROA还可以用于引导企业战略决策、监测企业长期稳定性和促进内部管理。

公式为：ROA=净利润/平均总资产

18.2.3　负债与资产管理指标

（1）负债比率

负债比率是建筑施工企业财务分析中的重要指标，它衡量了企业负债与净资产之间的比例，反映了企业的债务风险和偿债能力。

负债比率越低，说明企业更为稳定和健康，能够更好地抵御风险。此外，负债比率还有助于评估企业的财务结构和信用等级，帮助投资者和融资方评估偿债能力和潜在风险。

公式为：负债比率=总负债/总资产

（2）总资产周转率

总资产周转率用来衡量建筑施工企业的经营效果和经营水平，通过计算净销售收入与平均总资产的比值来评估，可以衡量企业资产利用的效率。

高周转率表示企业能够更有效地将资产转化为销售收入，提高资产的利用效率。计算总资产周转率有助于发现经营问题、辅助经营决策、指导资本投入决策、追踪经营绩效改进，并发现潜在问题和风险。总资产周转率是企业经营管理中的重要指标之一，可以帮助企业优化经营管理，实现持续的经营改进和增长。

公式为：总资产周转率=营业收入/平均总资产

（3）存货周转率

存货周转率是建筑施工企业财务分析中一个重要的参数，用于衡量存货管理效率，通过计算销售成本与平均存货的比值得出，以评估企业存货周转速度。

存货周转率的高低可以反映出管理效能的好坏，如果存货过多或销售不畅，那么存货周转率就会相应降低。计算存货周转率有助于预测销售需求、优化资金利用率、调整生产计划、降低仓储成本等。

公式为：存货周转率=成本商品销售额/平均存货

（4）应收账款周转率

应收账款周转率是企业财务分析中的重要指标，它反映了企业应收账款的收回能力和经营效率。通常来说，高周转率意味着高效率。

该指标对建筑施工企业具有重要意义，可评估信用销售政策、检查风险与财务稳定性、对比行业竞争对手、评估资金需求与融资决策。在计算时应注意确定计算周期、考虑财务政策影响、不同客户和应收账款质量。

公式为：应收账款周转率=营业收入/平均应收账款余额

（5）资本周转率

资本周转率是一个企业的年销售收入与其总资产之比，用来评估企业资产的利用效率和经营效益。

它可以帮助建筑施工企业衡量资产利用效率、检验发展趋势、判断健康状况、评估经营策略有效性以及评估管理绩效。在计算资本周转率时，需要注意适当选择资产范围，分析结果的限制，考虑企业规模和财务政策，并综合考虑运营风险。

公式为：资本周转率=营业收入/平均资本

18.2.4 估值指标

（1）每股收益

每股收益（EPS）是衡量一家企业股值收益的重要估值指标之一。

它表示每股普通股在特定期间内所获得的净利润。

通过计算和分析 EPS，投资者可以评估企业的盈利能力、发展潜力和投资回报率。投资者在计算 EPS 时需要注意净利润的处理、流通股数的确定、股息和税收的影响等因素。EPS 对于建筑施工企业而言具有重要意义，可以用于盈利能力评估、资本市场关注、财务规划、税收筹划和股票激励等方面。

公式为：每股收益=净利润/普通股总数

（2）市盈率

市盈率是股票估值的重要指标之一，反映了投资者对公司未来盈利的预期和愿意支付的价格。

市盈率可以用于估值参考、吸引投资者、评估回报率、监控盈利能力、评估股票波动性和判断市场情绪。在计算市盈率时，需要注意准确计算公司的盈利数据，考虑未来盈利预期、市场波动以及特殊因素。

公式为：市盈率=公司市值/净利润

（3）市销率

市销率是衡量建筑施工企业市场地位和竞争力的重要财务分析指标，它通过将企业的市值与销售额进行比较，反映了企业在市场中的价值和潜力。

了解市销率的应用场景和影响因素可以帮助企业管理者和投资者更好地评估企业的价值、预测市场变化和制定合适的投资和经营策略。在计算市销率时需要注意确定销售额的计算方法、选择合适的市值计算方法、定期更新数据、注意市场风险、结合其他指标进行综合分析。

公式为：市销率=公司市值/营业收入

（4）市净率

市净率是一种用于评估公司价值的重要指标，它衡量了公司股价相对于其净资产的比例。

投资者可以通过计算市净率来判断公司是否被低估或高估，并据此决定是否进行投资。市净率较低的公司可能被认为有较好的投资机会，因为其股价相对较低，可能被低估。然而，市净率仅作为参考指标，投资者还应考虑其他因素，如行业前景、公司盈利能力和风险因素等，以做出全面的投资决策。

公式为：市净率=公司市值/净资产

18.3 建筑施工企业财务状况分析

18.3.1 综合浏览

面对一份企业的财务报告（包括年度、半年度或季度财务报告）时，无论是分析人员还是信息使用者，首先都应该全面阅读这份报告。在进行全面阅读的过程中，主要需要注意以下几点：

（1）企业所处的行业以及生产经营特点

理解企业所处行业及生产经营特点至关紧要。因为企业所在行业及生产经营特点对其资产结构、资金构成、收入确认方式、费用结构、盈利模式以及现金流量的特征等方面有着重大影响。同时，深入研究企业所属行业及生产经营特点也有助于构建企业间的财务状况对比的基础。

（2）企业的主要股东，尤其是控股股东

了解企业的主要股东，尤其是控股股东，能使分析者或信息使用者了解公司背后的投资者情况。分析者或者信息使用者可以根据企业的主要股东，尤其是控股股东来判断：这些主要股东，或者控股股东对企业的支持是什么呢？除了资金投入外，他们在企业发展过程中还提供了哪些协助？能否对企业长期健康发展起支持作用？

（3）企业的发展沿革

了解企业的发展沿革等信息，分析者或者信息使用者可以在一定程度上对企业未来的发展轨迹做出判断。分析者或者信息使用者需要重点注意以下几个方面的问题：①企业控股股东的变动状况；②企业业务领域及产品的演变趋势；③企业管理层架构的调整动态等。

（4）企业高级管理人员的结构及其变动状况

了解企业高管的结构及变化情况，分析者或信息使用者可以对高管的背景、能力和协作性等方面进行分析。

18.3.2 比率分析

当全面阅读企业财报后，分析者或者信息使用者便可开始初始的财务指标研究。需要特别关注的比率包括：①获利能力比率，包括毛利率、核心利润率、净资产收益率、资产报酬率、利息保障倍数以及每股利润（收益）等；②财务状况比率，包括流动比率、速动比率、资产负债率、商业债权周转率、存货周转率、流动资产周转率、固定资产周转率、总资产周转率等。在对外投资占总资产比重较大的条件下，总资产中应该减去对外投资、商业债务平均付账期等。

在计算出来上述主要比率以后，分析者或者信息使用者就可以进行年度间的相同比率比较了。

18.3.3 报表分析

经过前两步的研究，分析者或者信息使用者已对企业的财务状况有了基本理解。然而，若想要深入了解公司财务状况并洞察其经营行为，现有的分析方法是不够的，还需要利用报表附注中的相关数据来对比分析资产负债表、利润表和现金流量表三份财务报告，以达到对企业财务状况进行质量分析、透视企业的管理活动的目的。

（1）对利润表（含股东权益变动表）进行分析

利润表是企业财务成果和分配过程的主要反映。在对利润表（包括股东权益变动表）进行分析时，分析者或者信息使用者应该重点关注以下几个方面：

第一，需要密切观察企业的毛利趋势。

第二，需要对企业的营业收入进行深入研究，重点关注营业收入的产品类型和地域分布等因素。

第三，密切关注企业各项费用在年度间的变化趋势以及这些费用与营业收入的比例波动。这种分析能够迅速找出企业各项费用产生的异常因素。

第四，观察企业狭义营业利润与广义投资收益之间是否有互补性变化趋势。虽然这种互补性变化趋势不一定是由利润操作所导致，但在狭义营业利润较低时，对广义投资收益的增长需要保持警惕。

第五，需要重视企业的现金股利分配政策。企业现金股利分配政策不仅仅反映了公司利润质量，还体现了企业高层对其未来发展的看法，但是并非所有发放大量现金股利的企业都拥有高质量的利润。

（2）对现金流量表进行分析

现金流量表揭示了企业在相同的会计时期内，货币资金与现金等价物的总收入和总支出。在研究现金流量表时，需要特别注意以下几点：

第一，经营活动现金流量的充分程度。经营活动的现金流量最好能够完成：①补偿固定资产折旧和无形资产摊销费用；②发放现金股利；③支付利息费用。经营活动现金流量难以完成上述支付的条件下，企业或者收款出现了问题，或者付款出现了问题，也有可能是现金流量表编制错误。

第二，投资活动的现金流出量与企业投资计划的吻合程度。当企业决定购买或建设固定资产、无形资产或者对外进行股权及债务投资时，必须经过深思熟虑并有明确的研究结果支持。所以，我们要密切注意投资活动中产生的大额现金流出是否符合企业的投资策略。通常来说，投资活动的现金流出量反映了企业的扩张态势。

第三，筹资活动的现金流量与经营活动、投资活动现金流量之和的适应程度。

（3）对资产的构造、变动、资产质量和资本结构进行研究

进行分析时，应特别关注企业资产和其经营特征的匹配度、企业资产负债表中的重大变动项目、变化的原因以及变动结构对企业财务状况的影响、企业的税务环境和融资环境等方面。

18.4 建筑施工企业经营情况分析

18.4.1 财务指标分析

根据财务报表编制基础，分析报表项目和彼此的比率关系就是最简单的财务分析，比如营业收入、毛利率、费用率、资产负债率、ROIC、

ROE。财务分析是反映历史和当下经营状况的工具，但只通过上述KPI来评价经营状况是很单薄的，由此延伸出如预算（Budget）和财务BP等财务分析的有效抓手。

（1）全面预算（Comprehensive Budget）

预算这个概念是财务往业务靠近的一个抓手，预算数据和报表本身就是虚构数，其功能体现在"预算分析"中，有一点像同比环比，都是一个百分比数值。由此延伸出滚动预算、零基预算、增量预算的概念，在实际工作中的运用是十分灵活的，企业可匹配当期、累计、测算的多种结果采用不同的预算管理方式。

由于存在费用和成本的预算，因此实际中可能会利用到滚动预算的概念去调整全年预算，由此可以延伸到成本、费用的预算，根据财务报表编制基础可以实现总预算，形成预算财务报表和实际财务报表的比率分析。

到此为止，预算实现了一个基期制定、定期分析的功能，但对于业务辅助来说依旧有限，如果能够通过调整来实现测算功能（模拟），那么这对于辅助业务的达成是极具意义和指导性的，由此产生了Planning Tools，通过对收入、成本的匹配和调整，最终可以实现总预算层面的"达成分析"和"敏感性分析"，如果再结合"帕累托分析"（ParetoAnalysis），就可以重点锁定项目产品开展督导工作。

（2）财务BP（Financial Business Partner）

财务BP的兴起是由于很多企业不具备财务分析的意义，可能是业务非常简单没有必要利用会计核算和报表编制，又或者是报表结构极其简单，还可能是没有足够的资源去实现全面预算管理，对于这些企业来说，财务分析过于框架化和空虚。因此，财务BP准确来说是业务层面的分析，甚至可以没有财务类的指标（也可以理解为不以货币为计量单位），但是这类分析对于业务本身而言又是很有意义的。

财务BP的兴起归根到底是因为财务人员缺少有效的工具去解决复杂报表的逻辑关系，因此越来越多的企业对于经营分析的要求越来越复合化，即懂财务、懂业务、懂数据分析。

18.4.2　内部管理及能力分析

内部管理及能力分析主要围绕着工作开展情况进行。建筑施工企业在经营过程中有很多无法量化的指标，有很多重要的工作需要进行管理，类似于项目管理，作为管理者需要了解各类工作或者项目进展情况，因此需要建立台账，并构建工作项目清单，通过统计工作完成情况分析评价工作完成质量。

这部分工作与绩效考核关系密切，BSC设计的初衷是把战略目标分解用以绩效考核，因此可以按照这个思路将战略目标不断分解成具体工作，对于每个工作匹配相关的部门、分数，建立进度管理模块。最终分析的结果是以各部门重点工作的评分、进度、效率进行展示分析的。

18.4.3　市场环境及竞争分析

PEST分析是一种主要用于市场环境分析的宏观方法，适合企业外部环境的研究，见表18-1。

表18-1　　　　　　　　　　PEST分析图

分析项目	分析内容
政治（Politics）	梳理政策，并对该政策的内容进行分析整理
经济（Economy）	现实中主要是对市场的前景进行判断
社会（Society）	人口、地区、文化，延伸出市场竞争、消费者分析
技术（Technology）	技术方面的各类分析

在进行PEST分析时，企业可以根据自身特点和经营需要，对不同行业和企业进行具体分析。

PEST分析中的因素往往是不可控的，企业在宏观环境中受到这些因素的影响，继而形成战略措施和应对方法，从而提升市场竞争力。对于市场竞争能力和竞争格局的分析，一般通过"波特五力模型"实现，"波特五力模型"用于研究公司的竞争环境，其核心要素包括五个关键因素，见表18-2。

表18-2 波特五力模型图

类别	分析项目	分析内容
产业链上	买方议价能力	前端市场——消费者，彼此供需关系
	卖方议价能力	后端市场——供应方，彼此供需关系
本行业内	行业内竞争	市场上现有竞争者之间的竞争
	潜在进入者	分析寻找结构性和行为性障碍
其他行业	替代品威胁	从替代的角度分析供需关系

通过对这五个因素的分析，企业可以更好地了解市场竞争环境，制定更加有效的营销策略和业务计划。各类型的分析工具彼此之间是有联系的，不是独立不相关的，比如在PEST分析中的社会因素分析跟"波特五力模型"具有一定的相似度和联系。

经营分析的结果以经营分析报告的形式呈现，需要输出结论和建议。对于这种策略性质的分析可以通过SWOT分析实现。SWOT分析是一种内外部分析，跟PEST分析很相似，都由4个因素构成但使用方法却不同，原因在于内部外因素结合能够形成4种策略：SO、ST、WO、WT，见表18-3。

表18-3 SWOT分析图

缩写	分析项目	分析内容
S	优势（Strength）	企业拥有的超越竞争对手的能力和资源
W	劣势（Weakness）	在某些方面不如竞争对手或存在某些不足之处
O	机会（Opportunity）	市场或行业中的机遇和趋势，得到的发展机会
T	威胁（Threat）	外部环境对企业造成的不利因素

18.5 建筑施工企业风险管理分析

风险管理分析是指对潜在风险进行评估、识别和量化的过程。它旨在帮助组织识别风险，并制定相应的风险管理策略和措施来应对这些风险。以下是风险管理分析的一般步骤：

18.5.1　风险识别

识别可能影响组织目标实现的各种机会和威胁。这可以通过头脑风暴、SWOT分析、文献研究等方法进行。

18.5.2　风险评估

评估每个已识别风险的潜在影响和发生概率。通常使用定性和定量方法来进行评估，如风险矩阵、统计分析等。

18.5.3　风险优先级排序

根据风险的影响和概率，对已评估的风险进行排序，以确定应优先处理的风险。

18.5.4　风险策略制定

制定适当的风险管理策略和措施，以减轻或转移风险，包括采取防范措施、购买保险、建立应急计划等。

18.5.5　风险监控和审查

定期监控和审查已采取的风险管理措施的有效性，并根据需要进行调整和改进。

需要注意的是，风险管理分析是一个动态的过程，应根据组织的需求和情况进行定期更新和调整。此外，风险管理分析通常需要专业的风险管理人员或团队，以确保准确性和可靠性。

第19章　成本管理与控制

19.1　成本概述

19.1.1　成本的概念

成本是商品经济的价值范畴，是商品价值的组成部分。为了达到生产经营活动的目标或满足特定的需求，人们必须使用一定的资源，这些被消耗的资源通过货币的形式来反映并转化为成本。成本也可理解为为达成特定决策所需支付的价格，例如，投资者投入资金的时候，他们所提供的货币就是他们的投资成本。

19.1.2　成本的分类

（1）机会成本

机会成本是指生产一单位的某种商品所放弃的最高收入，就是生产者使用相同生产要素在其他生产用途中所能得到的收入。

（2）显成本和隐成本

①显成本

显成本指的是企业在生产要素市场上购买或租赁他人所拥有的生产要素的实际支出，是企业必须支付货币的投入成本。

②隐成本

隐成本指的是企业所拥有的，并用于其自身的生产过程的那些生产要素的总价格，是企业无须支付货币的投入成本。

（3）沉没成本

沉没成本是指已经支付并且无法收回的费用，即使生产商退出生产，也不能完全消除沉没成本。沉没成本对于生产商未来的生产决策没有影响。

19.2　建筑施工企业成本管理的环节

为了高效利用资源，建筑施工企业需要全面分析、控制和规划各项业务活动产生的成本。这涉及六个环节，包括成本目标设定、成本预算编制、成本控制、成本分析、成本效益评估、绩效评估与持续改进。

19.2.1　成本目标设定

成本目标设定是成本管理的第一步。成本目标应该包括企业在一定时间范围内总体的成本控制目标、各个部门或项目的具体成本目标。通过合理设定成本目标，企业可以明确自身经营的方向和重点，为后续的成本控制、分析和决策提供清晰的指引。

在这个环节中，管理者需要先了解企业的经营状况、市场环境和行业趋势，收集与成本管理相关的数据和信息，再根据企业的整体战略和长期规划，确定合理的成本目标。目标应该既具有挑战性，又是可实现的。

19.2.2　成本预算编制

成本预算编制是将成本目标转化为具体数字的过程。通过成本预算编制，企业可以明确自身的财务状况和经营计划，为后续的成本控制和绩效评估提供有力的支持。

在这个环节中，企业需要对各项业务活动进行详细的成本预测和规划，制定预算来控制各项成本。预算可以按部门、项目或时间段进行划分，确保每个环节都有明确的预算指标和责任。

19.2.3 成本控制

成本控制是在成本预算编制的基础上，通过一系列控制措施和策略，确保企业的实际成本在预算范围内，并优化资源利用效率的过程。

在这个环节中，企业需要制定并实施各项成本管控措施，以确保成本在可控范围内。例如，优化采购策略，降低原材料成本；提高生产效率，减少人工成本；优化仓储和物流管理，降低运输成本等。

在项目执行期间，企业必须严格遵循和监控预算，并及时察觉预算执行的偏差和问题。如果发现预算偏差，需要迅速采取措施加以纠正，并找出偏差的原因，以避免类似问题再次发生。

19.2.4 成本分析

成本分析是成本管理的关键环节之一。通过对企业各项成本进行细致的分解和研究，可以清楚了解企业成本的结构、成本项之间的关联以及成本变动的原因，找出成本高昂的环节，并制定相应的优化策略和决策，从而实现成本控制和降低成本的目标。下面是一些常见的成本分析方法：

（1）差异分析

通过比较实际成本和预算成本之间的差别，找出导致差异的缘由。通过对差异的分析，企业可以了解成本执行情况的优劣，并采取相应的措施进行成本控制和改进。

（2）ABC成本法

ABC又叫Activity-Based Costing，是一种相对精细的成本分析方法，它将企业的活动和业务过程与成本相关联，更准确地计算和分配成本。ABC成本法可以帮助企业了解不同活动对成本的贡献度，找出成本高昂的活动和环节。

（3）效益-成本分析

效益-成本分析通常用于评估某项决策的效益和成本之间的关系。它将决策带来的效益与实施决策的成本进行比较，帮助企业做出合理的决策。

（4）盈亏平衡点分析

盈亏平衡点分析通常用于计算企业销售收入达到盈亏平衡时的销售数量。它有助于企业了解销售数量对盈利能力的影响，以及在何种销售规模下能实现盈利。

不同的成本分析方法适用于不同的情况和目的，企业在实施成本分析时应根据实际情况选择合适的方法。同时，成本分析应该与成本目标和战略相一致，以确保成本管理的有效性和成果。

19.2.5　成本效益评估

成本效益评估是评估企业各项成本支出是否合理和划算的过程。在这个环节中，企业需要综合考虑成本与效益之间的关系，判断成本投入是否能够带来相应的经济效益和价值。如果某个成本项目的成本高于预期效益，企业可能需要重新评估并调整相应的决策。

成本效益评估通常涉及以下内容：

（1）成本效益比较

对成本支出与实际效益之间进行比较和分析，找出成本效益最佳的选择。

（2）投资回报率分析

对投资项目的预期收益和成本进行评价，计算出投资回报率，以此协助公司判断投资项目的可行性和优先级。

（3）效益风险评估

评估成本效益中存在的风险和不确定性因素，有助于企业了解效益的可靠性和可持续性。

（4）灵活性评估

评估成本效益的灵活性和适应性，帮助企业在不同情况下做出灵活的调整和决策。

19.2.6 绩效评估与持续改进

绩效评估与持续改进是成本管理的最后一个环节，也是一个循环的过程。

在此阶段中，企业须依据实际情况来衡量其成本控制和管理情况，并对其实施效果做出评价，并识别可能出现的问题及缺陷。接着，企业需要采取相应的改进措施，不断优化成本管理的策略和方法，以适应不断变化的市场和经营环境。

通过以上六个环节的有机组合，企业可以建立起完整的成本管理体系，优化资源分配，提高竞争力，实现可持续发展。同时，成本管理也可以帮助企业更好地应对市场挑战，应用有限的资源实现最大的经济效益。

19.3 建筑施工企业成本控制的程序

在项目管理体系中，成本控制是关键环节。有两类程序可以协助建筑施工企业对成本进行有效管理：一是管理行为控制程序，二是指标控制程序。

第一类程序是对成本全过程控制的基础，第二类程序是成本过程控制的重点，两个程序既相对独立又相互联系，既相互补充又相互制约。

19.3.1 管理行为控制程序

控制管理行为的目的是保证每一位员工在成本管理过程中的行为遵循预先设定的流程和方法。

从这个角度看，首先需要确定项目所构建的成本管理系统是否能够有效地控制成本的生成过程，然后再检查该系统是否处于正常运作状态。

管理行为控制程序就是为规范项目成本的管理行为而制定的约束和激励机制，它起着三个方面的作用：

（1）建立评审组织、程序

运营项目成本管理系统是一个持续进行的过程，因此，必须建立专门的常设机构，按照规定的步骤定期检查和评估，以保证成本管理系统的正常运作和提升。

（2）目标考核，定期检查

管理程序文件需要清晰地界定每位在职人员在成本控制中的角色和责任，并规划他们的管理行为，如提交报告、时间以及原始数据的质量准则等；同时，企业也应将每个在职人员是否按照既定的规章制度履行其职责作为一项目标进行评估。

（3）制定政策，纠正偏差

检查管理工作的目的是确保其遵循预定的流程和准则，使项目成本管理能够实现预设的目标。因此，如果在检查过程中发现问题，应立即进行分析，然后根据具体情况采取相应的策略进行修正。

19.3.2 指标控制程序

成本目标的实现与否是项目成本控制能否成功的决定性因素，对各岗位人员的成本管理行为进行监督，就是为了确保成本目标的达成。这对于项目成本控制具有以下作用：

（1）确定项目的总成本目标和每月的总成本目标。

首先，项目启动时，项目经理需要依据企业和项目签署的《项目承包合同》设定项目的成本管理目标；其次，按照项目进程安排，制定每月的成本计划目标。

（2）收集成本数据，检测成本形成过程

过程控制的目的是持续纠正成本形成过程中的误差，确保成本项目的发生在预定的区间内。

所以，在项目开始后，管理者需要定时收集能够反映成本支出状况的信息，并将实际情况与预期计划进行比较，这样才能有效地管理整个成本形成过程。

（3）分析偏差原因，制定对策

项目进行是一个多工种和多角度交叉执行的复杂过程，成本的产生和形成往往难以达到预期的目标。因此，管理者要及时分析导致偏差的原因，搞清楚是客观存在的问题还是人为的错误，并及时制订解决方案进行修正。

总的说来，企业应该以成本指标考核管理行为，并通过管理行为来确保成本指标的达成。管理行为的控制程序和成本指标的控制程序是项目成本过程控制的核心，这两个过程在实施中相互交叉、相互影响。

19.4 建筑施工企业精益成本管理

现代企业的成本管理目标已经不再局限于利润最大化，而是转向更广泛和深入的内部成本，进一步拓展到供应链成本以及精益成本。

精益模式下的成本管理，精髓就在于追求最小供应链成本。它以客户价值增值为导向，融精益模式下的采购、设计、生产、物流和服务为一体。精益模式下，成本=售价-利润，售价决定成本，一般是通过降低成本来确保利润。企业不断消除不能为客户增值的部分，最大限度地满足客户特殊化、多样化的需求。

19.4.1 精益成本管理的内容

（1）精益采购成本管理

国外学者的研究指出，采购费用大约占销售收入的40%~60%，在企业的供应链成本中占据了相当大的比例，要想降低供应链成本，降低采购成本是其中一个关键点。

精益采购成本管理是以购买为基础，通过规范公司的购买行为、科学决策和有效控制来实现，并以物质需求为导向，在必要的情况下按需购买材料，同时也消除了购买过程中的高价和浪费。

精益采购成本管理借助精益采购策略来推行。为了实现这一目标，企业需要建立健全的采购系统，保证其运行标准化和有序，与此同时设定清晰的决策流程，实施必要的招标采购，使隐秘的信息公开化，防止暗箱操作，这样既能保证产品的质量，又能降低采购价格。精益采购使得每个采购步骤和阶段都能够达到精益化的目标，体现精益成本管理的理念。

（2）精益设计成本管理

在实施精益成本管理时，企业应该把重点集中于产品的研发环节，因为它被视作决定企业成功与否的关键要素。在整个产品研发的过程中，企业必须坚持对成本计划的管理，大概遵循如下流程：

①规定新产品开发成本时，同时确定新产品开发任务。

②将目标成本分解成各个产品总成本和零件的成本，并将其实施到产品结构上。

③每个产品开发阶段都需要预测和比较实际目标成本的水平。

④根据对比分析发现的问题，运用价值工程和价值分析技术，研究并实施降低成本策略，以确保不突破目标成本。

在新产品的研发计划中，预设的目标成本和主要性能指标、质量指标都有严格的限制，以此来引领产品的设计进程。为了有效地控制新产品的目标成本，产品开发团队应具备高超的专业技能，设计师不仅应熟悉产品设计的技巧，还需要了解相关的成本管理知识；同时，负责成本管控的人员应兼具管理会计思维及实践能力。

（3）精益生产成本管理

成本优化是在生产制造环节实施的降低成本的行为，同时也是通过全面消除生产制造过程中的各类浪费来达到降低成本目的的活动。精益生产成本优化有以下几种方式：

①通过优化工艺流程来减少成本。正是由于管理工艺的高效应用，精益成本控制方法才得以超越传统的成本管控手段。

②实施价值项目和价值评估，将技术与经济相融合，在保障必要功能的基础上，寻求最小的成本。

③通过实施精益生产策略减少一切浪费，以实现精益生产成本管理。精益生产模式的成功必须得到全公司人员的全力配合与支持。团队合作及全员自我驱动被视为精益生产的重要特质。作为一种创新型的改革措施，精益生产不仅关注生产技术的自动性和管理的高效性，还强调员工自身的进步和全面发展，只有当所有的员工都能够主动参与到其中时，才能真正实践精益生产理念。

④运用作业成本管理。作业成本管理是一种基于作业的成本管理方式，关注提升客户价值。在作业成本管理模式下，企业通过分析作业对资源的消耗过程、产品对作业和资源消耗过程的成本驱动因素，并辨别作业和产品对资源的消耗效率，识别有效作业和无效作业、增值作业和非增值作业，以此来消除无效或无增值的作业，实现从产品层面到作业层面的精细成本控制，从某种程度上真正体现了精益成本管理思想。

（4）精益物流成本管理

物流成本是企业供应链成本中的重要部分，在制造业或者零售业中表现得尤为明显。这些成本通常由运输成本、存货成本、仓储成本和管理费用构成。在保证客户价值需求的情况下，追求物流成本最小，是精益物流成本管理的根本目标。

实施精益物流成本管理，可以有效降低物流费用。精益物流基于顾客需求导向，以此作为判断哪些活动能产生价值的标准。我们需要深入研究整个供应链流程，识别那些无法带来附加值的无用行为，然后按照不断流动、避免重复、防止逆向流通、减少停滞时间及生产高质量产品的原则，制订创造价值流的行动方案，及时创造仅由客户驱动的价值，一旦发现有造成浪费的环节就及时消除，努力追求完美。

精益物流将物流成本管理纳入其中，达到了物流准时、准确、快速、高效、低耗的目标，同时实现了物流成本管理的精益化。

（5）精益服务成本管理

精益服务成本是指以最低的价格提供客户所需的服务。服务成本是企业的支出，目的是通过服务来提升用户体验并扩大市场份额；当定价相同时，好的服务能吸纳更多潜在消费群体。服务成本与消费者购买成正比，企业支出的服务成本越大，为客户提供的各种服务项目就越多，方便和满足客户程度就越大。为了增强竞争力，现代企业越来越重视对客户的服务，服务成本已成为企业供应链成本的重要组成部分。

精益成本管理是一种新的成本控制思想，其基于对企业供应链成本的深入分析，以提高客户价值为主导目标，致力于使整个供应链成本降至最低。这种方法打破了传统的利润驱动型成本管理模式，开辟了全新的思考领域。

19.4.2　精益成本管理的重点

（1）以"高品质、高效率、低成本、零库存"为基础方针，建立全面的精益成本控制理念。

（2）对产品全生命周期进行管理。

（3）所有员工都加入全员成本管理，有效激发职工的积极性和创新能力。

（4）加强事前预算、事中控制、事后考核的成本动态控制。

（5）应试验一种从后向前推动的生产方式，以确保在合适的时间、数量和产品上进行生产，并在需要的时候生产所需的必要产品。在尽可能减少浪费的同时，不断满足消费者的需求。

（6）营造企业精益管理文化。

19.5　建筑施工企业成本与效益分析

成本与效益分析是一种用于评估项目、决策或计划的方法，旨在衡量其所产生的成本与效益。

19.5.1　成本与效益分析的目的

成本与效益分析的主要目的是评估项目或决策的可行性和优先级，包括确定其净现值、内部收益率和投资回收期等指标。净现值是将项目或决策的预期现金流转换为现值，并与投资额进行比较。内部收益率是一个折现率，其使净现值为零，代表项目或决策的投资回报率。投资回收期是项目或决策收回投资所需时间。

成本与效益分析可以帮助管理者做出更明智的决策，并提供合理的推荐和建议。然而，需要注意的是，成本与效益分析并不能考虑所有因素，例如风险、不确定性和社会因素。因此，在做出决策时，管理者还应综合考虑其他因素，并进行综合分析和权衡。

19.5.2 成本与效益分析的步骤

（1）明确成本效益分析的成本单元

成本效益分析的目的在于确定特定项目的可行性和价值性，对于初始成本而言，采用何种成本效益分析方法是十分重要的。一般情况下，该分析主要关注的是货币支出，然而，当某些领域中货币投入并非关键因素时，它也可以用于测量非财务方面的支出，如时间和资源等。

（2）列出潜在项目的有形成本

大部分的项目都涉及费用支出。比如，企业运营必须支付启动资金，包括购置产品及原材料、对职工的培训等方面的投入。成本效益分析的第一步就是详尽地列出一份全面且深度的成本清单，这些成本可能是一次性或长期的。价格的设定应基于实际市场价值和研究结果，如果无法获得精准的研究数据，个人预测也应保持理智和严谨的研究立场。

（3）列出所有无形成本

一个项目的成本几乎不可能仅仅是有形成本和不动产成本。一般来说，项目的无形需求如时间、能量等也应纳入成本收益评估之中。尽管它们无法以实物形式交易，但是仍可以把无形资源若用作他处而造成的损失视为现实的有形成本。

（4）列出项目的利润

成本效益分析的目的在于比较该项目的收益和成本——如果前者显著高于后者，那么这个项目就是可行的。为了实现此目的，我们应详细记录并对比项目的收益和成本。这一步骤的专业要求要比估算成本阶段高得多。可通过调查或参考相似的项目尽量让估计有理有据，同时明确标明各项有形及无形成本的具体数额，以方便清晰地展示投资活动的收益。

（5）加总和对比项目的成本和收益

这是所有成本效益分析的关键所在，它确定了该项目能否带来超过其成本的回报。在持续收益中扣除持续成本，再把所有一次性成本相加，以便大致了解项目启动时的总投资额。基于这些数据，我们就能判断出这个项目是盈利的还是亏损的。

（6）计算投资行为的回报时间

项目的资金回收时间越短，效益就越好。投资者可通过将成本和收益相结合来计算初始投入所需的回收期限，也就是说，根据项目每日、每周及每月的收入分配，决定最佳的回收时机以及可能获利的时点。

（7）通过成本效益分析提供推动项目进展的建议

如果投资项目的收益显著高于成本，并且此投资项目的资金可以在一个合理的时间内回收，投资者就会倾向于迅速执行这项投资计划。但是，若该项目在长时间运作后并未产生明显的盈利或无法及时收回本金，就必须对这一投资决策重新审视，甚至完全放弃这个方案。

第20章　风险预警与防范

20.1　风险概述

风险是指在某一特定环境下，在某一特定时间段内，某种损失发生的可能性，是由风险因素、风险事故和风险损失构成的。简而言之，某个目标预期结果与其现实表现之间的差距被视为风险。

20.1.1　风险的类别

（1）外部风险

①政治风险

由于政府机构权力的使用或行动产生的未知因素被称为政治风险。尽管这类风险主要涉及国际市场的挑战，但这个定义同样也适用于国内的任何商业环境中。

②法律风险与合规风险

合规风险和法律风险都是现代企业风险体系的关键组成部分，它们互相重合又各有侧重。

合规风险是指企业违反法律或监管要求，可能会受到处罚、遭受经济损失以及因未能遵守适用法律、法规、行为准则或相关标准而影响企业声誉的风险。

法律风险是指企业在经营过程中，其经营行为不规范或者外部法律环境发生重大变化，就有可能面临不利法律后果。

③文化风险

文化风险指由于文化的不稳定而可能对企业经营活动造成的风险。这种类型的风险往往会在企业的管理与决策中出现，其主要表现为：跨国经营活动引发的文化风险、企业并购活动引发的文化风险、组织内部因素引发的文化风险。

④技术风险

从技术风险范围考察，技术风险可分为广义和狭义的两类；从技术活动的不同阶段来看，技术风险可分为技术设计、技术研发和技术应用三个方面。

⑤市场风险

市场风险是指市场的复杂性和变动性给企业经营带来的与市场相关的风险。

（2）内部风险

①战略风险

战略风险是指企业在进行战略管理时，由于内外环境的复杂性和变动性，以及对环境的理解和适应能力的限制，可能会遭受损失，无法实现战略目标。

②运营风险

运营风险是指企业在运营过程中面临复杂的内外部环境变化，并受到对环境认知和适应能力的限制，可能导致运营失败或无法达到预期目标，并产生损失。

③财务风险

财务风险是指企业在运营过程中，由于内部和外部环境中的各种无法预测或控制的不稳定因素的影响，导致企业在特定时间段内获得的经济收益与预期收益出现偏差的可能性。

20.1.2　风险管理的目标

传统的风险管理并未深入地融入公司的战略中去，其主要目的是降低或者消除潜在威胁，注重监控及审查企业的行动方式。因此，这些传统的风险管理目标通常并不会直接影响公司整体战略的发展方向。而全面风险管理则能够有效地结合到公司的战略规划当中，通过寻找最佳的风险优化方案来助力公司达成总体战略目标，因而风险管理目标的设计要充分体现这一思想。

我国《中央企业全面风险管理指引》明确了风险管理的整体目标，具体为：

（1）确保将风险控制在与公司总体目标相适应并可承受的范围内；

（2）确保内外部，尤其是企业与股东之间实现真实、可靠的信息沟通，包括编制和提供真实、可靠的财务报告；

（3）确保遵守有关法律法规；

（4）确保企业有关规章制度和为实现经营目标而采取的重大措施的贯彻执行，保障经营管理的有效性，提高经营活动的效率和效果，降低实现经营目标的不确定性；

（5）确保企业建立针对各项重大风险发生后的危机处理计划，保护企业不因灾害性风险或人为失误而遭受重大损失。

20.2　建筑施工企业内部控制与风险管理

20.2.1　内部控制与风险管理的关系

内部控制和风险管理密切相关。风险管理构成了内部控制的关键部分，同时也是其目标所在，而内部控制则是一种应对风险的管理方式。所以在深入了解内部控制前，我们需要先明确公司面临的风险种类，了解其中哪些可以通过内部控制来规避，哪些需借助其他方法来避免。

结合内部控制，我们可以把风险分成两大类：可控风险与不可控风险。不可控风险主要包括政策调整、自然灾难及宏观经济变动等。可控风险主要包括企业运营层面的风险。内部控制一般来讲控制的是可控风险，即运营层面的风险。

从此处也可看出，风险管理的主要目标是控制所有可能发生的风险，而内部控制则专注于管理可控风险。这就是内部控制与风险管理之间的不同和关联。

20.2.2　内部控制的实施

明白了内部控制与风险的关系，就要采取一些措施去实现目标。五要素非常全面地概括了内部控制的流程，企业可按照五要素的要求进行风险管理。

（1）内部环境

内部控制的核心是制衡。不管做什么事，一个有利的环境是必需的。企业需要营造一种有纪律的环境，所有的管理机构和部门都应该清楚自己的职责，并且合理地分配权力，所有的行动都必须听从指挥。

（2）风险评估

风险评估包括识别风险、评估风险的影响、选择应对方案。鉴于风险与收益的均衡，公司需要为某一特定风险设定一个可接受程度。

（3）控制活动

企业需要评估控制措施的成本以及风险防范带来的收益。控制策略有多种，我们应选择那些成本最低的，但不能因为收益较少就放弃控制。

（4）信息交流

企业通过及时、精准地收集和传播与内部管理相关的信息，保证在企业内部以及企业与外部之间进行有效的交流，从而推动内部管理的高效运作。而风险评估和控制策略的顺利实行也依赖于信息的流通，若缺乏充分的信息沟通，无论是风险识别、决定、行动、监控还是汇报等方面都难以达到预期效果，因此信息与沟通是风险评估、控制活动、内部监督有效实施的关键。

（5）内部监督

内部监督即对企业内部的管理措施是否有效执行，以及执行状况进行监督。监督贵在独立和持久。企业应建立长效机制，监督不是一时的，而是持续的。

为了增强企业的竞争力，企业必须提升对风险的抵抗能力、加大财务风险防护。企业的稳健发展离不开内部控制管理的加强，有效提高企业的内控管理质量也有助于预防财务风险，从而推动企业的健康成长。

20.3　建筑施工企业风险的识别与评估

20.3.1　风险的识别

风险识别是一个过程，它旨在揭示、分析及描述风险源、风险事件、风险原因和风险潜在后果。公司需要敏锐地察觉那些有可能影响其目标完成的事项，并且判断它们是否有益于达成目标或会带来负面的效果。在风险识别过程中，企业须全面思考所有可能阻碍目标达成的内外风险，包含潜在的风险来源、风险状况、风险动机、潜在的影响等。

（1）风险识别应注意的事项

①风险无所不在，分布于各个领域和各个层次。

建筑施工企业应全方位地识别影响目标实现的风险因素，应涵盖企业整体层面、下属单位、业务或地区分部、业务活动和职能部门等，贯穿决策、执行和监督的全过程。

②在识别风险时，需要同时考虑企业内部和外部的因素以及它们对于实现企业目标的影响。

内部风险因素包括人力资源、生产经营、管理活动、自主创新、财务状况、社会责任等。外部风险因素包括社会环境、经济环境、政治环境、法律法规、科学技术、自然环境等。

③风险因素有的非常显眼，有的相当隐秘；它们带来的影响有的微不足道，有的极其重大。

如果某项风险对关键目标的达成产生了巨大的影响，即使事件发生的可能性较小，也不应该被忽视。

④在风险识别过程中，管理层需要理解可能的不确定因素，即他们无法明确地知道哪些风险事件可能会出现，何时会出现，或它们的影响程度。

管理层最初只需要考虑源于外部和内部的一系列潜在事件，而没有必要对它们的影响是正面的还是负面的做过多关注。

⑤每个企业的风险类型有所不同，即便是同一家企业在不同的阶段也会遇到不一样的风险。

无论企业的风险辨识程度如何，何时开始，涉及哪些方面，管理者都应该对风险识别给予足够的重视，选择符合其风险管理理念的技术和支持性工具，这是风险分析和风险应对的基础。

⑥企业应该建立高效的风险识别和评估机制，让适当层级的管理人员及专业人士参与其中。

风险广泛分布在各行各业中和不同的管理层次，有些风险因素的专业性很强，而不同领域与层级的管理人员及专业人士在本专业和本层级内熟悉相关情况，因此在相关领域和层级的风险识别过程中，确保适当层级的管理人员及专业人士参与其中是十分重要的。

（2）风险识别的方法

①文献调查法

通过对项目已经取得的相关资料进行审查及分析，可以更好地了解项目的历史背景和目标规划。

②走访调查法

通过前期对相关利益群体的走访调查，可以了解到更多有关利益群体的意见和态度，从中发现可能存在的问题，为风险预测提供更多的现实依据。

③现场勘查法

通过对项目现场的勘查，可以更直观地了解项目存在的问题以及项目实施后可预见的改善。

20.3.2 风险评估

风险评估是从风险管理角度出发，运用科学的方式与工具全面研究信息系统的潜在危险及弱点，并对其可能引发的安全问题做出定量化的评判，从而制定出有效的防御策略和改进方案，以防止或减少信息安全风险，将风险控制在可接受的水平，最大限度地保障信息安全。

（1）风险评估的方法

①SWOT分析

SWOT（Strengths，Weaknesses，Opportunities，Threats）分析是一种简洁且常见的手段，用于识别组织内部的优点和不足，以及外在的机会和威胁。通过将这些因素综合考虑，组织可以更好地了解其战略位置，从而制定相应的风险管理策略。

②风险矩阵

风险矩阵是一种可视化工具，综合考虑风险的概率和影响，通常以矩阵的形式表示。这种工具有助于将不同风险分类为低、中、高风险，使决策者能够迅速了解风险的相对重要性。

③定量风险分析

定量风险分析使用数学模型和统计方法来量化风险的概率和影响。这包括蒙特卡罗模拟、事件树分析和故障树分析等方法。定量风险分析通常用于复杂的工程项目、金融风险管理和环境风险评估。

④头衔法（Hazard and Operability Analysis，HAZOP）

HAZOP是一种系统性的方法，用于识别和分析工业过程中的危险和操作问题。它通常在化工、石油、制药和其他高风险行业中使用，以确保安全性和合规性。

⑤树形分析

树形分析是一种图形工具，用于分析复杂的系统和决策过程。通过构建树形图，可以可视化地表示可能的决策路径和风险事件，以帮助决策者理解潜在风险和选择最佳决策。

⑥故事线分析

故事线分析是一种定性方法，通过讲述潜在风险事件的故事线来识别和分析风险。这有助于使风险具体化,以便决策者更好地了解其潜在影响和应对措施。

⑦文献研究和专家意见

文献研究和专家意见通常用于收集关于潜在风险的信息和数据。专家意见在风险评估中特别重要,因为专业知识可以提供有关特定领域风险的深刻见解。

这些工具和方法可根据评估的特定需求选择一种或多种结合使用。无论在哪个领域,选择适当的工具和方法对于有效的风险评估至关重要。

(2)风险评估的步骤

①问题识别和背景调查

风险评估的首要步骤是明确评估的背景、范围和目标,包括确定评估的对象、可能受影响的利益相关者以及评估的时间框架。了解问题的背景有助于确保评估全面和准确。

②风险识别

在这一步骤中,我们需要识别可能对组织或项目产生不利影响的潜在风险源和事件。通过与利益相关者进行讨论,调查相关文献和数据,以及运用专业知识等方式,确保不会遗漏任何重要的风险。

③风险分析

在风险识别之后,我们还需要对已识别的风险进行进一步分析,评估风险发生的概率和影响。在评估概率时,我们可以使用历史数据、专业意见和模型分析等方法来确定风险事件发生的可能性。评估影响时,我们需要考虑风险可能对组织、项目或系统产生的负面影响,包括财务、声誉、环境和社会方面的影响。

④风险评估和定量风险分析

在这一步骤中,我们需要根据之前风险分析的结果,综合评估每个风险的整体风险水平或风险级别。评估结果通常以风险矩阵、风险分数或其他可视化工具来表示,这有助于决策者确定哪些风险需要重点管理和处理。

⑤风险评估报告

最后，我们需要将评估结果总结在风险评估报告中，并将其传达给利益相关者。报告应包括评估的方法、结果、建议的风险管理策略以及可能的决策建议。风险评估报告是与利益相关者共享信息的关键工具，有助于决策者和团队理解风险，并采取相应的措施来应对潜在的威胁。

20.4 建筑施工企业风险预警机制

20.4.1 风险预警的作用

（1）风险规避

通过跟踪业务的关键指标和数据，建立预警机制，可以及时发现风险并应对。

（2）风险拆解

企业决策层、管理层、执行层等各层级关注的业务指标及其风险阈值常常是不同的。建立完善的预警机制，可以对风险做拆解，实现分级预警，避免单一核心指标导致无法识别潜在风险的可能。

（3）风险意识培养

面向企业各层级人员做分级预警，能帮助企业加强风险和危机意识的培养。

20.4.2 预警体系建设

（1）识别业务场景和相关角色

建设预警体系，首先要识别业务场景和该业务场景下的相关角色。例如，这是一个什么样的业务，这个业务常见的风险是什么，什么情况下会有风险，谁会关注这些风险，谁需要对潜在风险做出应对措施等。要注意的是，梳理过程中不要遗漏相关角色，否则提醒不到对应负责人，或者造成应对措施不齐全，从而不能较好地规避风险。

（2）收集动作

不同的角色对风险的关注点和应对也是不一样的，因此下一步是梳理业务场景下不同角色的运作路径，从而识别各个角色对风险的关注点和潜在的应对措施。例如，对于企业经营业绩，决策层关注点在于业绩的达成风险和 ROI 等，中后台支持团队则关心如推广 ROI、资源投入等。

（3）指标评估和定义

基于前两个步骤的产出，企业已经识别出特定业务场景下，各角色对风险的关注点，可以以此为依据，对所需跟踪的数据和指标进行定义，作为建立预警的基础。

这里要注意的是，要合理地定义目标和阈值。不合理的定义，可能会引起预警泛滥或预警不足，哪一种都会大大影响企业对风险的识别和应对效率。

（4）明确应对措施

指标及其预警阈值确认后，下一步要明确的就是触及阈值后要采取的应对措施。BI 平台能直接完成的是发送预警信息，例如把每一种风险的应对措施，个性化定义到预警信息内容中，让接收方不受经验的限制，可以尽快采取对应的措施。再进一步，如果应对措施非常明确可以自动化，可以基于 BI 平台的集成能力，与业务系统打通，去触发对应系统的操作。

（5）在系统中配置预警

最后一步，把以上梳理的结果，在 BI 平台中完成具体的预警配置。

20.5 建筑施工企业风险的应对与防范

20.5.1 风险应对策略

（1）风险规避

风险规避是指调整项目计划，确保项目目标不受风险的干扰。比如项目原计划采用某种不成熟的技术，现在为了规避不成熟技术带来的质量风险，转而采用了一种成熟稳定的技术就属于风险规避。

风险包含了机会和威胁。规避威胁，也可能会造成机会损失。新的不成熟的方案一般会带来产品竞争力的提升，也会给组织带来更好的技术储备，为了降低产品质量而不使用不成熟方案就会降低产品竞争力和减少组织技术储备。

（2）风险减轻

风险减轻是指采取措施降低风险发生的概率，减轻风险的结果是将风险的严重程度降至可接受的程度。风险减轻措施经常用在那些超出承受能力且无法规避的风险上。风险减轻措施需要具体到可操作的措施。以下就是一些典型的风险减轻措施：

①培训新员工，提高员工的能力，降低出错的可能性。

②进行多次试验，降低产品出错的概率。

③增加冗余保护机制，降低出错概率。

④采用更加可靠的流程、技术。

（3）风险转移

风险转移是指以一定的代价，把风险的消极后果和风险应对责任转移到第三方。通常情况下，该第三方拥有更好的能力和资源去应对风险。风险转移需要进行成本分析。转移的成本小于应对风险的成本，可以进行转移。如果转移的成本大于应对成本，那就可以自留风险并制定应对措施。

（4）风险接受

风险接受是指不主动去管理风险，听任风险发生后再进行补救和处理，或者准备一定量的应急储备来应对风险发生的后果。通常情况下，可以采取风险接受的风险都是能够承受的风险。有以下几种场景可以采用风险接受的措施：

①风险发生的后果在承受范围之内。

②风险发生的概率很低。

③风险发生的后果很轻微。

④采用其他风险应对措施的代价太大。

⑤没有有效的风险应对手段。

⑥没有被识别出来的风险。

20.5.2　风险防范措施

（1）明确组织架构和职责分工

建筑施工企业应该根据自身的规模、性质、特点等情况，设立专门的合规部门或机构，负责统筹协调合规管理工作。同时，企业应该明确各级各部门的合规职责和权限，形成上下联动、协同推进的工作机制。

（2）建立完善的制度规范和流程

建筑施工企业应该根据外部和内部的各种规范要求，制定和完善与自身经营管理相关的合规政策、制度、程序等文件，并及时更新和修订。同时，企业应该明确各项合规管理活动的具体流程和步骤，确保合规工作有序进行。

（3）加强风险识别和评估

建筑施工企业应该根据自身所处的行业环境、市场竞争、经营模式等因素，识别和分析可能面临的各种合规风险，并采用适当的方法和工具对风险进行定性或定量的评估，确定风险等级和优先级。

（4）制定有效的风险应对和处置措施

建筑施工企业应该根据风险评估结果，制定针对不同风险等级和类型的应对措施和处置方案，并明确责任人和时间节点。同样，企业需要建立风险预警机制，以便及时识别和应对风险事件，避免风险的扩散和升级

（5）实施严格的监督检查和考核评价

建筑施工企业应借助内审、外审及监察审查等手段，对合规管理工作进行全面、定期或不定期的监督检查，以便迅速识别并改正存在的问题和不足。此外，企业还应利用绩效考核、奖惩激励对合规管理工作进行客观、公正、有效的考核评价，并给予相应的奖励或惩罚。

（6）开展广泛的宣传培训和文化建设

建筑施工企业应该通过各种形式和渠道，向全体员工宣传合规管理的重要性和必要性，并提高员工对外部和内部规范要求的了解和认识。

同时，企业应该通过定期或不定期的培训、考核、咨询等方式，提高员工的合规意识和能力，并培养员工的合规习惯和行为。此外，企业应该通过树立榜样、塑造形象、营造氛围等方式，构建符合企业特色和价值观的合规文化，形成全员参与、自觉遵守、持续改进的合规氛围。

参考文献

[1] 张伟. 完善建筑施工企业财务管理工作的策略研究 [J]. 市场周刊, 2024, 37 (1): 141-144.

[2] 储丹丹. 战略财务思维在企业财务管理水平提升当中的应用探究 [J]. 营销界, 2022 (24): 141-143.

[3] 周燕. 建筑施工企业加强财务管理有效策略探析 [J]. 市场周刊, 2024, 37 (2): 130-133.

[4] 潘飞虎. 建筑企业内部财务管理思路及具体建议研究 [J]. 现代经济信息, 2016 (4): 223.

[5] 万相宜. 基于数字经济背景的中小企业治理模式研究 [J]. 行政事业资产与财务, 2023 (19): 124-126.

[6] 黄义炎. 业财一体化给企业财务管理带来的影响分析 [J]. 活力, 2023, 41 (11): 44-46.

[7] 张珊珊, 刘娇. 建筑施工企业业财一体化建设思考 [J]. 合作经济与科技, 2023 (14): 110-112.

[8] 陈学海. 企业财务精益化管理体系建设思路探析 [J]. 质量与市场, 2023 (18): 10-12.

[9] 胡友清, 王宁, 范锐. 发挥监督作用, 助推企业治理全面实现现代化 [J]. 企业文明, 2023 (9): 107-108.

[10] 牛天勇, 王沁怡, 刘雨晴. 建筑企业数字化转型能力影响因素及其提升策略研究 [J]. 企业科技与发展, 2023 (8): 95-98.

[11] 杨波. 精益化管理理念在企业财务管理中的有效运用探讨 [J]. 市场瞭望，2023 (15)：96-98.

[12] 田才. 精益化管理在企业成本管理中的应用策略探讨 [J]. 企业改革与管理，2023 (14)：19-20.

[13] 孟丽君. 基于业财融合的现代企业成本精益化管理有效措施探析 [J]. 商讯，2023 (14)：97-100.

[14] 高亚军. 互联网时代建筑企业的财务管理数字化转型 [J]. 纳税，2023，17 (19)：85-87.

[15] 李晓峰. 企业精益化管理在财务管理中的应用 [J]. 纳税，2023，17 (19)：82-84.

[16] 刘婉丽，李建林，张天萌. 数字经济时代财务数字化影响因素 [J]. 上海企业，2024 (1)：143-145.

[17] 张清颖. 数字经济时代背景下企业财务管理转型研究 [J]. 中国集体经济，2024 (1)：133-136.

[18] 陈子昂. 企业财务管理数字化转型研究 [J]. 活力，2023，41 (24)：31-33.

[19] 韩进强. 企业财务数字化转型的方向及路径 [J]. 纳税，2023，17 (36)：100-102.

[20] 陈明勇. 建筑企业财务管理数字化转型探析 [J]. 新会计，2023 (12)：43-45.

[21] 金筱佳. 大数据分析与财务监督的思考 [J]. 中国中小企业，2023 (12)：165-167.

[22] 汤祥. 建筑施工企业业财一体化建设的难点与对策研究 [J]. 活力，2023，41 (22)：130-132.

[23] 赵进. 基于数字经济建筑企业数字化转型存在的问题与对策 [J]. 财经界，2023 (31)：45-47.

[24] 沈丽薇，杨洋. 新形势下构建立体式财务监督体系探究 [J]. 中国总会计师，2023 (10)：72-76.

[25] 陈苗苗. 公司财务监督机制的思辨与再造 [J]. 西部法学评论，2023 (5)：105-116.

[26] 董航. 建筑企业数字化转型的动因与路径研究 [J]. 财政监督，2023 (11)：95-99.

[27] 李谨文. 数字经济时代下企业治理的范式创新与实践研究 [J]. 商展经济，2023 (10)：161-164.

[28] 魏少雷. 建筑企业数字化转型分析与建议 [J]. 建筑，2023 (5)：

109-111.

[29] 孙明涛. 以政治监督护航企业治理体系和治理能力现代化 [J]. 北京石油管理干部学院学报, 2023, 30 (2): 53-54.

[30] 姚洁. 企业财务监督探究 [J]. 会计师, 2023 (7): 10-12.

[31] 李林. 财务监督在企业管理中的重要作用及运用研究 [J]. 商讯, 2023 (7): 21-24.

[32] 彭玮伊. 建筑企业财务数字化转型存在的问题及改进措施研究 [J]. 金融文坛, 2023 (4): 90-92.

[33] 汪勇. 新形势下强化企业财务监督的思考 [J]. 国际商务财会, 2023 (6): 80-82; 87.

[34] 余建华, 曹智英, 付书星. 创新推动党的领导优势转化为企业治理效能 [J]. 中外企业文化, 2023 (2): 25-28.

[35] 范丙政. 新时期中小企业治理结构的优化策略 [J]. 数据, 2023 (2): 68-69.

[36] 武自强. 浅析建筑企业数字化转型的现状及应对措施 [J]. 产业创新研究, 2023 (2): 157-159.

[37] 谭文斐. JB建筑企业数字化转型问题研究 [D]. 南昌: 江西财经大学, 2022.

[38] 陈柏林. 加强企业内部财务监督的策略探究 [J]. 营销界, 2022 (22): 118-120.

[39] 林妙斌. 建筑施工企业业财融合一体化工作相关探讨 [J]. 中小企业管理与科技, 2022 (20): 149-151.

[40] 刘昊冉. 建筑施工企业业财一体化实施探索 [J]. 中国商界, 2022 (8): 90-91.

[41] 雷良俊. 探索如何进行现代企业财务监督体系的构建 [J]. 质量与市场, 2022 (11): 4-6.

[42] 张玉兰. 如何构建新型现代企业财务监督体系 [J]. 质量与市场, 2022 (11): 22-24.

[43] 邱佩珊. 数字化模式下建筑财务管理的发展现状及对策探讨 [J]. 金融文坛, 2022 (6): 31-33.

[44] 赵智呈. 建筑施工企业业财一体化构建体系探索 [J]. 财经界, 2022 (2): 146-148.

[45] 宋辉. 数字经济时代建筑企业财务转型新趋势 [J]. 中国中小企业, 2021 (12): 164-166.

[46] 孙磊. 建筑安装企业财务监督存在问题及解决对策分析 [J]. 财会学习,

2021（29）：13-15.

[47] 周新. 建筑施工企业业财一体化建设现状及对策探究［J］. 企业改革与管理，2021（19）：169-170.

[48] 曾满平. 建筑施工企业利用信息化实现业财一体化的应用探讨［J］. 中国产经，2021（18）：66-67.

[49] 张雪，袁炜仑. 数字经济背景下中小企业治理问题研究［J］. 营销界，2021（28）：135-136.

[50] 陈红燕. 互联网经济环境下建筑企业财务管理模式创新［J］. 中国产经，2021（11）：158-159.

[51] 贾增杰，国立琪，刘小奎. 建筑施工企业财务管理与税务筹划［M］. 北京：中国财富出版社有限公司，2023.

[52] 何丕军. 建筑施工企业会计［M］. 北京：机械工业出版社，2004.

[53] 叶肖剑，朱燕，马琨. 建筑工程会计与财务管理研究［M］. 北京：文化发展出版社，2019.

[54] 郭喜波. 建筑施工企业财务管理理论与实践［M］. 北京：北京工业大学出版社，2021.

[55] 李淑霞，刘淑叶. 建筑施工企业财务管理一本通［M］. 北京：中国纺织出版社，2017.

[56] 邓尤东. 建筑企业数字化与项目智慧建造管理［M］. 北京：中国建筑工业出版社，2020.

[57] 刘正昶，商德福. 施工企业内部控制［M］. 北京：人民日报出版社，2018.

[58] 常征. 经济责任审计监督工作中的难点与策略探析［J］. 财会学习，2024，（5）：122-124.

[59] 闫飞宇. 信息化时代建筑施工企业会计核算管理优化研究［J］. 环渤海经济瞭望，2024（1）：67-70.

[60] 谢金凤. 建筑施工企业会计核算中存在的问题及解决策略［J］. 投资与合作，2024（1）：132-134.

[61] 黄选明. 建筑施工企业资金管理存在的问题及应对策略［J］. 行政事业资产与财务，2023（24）：118-120.

[62] 倪利亚. 建筑施工企业资金管理的难点以及对策研究［J］. 中外企业文化，2023（11）：111-113.

[63] 刘慧. 司库管理体系下建筑施工企业的资金管控风险［J］. 冶金管理，2023（21）：13-14.

[64] 陈颖. 建筑施工企业内部控制现状问题分析与改进对策［J］. 中国乡镇企

业会计，2023（11）：136-138.

[65] 常鑫. 建筑施工企业会计核算的标准化建设探析 [J]. 现代营销（上旬刊），2023（11）：80-82.

[66] 纪锡湖. 业财融合背景下建筑施工企业会计信息化建设探讨 [J]. 财会学习，2023（31）：104-106.

[67] 祝烨. 建筑施工企业内部控制存在的问题及建议 [J]. 商业2.0，2023（30）：59-61.

[68] 贾凤华. 建筑施工企业会计核算的优化措施 [J]. 财会学习，2023（23）：79-81.

[69] 甄熙. 基于财务管理创新的建筑施工企业管理 [J]. 工程抗震与加固改造，2023，45（04）：193-194.

[70] 刘金芳. 建筑施工企业营运资金管理研究 [J]. 中国中小企业，2023（6）：186-188.

[71] 朱梅. 基于新收入准则的建筑施工企业会计核算办法探讨 [J]. 中国产经，2023（8）：65-67.

[72] 魏文娟. 基于业财融合的建筑施工企业财务管理转型 [J]. 财经界，2023（4）：90-92.

[73] 胡莎莎. 司库在建筑施工企业资金管理中的运用分析 [J]. 中国市场，2022（32）：163-165.

[74] 陈海静. 新时代经济责任审计全覆盖的实现路径探究 [J]. 国际商务财会，2022（20）：86-89.

[75] 王一琳. 工程施工企业会计集中核算下的财务管理策略 [J]. 今日财富，2022（18）：124-126.

[76] 牛越. 建筑施工企业的财务和管理 [J]. 建筑结构，2022，52（13）：156.

[77] 于莉. 建筑施工企业财务管理 [J]. 建筑结构，2022，52（11）：142-143.

[78] 王浩. 关于加强建筑施工企业资产管理的思考 [J]. 投资与创业，2022，33（7）：174-176；210.

[79] 董宏亮，唐永峰. 建筑施工企业强化会计监督的实践与思考 [J]. 西部财会，2021（11）：33-35.

[80] 张洋. 建筑施工企业财务风险的管控 [J]. 山西财经大学学报，2021，43（S2）：23-24；27.

[81] 黄少键. 建筑施工企业工程项目审计要点探析 [J]. 商业观察，2021（10）：68-70.

[82] 曹辉. 建筑施工企业资产管理问题及对策探讨 [J]. 居舍，2021（5）：
      112-113；115.

[83] 刘兴亮. 建筑施工企业内部控制问题及对策 [J]. 人民黄河，2020，42
      （S2）：213-214.

[84] 周长会. 建筑施工企业资产管理问题及对策探讨 [J]. 中国乡镇企业会计，
      2020（12）：98-99.

[85] 林晓婷. 新时代建筑企业经济责任审计创新研究 [J]. 新会计，2020
      （10）：38-40.

[86] 卢伟. 新经济形势下建筑施工企业财务管理分析 [J]. 产业创新研究，
      2020（17）：60-61.

[87] 贺春雷. 建筑施工企业财会监督有关问题探析 [J]. 财务与会计，2020
      （15）：12-14.

[88] 赵静. 建筑施工企业工程项目的全过程内部审计探讨 [J]. 中国产经，
      2020（12）：158-160.

[89] 谢依晨. 企业内部经济责任审计研究 [D]. 昆明：云南财经大学，2020.

[90] 李娜. 建筑施工企业资金管理的优化 [J]. 山西财经大学学报，2020，42
      （S1）：34-35；38.

[91] 张洋. 施工企业资金管理风险及对策 [J]. 山西财经大学学报，2019，41
      （S2）：63-64.

[92] 王雁. 建筑施工企业财务内部控制问题及对策 [J]. 山西财经大学学报，
      2019，41（S2）：71-73.

[93] 崔海斌. 基于内部控制导向的建筑施工企业财务管理优化研究 [J]. 纳税，
      2019，13（28）：106，109.

[94] 张志凤，孙梦玥. 建筑施工企业会计确认与计量比较分析 [J]. 会计之友，
      2018（19）：6-8.

[95] 樊向千. 新时代建筑工程审计监督思考 [J]. 审计与理财，2017（11）：
      14-16.

[96] 倪永生. 浅谈建筑施工企业财务管理 [J]. 时代经贸，2015（15）：
      53-54.

[97] 莫荣锋. 基于平衡计分卡的建筑施工企业业务收入风险评价 [J]. 财会通
      讯，2015（11）：115-118.

[98] 刘杰. 建筑施工企业执行建造合同准则中的问题 [J]. 财会月刊，2014
      （03）：42-43.

[99] 钟自强. 建筑施工企业的财务监督 [J]. 中国建设信息，2007（17）：
      51-53.

[100] 宋云. S建筑施工企业资金管理内部控制问题研究 [D]. 南昌: 江西财经大学, 2022.

[101] 李孟. Z建筑施工企业内部控制问题与对策研究 [D]. 济南: 山东师范大学, 2021.

[102] 张钰祯. 建筑施工企业应收账款管理研究 [D]. 哈尔滨: 哈尔滨商业大学, 2021.

[103] 邱志伟. 浅议中小企业经营战略选择 [J]. 经济师, 2016 (12): 280-281.

[104] 任艳艳. STRQ集团公司纵向一体化战略研究 [D]. 兰州: 兰州交通大学, 2017.

[105] 李业通. 基于上市公司财务报表分析的企业发展战略研究——以阿迪达斯公司为例 [D]. 济南: 山东师范大学, 201

[106] 龚薇儿. 500强企业战略性薪酬管理与战略协同研究 [J]. 管理观察, 2014 (21): 69-71.

[107] 李柳根. 刍议项目预算法在船舶行业预算编制中的应用 [J]. 行政事业资产与财务, 2013 (24): 23-24.

[108] 李现宗, 都本正, 汤谷良. "产出资源成本法"初论 [J]. 航空财会, 2020, 2 (3): 12-21.

[109] 郝军红. 浅谈企业全面预算管理 [J]. 中国外资, 2012 (10): 163-165.

[110] 蒋琦, 徐锐. 山山家分层级责任中心制度的建设 [J]. 财务与会计, 2020 (7): 47-50.

[111] 赵培培. 企业集团全面预算管理体系建设案例及启示——以C制造业企业集团为例 [J]. 企业改革与管理, 2023 (3): 110-112.

[112] 马旭红. 基于BSC的财务共享服务中心绩效评价体系构建 [J]. 现代商贸工业, 2021, 42 (13): 89-90.

[113] 张庆龙, 董皓. 财务共享服务模式探讨及其选择 [J]. 中国注册会计师, 2012 (2): 66-69.

[114] 朱卫东. 关键绩效指标体系的设计 [J]. 企业改革与管理, 2012 (9): 63-64.

[115] 魏君. 企业财务报表分析出现的主要问题与对策分析 [J]. 财会学习, 2024 (2): 98-100.

[116] 万超, 张冠华. 国有企业债务风险指标体系构建研究 [J]. 现代商业, 2022 (21): 187-189.

[117] 钟凤英, 赵晋. 企业财务状况质量的综合分析方法 [J]. 现代商业, 2012 (33): 243.

[118] 张彦. 谈施工项目成本的事中控制 [J]. 中国市场，2010 (27)：61-62.

[119] 黄星群. 运用精益思想提升湘钢核心竞争力 [J]. 企业导报，2011 (5)：200.

[120] 贺金华，江国会. 企业经济管理中成本核算的应用 [J]. 经贸实践，2015 (9)：78.

[121] 符强. 对某国有贸易企业经营活动内部管控的思考 [J]. 中国国际财经 (中英文)，2018 (1)：79-80.

[122] 李美兰. 浅谈内部控制对电子商务企业的重要性 [J]. 财经界，2021 (15)：45-46.

[123] 颜煜迪. 论企业资产的计量属性及选择 [J]. 商场现代化，2017 (24)：150-151.

[124] 牟涛. 经济新常态下ZTWH集团公司技术创新战略研究 [J]. 企业技术开发，2016，35 (9)：32-33；53.

[125] 袁春华. 浅谈物业企业成本管控——以W企业为例 [J]. 中国总会计师，2021 (10)：134-137.

[126] 安虹. 当前形势下企业全面预算管理的重要性及对策探究 [J]. 现代经济信息，2018 (24)：260.

[127] 米露莎. 房地产企业财务管理内部控制中的问题及优化方式研究 [J]. 财会学习，2019 (5)：252-254.

[128] 王鹏. 浅析企业成本费用定额标准体系的建立与实施 [J]. 会计师，2012 (04)：28.

[129] 都炳强. 制造企业全面预算控制方法的探索与研究 [J]. 财会学习，2018 (4)：51-52.

[130] 云华. "对标"出效益 [J]. 新理财，2013 (Z1)：106-108.

[131] 李筱. 浅析战略视角下的企业全面预算管理 [J]. 中国商贸，2012 (22)：130-131.

[132] 刘星. 财务共享视角下企业财务管理创新探讨 [J]. 财会学习，2020 (31)：58-59；138.

[133] 张庆龙，王泽. 众包：一种新兴的财务共享服务组织模式 [J]. 中国注册会计师，2017 (8)：98-102.

[134] 孙立英. 公司全面预算管理中对平衡记分卡的应用思路 [J]. 中国管理信息化，2018，21 (3)：16-17.

[135] 李琳. 公司财务共享平台管理构建初探 [J]. 中国集体经济，2018 (1)：145-146.

[136] 孙彦丛. 财务云：从共享服务到财务数字化 [J]. 财务与会计，2022

(09)：20-25.

[137] 滕悦．基于财务共享服务的众包模式研究——以芝麻菜会计作业众包平台为例［D］．哈尔滨：哈尔滨商业大学，2018.

[138] 侯秀梅．集团企业财务共享中心的构建与实施策略［J］．纳税，2021，15(11)：69-70.

[139] 王雁．建筑施工企业财务共享中心问题探究［J］．山西财经大学学报，2018，40 (S2)：49-50.

[140] 魏佳思．新形势下我国企业财务共享的实践探索研究［J］．长春大学学报，2020，30 (3)：26-29.

[141] 陈晓琳，王秀芳．基于数字技术的财务共享中心信息系统审计研究［J］．财会通讯，2022 (21)：135-140.

[142] 周宾．晨曦供电公司绩效管理体系构建研究［D］．北京：华北电力大学，2013.

[143] 于岩．KPI在中小企业绩效管理中的运用［J］．现代经济信息，2012 (15)：38-39.

[144] 赵冬梅．企业财务分析现状及完善［J］．企业研究，2012 (14)：110-111.

[145] 谢菊芳．浅谈基本财务比率分析及其作用［J］．现代经济信息，2011 (2)：135-136.

[146] 蒋隆英．钢铁企业成本管理模式研究［J］．武汉冶金管理干部学院学报，2012，22 (2)：20-23.

[147] 王春宝．中小企业成本管理的现状解析［J］．商场现代化，2014 (28)：119-120.

[148] 江鸿漩，聂嘉．浅析成本管理对社会经济发展的影响［J］．今日财富（金融发展与监管），2011 (12)：61.

[149] 苏剑，赵萌．上海汽车集团财务风险管理研究［J］．山西农经，2019 (19)：144-146.

[150] 李卓．基于哈佛分析框架对中国电信运营业财务分析——以中国联通为例［D］．北京：财政部财政科学研究所，2013.